清 張廷玉等撰

第五册

卷四七至卷六三（志）

中華書局

明史卷四十七

志第二十三

禮一 吉禮一

周官、儀禮尙已，然書缺簡脫，因革莫詳。自漢史作禮志，後皆因之，一代之制始的然可考。歐陽氏云：「三代以下，治出於二，而禮樂爲虛名。」要其用之郊廟朝廷，下至閭里州黨者，未嘗無可觀也。惟能修明講貫，以實意行乎其間，則格上下、感鬼神，敎化之成卽在是矣。安見後世之禮，必不可上追三代哉。

明太祖初定天下，他務未遑，首開禮、樂二局，廣徵耆儒，分曹究討。洪武元年命中書省暨翰林院、太常司，定擬祀典。乃歷敍沿革之由，酌定郊社宗廟議以進。禮官及諸儒臣又編集郊廟山川等儀，及古帝王祭祀感格可垂鑒戒者，名曰存心錄。二年詔諸儒臣修禮書。明年告成，賜名大明集禮。其書準五禮而益以冠服、車輅、儀仗、鹵簿、字學、音樂，凡升降儀節，制度名數，纖悉畢具。又屢敕議禮臣李善長、傅瓛、宋濂、詹同、陶安、劉基、魏觀、崔亮、牛諒、陶凱、朱升、樂韶鳳、李原名等，編輯成集。且詔郡縣舉高潔博雅之士徐一夔、梁寅、周子諒、胡行簡、劉宗弼、董彝、蔡深、滕公琰至京，同修禮書。在位三十餘年，所著書可考見者，曰孝慈錄，曰洪武禮制，曰禮儀定式，曰諸司職掌，曰稽古定制，曰國朝制作，曰大禮要議，曰皇朝禮制，曰大明禮制，曰洪武禮法，曰禮制集要，曰禮制節文，曰太常集禮，曰禮書。若夫釐正祀典，凡天皇、太乙、六天、五帝之類，皆爲革除，而諸神封號，悉改從本稱，一洗矯誣陋習，其度越漢、唐遠矣。又詔定國恤，父母並斬衰，長子降爲期年，正服旁服以遞而殺，斟酌古今，蓋得其中。

永樂中，頒文公家禮於天下，又定巡狩、監國及經筵日講之制。後宮罷殉，始於英宗。陵廟嫡庶之分，正於孝宗。暨乎世宗，以制禮作樂自任。其更定之大者，如分祀天地，復朝日夕月於東西郊，罷二祖並配，以及祈穀大雩，享先蠶，祭聖師，易至聖先師號，皆能折衷於古。獨其排衆議，祔睿宗太廟躋武宗上，徇本生而違大統，以明察始而以豐昵終矣。當時將順之臣，各爲之說。今其存者，若明倫大典，則御製序文以行之；祀儀成典，〔一〕則李時等奉敕而修；郊祀考議，則張孚敬所進者也。至大明會典，自孝宗朝集纂，其於禮制尤詳。世宗、神宗時，數有增益，一代成憲略具是焉。

今以五禮之序，條爲品式，而隨時損益者，則依類編入，以識沿革云。

壇壝之制　神位祭器玉帛牲牢祝册之數　籩豆之實

祭祀雜議諸儀　祭祀日期　習儀　齋戒　遣官祭祀

分獻陪祀

五禮，一曰吉禮。凡祀事皆領於太常寺而屬於禮部。明初以圜丘、方澤、宗廟、社稷、朝日、夕月、先農爲大祀，太歲、星辰、風雲雷雨、嶽鎭、海瀆、山川、歷代帝王、先師、旗纛、司中、司命、司民、司祿、壽星爲中祀，諸神爲小祀。後改先農、朝日、夕月爲中祀。凡天子所親祀者，天地、宗廟、社稷、山川。若國有大事，則命官祭告。其中祀小祀，皆遣官致祭，而帝王陵廟及孔子廟，則傳制特遣焉。每歲所常行者，大祀十有三：正月上辛祈穀、孟夏大雩、季秋大享、冬至圜丘皆祭昊天上帝，夏至方丘祭皇地祇，春分朝日於東郊，秋分夕月於西郊，四孟季冬享太廟，仲春仲秋上戊祭太社太稷。中祀二十有五：仲春仲秋上戊之明日祭帝社帝稷，仲秋祭太歲、風雲雷雨、四季月將及嶽鎭、海瀆、山川、城隍，霜降日祭旗纛於教場，仲秋祭城南旗纛廟，仲春祭先農，仲秋祭天神地祇於山川壇，仲春仲秋祭歷代帝王廟，春秋仲月上丁祭先師孔子。小祀八：孟春祭司戶，孟夏祭司竈，季夏祭中霤，孟秋祭司門，孟冬祭司井，仲春祭司馬之神，淸明、十月朔祭泰厲，又於每月朔望祭火雷之神。至京師十廟，南京十五廟，各以歲時遣官致祭。其非常祀而間行之者，若新天子耕耤而享先農，視學而行釋奠之類。嘉靖時，皇后享先蠶，祀高禖，皆因時特舉者也。

其王國所祀，則太廟、社稷、風雲雷雨、封內山川、城隍、旗纛、五祀、厲壇。府州縣所祀，則社稷、風雲雷雨、山川、厲壇、先師廟及所在帝王陵廟。各衞亦祭先師。至於庶人，亦得祭里社、穀神及祖父母、父母幷祀竈，載在祀典。雖時稍有更易，其大要莫能踰也。

至若壇壝之制，神位、祭器、玉帛、牲牢、祝册之數，籩豆之實，酒齊之名，析其彼此之異同，訂其初終之損益，臚於首簡，略於本條，庶無缺遺，亦免繁複云爾。

壇壝之制〔三〕

明初，建圜丘於正陽門外，鍾山之陽，方丘於太平門外，鍾山之陰。圜丘壇二成。上成廣七丈，高八尺一寸，四出陛，各九級，正南廣九尺五寸，東、西、北八尺一寸。下成周圍壇面，縱橫皆廣五丈，高視上成，陛皆九級，正南廣一丈二尺五寸，東、西、北殺五寸五分。甃磚闌楯，皆以琉璃爲之。壝去壇十五丈，高八尺一寸，四面靈星門，南三門，東、西、北各一。外垣去壝十五丈，門制同。天下神祇壇在東門外。神庫五楹，在外垣北，南向。廚房五楹，在外壝東北，西向。庫房五楹，南向。宰牲房三楹，天池一，又在外庫房之北。執事齋舍，在壇外垣之東南。坊二，在外門外橫甬道之東西。燎壇在內壝外東南丙地，高九尺，廣七尺，開上南出戶。方丘壇二成。上成，廣六丈，高六尺，四出陛，南一丈，東、西、北八尺，皆八級。下成，四面各廣二丈四尺，高六尺，四出陛，南丈二尺，東、西、北一丈，皆八級。壝去壇十五丈，高六尺。外垣四面各六十四丈，餘制同。南郊有浴室，瘞坎在內壝外壬地。

洪武四年改築圜丘。上成廣四丈五尺，高五尺二寸。〔三〕下成每面廣一丈六尺五寸，高四尺九寸。二成通徑七丈八尺。壇至內壝牆，四面各九丈八尺五寸。內壝牆至外壝牆，南十三丈九尺四寸，北十一丈，東、西各十一丈七尺。方丘，上成廣三丈九尺四寸，〔四〕高三尺九寸。下成每面廣丈五尺五寸，高三尺八寸，通徑七丈四寸。壇至內壝牆，四面皆八丈九尺五寸。內壝牆至外壝牆，四面各八丈二尺。

十年改定合祀之典。卽圜丘舊制，而以屋覆之，名曰大祀殿，凡十二楹。中石臺設上帝、皇地祇座。東、西廣三十二楹。正南大祀門六楹，接以步廊，與殿廡通。殿後天庫六楹。瓦皆黃琉璃。廚庫在殿東北，宰牲亭井在廚東北，皆以步廊通殿兩廡，後繚以圍牆。南爲石門三洞以達大祀門，謂之內壇。外周垣九里三十步，石門三洞南爲甬道三，中神道，左御道，右王道。道兩旁稍低，爲從官之地。齋宮在外垣內西南，東向。其後殿瓦易青琉璃。二十一年增修壇壝，壇後樹松柏，外壝東南鑿池二十區，冬月伐冰藏凌陰，以供夏秋祭祀之用。成祖遷都北京，如其制。

嘉靖九年復改分祀。建圜丘壇於正陽門外五里許，大祀殿之南，方澤壇於安定門外之東。圜丘二成，壇面及欄俱青琉璃，邊角用白玉石，高廣尺寸皆遵祖制，而神路轉遠。內門四。南門外燎爐毛血池，西南望燎臺。外門亦四。南門外左具服臺，東門外神庫、神廚、祭器庫、宰牲亭，北門外正北泰神殿。正殿以藏上帝、太祖之主，配殿以藏從祀諸神之主。外建四天門。東曰泰元，南曰昭亨，西曰廣利。又西鑾駕庫，又西犧牲所，其北神樂觀。北曰成貞。北門外西北爲齋宮，迤西爲壇門。壇北，舊天地壇，卽大祀殿也。十七年撤之，又改泰神殿曰皇穹宇。二十四年又卽故大祀殿之址，建大享殿。方澤亦二成，壇面黃琉璃，陛增爲九級，用白石圍以方坎。內，北門外西瘞位，東燈臺，南門外皇祇室。外，西門外迤西神庫、神廚、宰牲亭、祭器庫，北門外西北齋宮。又外建四天門，西門外北爲鑾駕庫、遣官房、內陪祀官房。又外爲壇門，門外爲泰折街牌坊，護壇地千四百餘畝。

太社稷壇，在宮城西南，東西峙，明初建。廣五丈，高五尺，四出陛，皆五級。壇土五色隨其方，黃土覆之。壇相去五丈，壇南皆樹松。二壇同一壝，方廣三十丈，高五尺，甃磚，四門飾色隨其方。周垣四門，南靈星門三，北戟門五，東西戟門三。戟門各列戟二十四。洪武十年改壇午門右，社稷共一壇，爲二成。上成廣五丈，下成廣五丈三尺，崇五尺。外壝崇五尺，四面各十九丈有奇。外垣東西六十六丈有奇，南北八十六丈有奇。垣北三門，門外爲祭殿，其北爲拜殿。外復爲三門，垣東、西、南門各一。永樂中，建壇北京，如其制。帝社稷壇在西苑，壇址高六寸，方廣二丈五尺，甃細磚，實以淨土。壇北樹二坊，曰社街。王國社稷壇，高廣殺太社稷十之三。府、州、縣社稷壇，廣殺十之五，高殺十之四，陛三級。後皆定同壇合祭，如京師。

朝日、夕月壇，洪武三年建。朝日壇高八尺，夕月壇高六尺，俱方廣四丈。兩壝，壝各二十五步。二十一年罷。嘉靖九年復建，壇各一成。朝日壇紅琉璃，夕月壇用白。朝日壇陛九級，夕月壇六級，俱白石。各建天門二。

先農壇，高五尺，廣五丈，四出陛。御耕耤位，高三尺，廣二丈五尺，四出陛。

山川壇，洪武九年建。正殿、拜殿各八楹，東西廡二十四楹。西南先農壇，東南具服殿，殿南耤田壇，東旗纛廟，後爲神倉。周垣七百餘丈，垣內地歲種穀蔬，供祀事。嘉靖十年，改名天神地祇壇，分列左右。

太歲壇與嶽瀆同。嶽鎭海瀆山川城隍壇，據高阜，南向，高二尺五寸，方廣十倍，四出陛，南向五級，東西北三級。王國山川壇，高四尺，四出陛，方三丈五尺。天下山川所在壇，高三尺，四出陛，三級，方二丈五尺。

神位祭器玉帛牲牢祝册之數

神位

圜丘。洪武元年冬至，正壇第一成，昊天上帝南向。第二成，東大明，星辰次之，西夜明，太歲次之。二年奉仁祖配，位第一成，西向。三年，壇下壝內，增祭風雲雷雨。七年更定，內壝之內，東西各三壇。星辰二壇，分設於東西。其次，東則太歲、五嶽，西則風雲雷雨、五鎭。內壝之外，東西各二壇。東四海，西四瀆。次天下神祇壇，東西分設。

方丘。洪武二年夏至，正壇第一成，皇地祇，南向。第二成，東五嶽，次四海，西五鎭，次四瀆。三年奉仁祖配，位第一成，西向。壇下壝內，增祭天下山川。七年更定，內壝之內，東西各二壇。東四海，西四瀆。次二壇，天下山川。內壝之外，東西各設天下神祇壇一。

十二年正月合祀大祀殿。正殿三壇，上帝、皇地祇並南向。仁祖配位在東，西向。從祀十四壇。丹陛東一壇曰大明，西一壇曰夜明。兩廡壇各六：星辰二壇；次東，太歲、五嶽、四海，次西，風雲雷雨、五鎭、四瀆二壇；又次天下山川神祇二壇。俱東西向。二十一年增修丹壝內石臺四，大明、夜明各一，星辰二。內壝外石臺二十：東十壇，北嶽、北鎭、東嶽、東鎭、東海、太歲、帝王、山川、神祇、四瀆；西十壇，北海、西嶽、西鎭、西海、中嶽、中鎭、風雲雷雨、南嶽、南鎭、南海。俱東西向。臺高三尺有奇，〔二〕周以石欄，陟降爲磴道。臺上琢石鑿龕，以置神位。建文時，撤仁祖，改奉太祖配，位第一成，西向。洪熙元年增文皇帝於太祖下。

嘉靖九年復分祀之典。圜丘則東大明，西夜明。次東，二十八宿、五星、周天星辰。次西，風雲雷雨。共四壇。方丘則東五嶽，基運、翊聖、神烈三山，西五鎭，天壽、純德二山。次東四海，次西四瀆。南北郊皆獨奉太祖配。太社稷配位別見。先農正位南向，后稷配位西向。

凡神位，天地、祖宗曰「神版」，餘曰「神牌」。圜丘神版長二尺五寸，廣五寸，厚一寸，趺高五寸，以栗木爲之。正位題曰昊天上帝，配位題曰某祖某皇帝，並黃質金字。從祀風雲雷雨位版，赤質金字。神席，上帝用龍椅龍案，上施錦褥，配位同。從祀，位置於案，不設席。方丘正位曰皇地祇，配位及從祀，制並同圜丘。奉先殿帝后神主高尺二寸，廣四寸，趺高二寸，用木，飾以金，鏤以青字。龕高二尺，廣二尺，趺高四寸，朱漆鏤金龍鳳花版，開二牕，施紅紗，側用金銅環，內織金文綺爲藉。社稷，社主用石，高五尺，廣五尺，上微銳。立於壇上，半在土中，近南北向；稷不用主。洪武十年皆設木主，丹漆之。祭畢，貯於庫，仍用石主埋壇中，微露其末。後奉祖配，其位製塗金牌座，如先聖匱用架罩。嘉靖中，藏於寢廟。帝社稷神位以木，高一尺八寸，廣三寸，朱漆質金書。壇南置石龕，以藏神位。王府州縣社主皆用石，長二尺五寸，廣尺五寸。日月壇神位，以松柏爲之，長二尺五寸，廣五寸，趺高五寸。朱漆金字，餘倣此。

祭器

南郊。洪武元年定，正位，登一，籩豆各十二，簠簋各二，爵三；壇上，太尊二，著尊、犧尊、山罍各一；壇下，太尊一，山罍二。從祀位，登一，籩豆各十，簠簋各二，東西各設著尊二，犧尊二。北郊同。七年增圜丘從祀，共設酒尊六於壇西，大明、夜明位各三。天下神祇，鉶三，籩豆各八，簠簋各二，壝內外東西各設酒尊三，每位爵三。方丘、嶽鎮，各設酒尊三，壝內東西各設酒尊三，壝外東西各設酒尊三，每位爵三。神祇與圜丘同。八年，圜丘從祀，更設登一、鉶二。每位增酒罍，星辰、天下神祇各三十，太歲、風雲雷雨、嶽鎮、海瀆各十五。方丘，從祀同。十年定合祀之典，各壇陳設如舊，惟太歲、風雲雷雨酒盞各十，東西廡俱共設酒尊三、爵十八於壇南。

二十一年更定，正殿上三壇，每壇，登一，籩豆各十二，簠簋各二，共設酒尊六、爵九於殿東南，西向。丹墀內四壇，大明、夜明各登一，籩豆十，簠簋二，酒尊三，爵三。星辰二壇，各登一，鉶二，酒盞三十，餘與大明同。壝外二十壇，各登一，鉶二，籩豆各十，簠簋各二，酒盞十，酒尊三，爵三。神祇壇，鉶三，籩豆各八。帝王、山川、四瀆、中嶽、風雲雷雨神祇壇，酒盞各三十，餘並同嶽鎭。

太廟時享。洪武元年定，每廟登一，鉶三，籩豆各十二，簠簋各二，共酒尊三、金爵八、瓷爵十六於殿東西向。二十一年更定，每廟登二，鉶二。弘治時，九廟通設酒尊九，祫祭加一，金爵十七，祫祭加二，瓷爵三十四，祫祭加四。親王配享，洪武三年定，登鉶各三，籩豆各十二，簠簋各二，酒尊三，酒注二。二十一年更定，登鉶各一，爵各三，籩豆各十，簠簋各二，共用酒尊三於殿東。功臣配享，洪武二年定，每位籩豆各二，簠簋各二。三年增定，共用酒尊二，酒注二。二十一年更定，十壇，每壇鉶一，籩豆各二，簠簋各一，爵三，共用酒尊三於殿西。

太社稷。洪武元年定，鉶三，籩豆各十，簠簋各二，配位同。正配位皆設酒尊三於壇東。十一年更定，每位登一，鉶二，籩豆十二，正配位共設酒尊三，爵九。後太祖、成祖並配時，增酒尊一，爵三。府、州、縣社稷，鉶一，籩豆四，簠簋二。

朝日、夕月。洪武三年定，太尊、著尊、山罍各二，在壇上東南隅，北面。象尊、壺尊、山罍各二，在壇下。籩豆各十，簠簋各二，登鉶各三。

先農，與社稷同，加登一，籩豆減二。

神祇。洪武二年定，每壇籩豆各四，簠簋登爵各一。九年更定，正殿共設酒尊三，爵七，兩廡各設酒尊三，爵三，餘如舊。二十一年更定，每壇登一，鉶二，籩豆各十，簠簋各二，酒盞三十。星辰，正殿中登一，鉶二。餘九壇，鉶二。每壇籩豆十，簠簋各一，酒盞三十，爵一，共設酒尊三。太歲諸神，籩豆各八，簠簋各二，酒尊三。嶽瀆山川同。

歷代帝王。洪武四年定，登一，鉶二，籩豆各八，簠簋各一，俎一，爵三，尊三。七年更定，登、鉶、簠簋各一，籩豆各十，爵各三，共設酒尊五於殿西階，酒尊三於殿東階。二十一年增定，每位鉶二，簠簋各二，五室共設酒尊三，爵四十八。配位每壇籩豆各二，簠簋各一，饋盤一，每位鉶一，酒盞三。三皇，籩豆各八，簠簋各二，登、鉶各二，爵三，犧尊、象尊、山罍各一。配位，籩豆各四，簠簋各二，鉶一，爵三，犧尊、象尊各一。

至聖先師。洪武元年定，籩豆各六，簠簋各二，登一，鉶二，犧尊、象尊、山罍各一。四配位，籩豆各四，簠簋各一，登一。十哲，兩廡，籩豆二。四年更定，正位，籩豆各十，酒尊三，爵三，餘如舊。四配，每位酒尊一，餘同正位。十哲，東西各爵一，每位籩豆各四，簠簋各一，鉶一，酒盞一。兩廡，東西各十三壇，東西各爵一，每壇籩豆各四，簠簋各一，酒盞四。十五年更定，正位，酒尊一，爵三，登一，鉶二，籩豆各八，簠簋各二。四配位，共酒尊一，各爵三，登一，鉶二，籩豆各六，簠簋各一。十哲，共酒尊一，東西各爵五，鉶一，籩豆各四，簠簋各一。東西廡，每四位爵四，籩豆各二，簠簋各一。景泰六年增兩廡籩豆各二，簠簋各一。成化十二年，增正位籩豆爲十二。嘉靖九年仍減爲十。

旗纛，與先農同。馬神，籩豆各四，簠簋、登、象尊、壺尊各一。

玉帛牲牢

玉三等：上帝，蒼璧；皇地祇，黃琮；太社、太稷，兩圭有邸；朝日、夕月，圭璧五寸。帛五等：曰郊祀制帛，郊祀正配位用之。上帝，蒼；地祇，黃；配位，白。曰禮神制帛，社稷以下用之。社稷，黑；大明，赤；夜明、星辰、太歲、風雲雷雨、天下神祇俱白；五星，五色；嶽鎮、四海、陵山隨方色；四瀆，黑；先農，正配皆青；羣神，白；帝王先師皆白。旗纛，洪武元年用黑，七年改赤，九年定黑二、白五。曰奉先制帛，太廟用之，每廟二。曰展親制帛，親王配享用之。曰報功制帛，功臣配享用之。皆白。每位各一。惟圜丘，嘉靖九年用十二，而周天星辰則共用十，孔廟十哲、兩廡東西各一云。又洪武十一年，上以小祀有用楮錢者爲不經。禮臣議定，在京，大祀、中祀用制帛，有篚。在外，王國府州縣亦如之。小祀惟用牲醴。

牲牢三等：曰犢，曰羊，曰豕。色尙騂，或黝。大祀，入滌九旬；中祀，三旬；小祀，一旬。大祀前一月之朔，躬詣犧牲所視牲，每日大臣一人往視。洪武二年，帝以祭祀省牲，去神壇甚邇，於人心未安，乃定省牲之儀，去神壇二百步。七年定制，大祀，皇帝躬省牲；中祀、小祀，遣官。嘉靖十一年更定，冬、夏至，祈穀，俱祭前五日親視，後俱遣大臣。圜丘，蒼犢；方丘，黃犢；配位，各純犢。洪武七年增設圜丘配位。星辰，牛一，羊豕三。太歲，牛羊豕一。風雲雷雨、天下神祇，羊豕各五。方丘配位，天下山川，牛一，羊豕各三。太廟禘，正配皆太牢，祫皆太牢。時享每廟犢羊豕各一。親王配位，洪武三年定，共牛羊豕一。二十一年更定，每壇犢羊豕各一。功臣配位，洪武二年定，每位羊豕體各一。二十一年更定，每壇羊豕一。太社稷，犢羊豕各一，配位同。府州縣社稷，正配位，共羊一、豕一。洪武七年增設，各羊一、豕一。朝日、夕月，犢羊豕各一。先農與太社稷同。神祇，洪武二年定，羊六、豕六。二十一年更定，每壇犢羊豕各一。嘉靖十年，天神左，地祇右，各牲五。星辰，每壇羊豕一。靈星諸神，每神羊豕各一，共牛一。太歲諸神，皆太牢。嶽鎮海瀆諸神，犢一、羊一、豕一。帝王，每室犢羊豕各一。配位，每壇羊豕各一。先師如帝王，四配如配位，十哲東西各豕一分五，兩廡東西各豕一，後增爲三。府州縣學先師，羊一、豕一。四配，共羊一、豕一，解爲四體。十哲東西各豕一，解爲五體。兩廡豕一，解爲百八分。旗纛，洪武九年定犢羊豕，永樂後，去犢。王國及衛所同。五祀馬神俱用羊豕。

祝册

南北郊祝板長一尺一分，廣八寸，厚二分，用楸梓木。宗廟，長一尺二寸，廣九寸，厚一分，用梓木，以楮紙冒之。羣神帝王先師，俱有祝，文多不載。祝案設於西。

籩豆之實〔六〕

凡籩豆之實，用十二者，籩實以形鹽、薧魚、棗、栗、榛、菱、芡、鹿脯、白餅、黑餅、糗餌、粉餈。豆實以韭菹、醓醢、菁菹、鹿醢、芹菹、兔醢、筍菹、魚醢、脾析、豚胉、酏食、糝食。用十者，籩則減糗餌、粉餈，豆則減酏食、糝食。用八者，籩又減白、黑餅，豆又減脾析、豚胉。用四者，籩則止實以形鹽、薧魚、棗、栗，豆則止實以芹菹、兔醢、菁菹、鹿醢。各二者，籩實栗、鹿脯，豆實菁菹、鹿醢。簠簋各二者，實以黍稷、稻粱。各一者，實以稷粱。登實以太羹，鉶實以和羹。

洪武三年，禮部言：「禮記郊特牲曰，『郊之祭也』，『器用陶匏』，尚質也。周禮籩人，『凡祭祀供簠簋之實』，疏曰，『外祀用瓦簠』。〔七〕今祭祀用瓷，合古意。惟盤盂之屬，與古簠簋登鉶異制。今擬凡祭器皆用瓷，其式皆倣古簠簋登豆，惟籩以竹。」詔從之。

酒齊倣周制，用新舊醅，以備五齊三酒。其實於尊之名數，各不同。

祭祀雜議諸儀

其祭祀雜議諸儀，凡版位，皇帝位，方一尺二寸，厚三寸，紅質金字。皇太子位，方九寸，厚二寸，紅質青字。陪祀官位，並白質黑字。

拜褥。初用緋。洪武三年定制，郊丘席爲表，蒲爲裏。宗廟、社稷、先農、山川，紅文綺爲表，紅木棉布爲裏。

贊唱。凡皇帝躬祀，入就位時，太常寺奏中嚴，奏外辦。盥洗、升壇、飲福、受胙，各致贊辭。又凡祀，各設爵洗位，滌爵拭爵。初升壇，唱再拜，及祭酒，唱賜福胙。洪武七年，禮部奏其煩瀆，悉删去。

上香禮。明初祭祀皆行。洪武七年以翰林詹同言罷。嘉靖九年復行。

拜禮。初，每節皆再拜。洪武九年，禮臣奏：「禮記一獻三獻五獻七獻之文，皆不載拜禮。唐、宋郊祀，每節行禮皆再拜。然亞獻終獻，天子不行禮，而使臣下行之。今議大祀中祀，自迎神至飲福送神，宜各行再拜禮。」帝命節爲十二拜，迎神、飲福受胙、送神各四拜云。

登壇脫舄。初未行。洪武八年詔翰林院臣考定大祀登壇脫舄之禮。學士樂韶鳳雜考漢、魏以來朝祭儀，議於郊祀廟享前期一日，有司以席藉地，設御幕於壇東南門外，設執事官脫履之次於壇門外西階側。祭日，大駕入幕次，脫舄升壇。其升壇執事、導駕、贊禮、讀祝幷分獻陪祀官，皆脫舃於外，以次升壇供事。協律郎、樂舞生依前跣襪就位。祭畢，降壇納舃。從之。嘉靖十七年罷其禮。

祭祀日期

欽天監選擇，太常寺預於十二月朔至奉天殿具奏。蓋古卜法不存，而擇干支之吉以代卜也。洪武七年命太常卿議祭祀日期，書之於版，依時以祭，著爲式。其祭日，遣官監祭，不敬失儀者罪之。

習儀

凡祭祀，先期三日及二日，百官習儀於朝天宮。嘉靖九年更定，郊祀冬至，習儀於先期之七日及六日。

齋戒

洪武二年，學士朱升等奉敕撰齋戒文曰：「戒者，禁止其外。齋者，整齊其內。沐浴更衣，出宿外舍，不飲酒，不茹葷，不問疾，不弔喪，不聽樂，不理刑名，此則戒也。專一其心，嚴畏謹愼，苟有所思，卽思所祭之神，如在其上，如在其左右，精白一誠，無須臾間，此則齋也。大祀七日，前四日戒，後三日齋。」太祖曰：「凡祭祀天地、社稷、宗廟、山川等神，爲天下祈福，宜下令百官齋戒。若自有所禱於天地百神，不關民事者，不下令。」又曰：「致齋以五日七日，爲期太久，人心易怠。止臨祭，齋戒三日，務致精專，庶可格神明。」遂著爲令。是年從禮部尚書崔亮奏，大祀前七日，陪祀官詣中書省受誓戒。各揚其職，不共其事，國有常刑。宗廟社稷，致齋三日，不誓戒。三年諭禮部尚書陶凱曰：「人心操舍無常，必有所警，而後無所放。」乃命禮部鑄銅人一，高尺有五寸，手執牙簡，大祀則書致齋三日，中祀則書致齋二日於簡上，太常司進置齋所。四年定天子親祀齋五日，遣官代祀齋三日，降香齋一日。五年命諸司各置木牌，以警褻慢，刻文其上曰：「國有常憲，神有鑒焉。」凡祭祀，則設之。又從陶凱奏，凡親祀，皇太子宮中居守，親王戎服侍從。皇太子親王雖不陪祀，一體齋戒。

六年建陪祀官齋房於北郊齋宮之西南，復定齋戒禮儀。凡祭天地，正祭前五日午後，沐浴更衣，處外室。次早，百官於奉天門觀誓戒牌。次日，告仁祖廟，退處齋宮，致齋三日。享宗廟，正祭前四日午後，沐浴更衣，處外室。次日爲始，致齋三日。祭社稷、朝日、夕月、周天星辰、太歲、風雲雷雨、嶽鎭海瀆、山川等神，致齋二日，如前儀。凡傳制降香，遣官代祀，先一日沐浴更衣，處外室。次日遣官。七年定制，凡大祀前期四日，太常卿至天下神祇壇奠告，中書丞相詣京師城隍廟發咨。次日，皇帝詣仁祖廟請配享。二十一年定制，齋戒前二日，太常司官宿於本司。次日，奏請致齋。又次日，進銅人，傳制諭文武百官齋戒。是日，禮部太常司官檄城隍神，徧請天下當祀神祇，仍於各廟焚香三日。

二十六年定傳制誓戒儀。凡大祀前三日，百官詣闕，如大朝儀，傳制官宣制云：「某年月日，祀於某所，爾文武百官，自某日爲始，致齋三日，當敬慎之。」傳制訖，四拜，奏禮畢。宣德七年大祀南郊，帝御齋宮。命內官內使飲酒食葷入壇唾地者，皆罪之，司禮監縱容者同罪。齋之日，御史檢視各官於齋次。仍行南京，一體齋戒。弘治五年，鴻臚少卿李燧言：「分獻陪祭等官，借居道士房榻，貴賤雜處，且宣召不便。乞於壇所隙地，倣天壽山朝房體制，建齋房。」從之。嘉靖九年定前期三日，帝御奉天殿，百官朝服聽誓戒。萬曆四年十一月，禮部以二十三日冬至祀天，十八日當奏祭，十九日百官受誓戒。是日，皇太后聖旦，百官宜吉服賀。一日兩遇禮文，服色不同，請更奏祭、誓戒皆先一日。帝命奏祭、誓戒如舊，而以十八日行慶賀禮。

遣官祭祀

洪武二十六年定傳制特遣儀。是日，皇帝陞座如常儀，百官一拜。禮畢，獻官詣拜位四拜，傳制官由御前出宣制。如祭孔子，則曰：「某年月日，祭先師孔子大成至聖文宣王，命卿行禮。」祭歷代帝王，則曰：「某年月日，祭先聖歷代帝王，命卿行禮。」俯伏，興，四拜，禮畢出。其降香遣官儀。前祀一日清晨，皇帝皮弁服，陞奉天殿。捧香者以香授獻官。獻官捧由中陛降中道出，至午門外，置龍亭內。儀仗鼓吹，導引至祭所。後定祭之日，降香如常儀，中嚴以待。獻官祭畢復命，解嚴還宮。嘉靖九年定大祀遣官，不行飲福禮。

分獻陪祀

凡分獻官，太常寺豫請旨。洪武七年，太祖謂學士詹同曰：「大祀，終獻方行分獻禮，未當。」同乃與學士宋濂議以上，初獻奠玉帛將畢，分獻官卽行初獻禮。亞獻、終獻皆如之。嘉靖九年，四郊工成，帝諭太常寺曰：「大祀，分獻官豫定，方可習儀。」乃用大學士張璁等於大明、夜明、星辰、風雲雷雨四壇。舊制，分獻用文武大臣及近侍官共二十四人，今定四人，法司官仍舊例不與。

凡陪祀，洪武四年，太常寺引周禮及唐制，擬用武官四品、文官五品以上，其老疾瘡疥刑餘喪過體氣者不與。從之。後定郊祀，六科都給事中皆與陪祀，餘祭不與。又定凡南北郊，先期賜陪祀執事官明衣布，樂舞生各給新衣。制陪祀官入壇牙牌，凡天子親祀，則佩以入。其制有二，圓者與祭官佩之，方者執事人佩之。俱藏内府。遇祭則給，無者不得入壇。洪武二十九年初祀山川諸神，流官祭服，未入流官公服。洪武二十九年從禮臣言，未入流官，凡祭皆用祭服，與九品同。

校勘記

〔一〕祀儀成典　原作「禮儀成典」，據本書卷九七藝文志、世宗實録卷一一八嘉靖九年十月辛未條改。

〔二〕壇壝之制　本志各卷文内標題，原皆爲各段本文首句，爲便於檢閲，參考卷目分出，作爲標題其不宜分出的，則據卷目另加標題。

〔三〕改築圜丘上成廣四丈五尺高五尺二寸　五尺二寸，原作「二尺五寸」，據太祖實録卷六二洪武四年三月丙戌條改。

〔四〕方丘上成廣三丈九尺四寸　三丈，原作「二丈」，據太祖實録卷六二洪武四年三月丙戌條改。

〔五〕臺高三尺有奇　三尺，明史稿志二九禮志、太祖實録卷一八九洪武二十一年三月乙酉條作「三丈」。

〔六〕籩豆之實　此標題及下一標題「祭祀雜議諸儀」，均點校時據卷目所增。

〔七〕周禮籩人凡祭祀供簠簋之實疏曰外祀用瓦簠　周禮籩人無此句。按周禮舍人：「凡祭祀共簠簋，實之陳之。」疏曰：「外神用瓦簋。」此處「籩人」應是「舍人」之誤，「之實」應是「實之」之倒，「外祀」當作「外神」，「瓦簠」當作「瓦簋」。

明史卷四十八

志第二十四

禮二 吉禮二

郊祀　郊祀配位　郊祀儀注　祈穀　大雩　大饗　令節拜天

郊祀之制

洪武元年，中書省臣李善長等奉敕撰進郊祀議，略言：

王者事天明，事地察，故冬至報天，夏至報地，所以順陰陽之義也。祭天於南郊之圜丘，祭地於北郊之方澤，所以順陰陽之位也。周禮大司樂，「冬日至，禮天神，夏日至，禮地祇」。禮曰，「享帝於郊，祀社於國」。又曰，「郊所以明天道，社所以明地道」。書曰，「敢昭告於皇天后土」。按古者或曰地祇，或曰后土，或曰社，皆祭地，則皆對天而言也。此三代之正禮，而釋經之正說。

自秦立四畤，以祀白、青、黃、赤四帝。漢高祖復增北畤，兼祀黑帝。至武帝有雍五畤，及渭陽五帝、甘泉太乙之祠，而昊天上帝之祭則未嘗舉行。魏、晉以後，宗鄭玄者，以爲天有六名，歲凡九祭。宗王肅者，以爲天體惟一，安得有六？一歲二祭，安得有九？雖因革不同，大抵多參二家之說。自漢武用祠官寬舒議，立后土祠於汾陰脽上，禮如祀天。而後世因於北郊之外，仍祠后土。又鄭玄惑於緯書，謂夏至於方丘之上祭崑崙之祇，七月於泰折之壇祭神州之祇，析而爲二。後世又因之一歲二祭。元始間，王莽奏罷甘泉泰畤，復長安南北郊。以正月上辛若丁，天子親合祀天地於南郊。由漢歷唐，千餘年間，皆因之合祭。其親祀北郊者，惟魏文帝、周武帝、隋高祖、唐玄宗四帝而已。宋元豐中，議罷合祭。紹聖、政和間，或分或合。高宗南渡以後，惟用合祭之禮。元成宗始合祭天地五方帝，已而立南郊，專祀天。泰定中，又合祭。文宗至順以後，惟祀昊天上帝。

今當遵古制，分祭天地於南北郊。冬至則祀昊天上帝於圜丘，以大明、夜明、星辰、太歲從祀。夏至則祀皇地祇於方丘，以五嶽、五鎮、四海、四瀆從祀。〔一〕

太祖如其議行之。建圜丘於鍾山之陽，方丘於鍾山之陰。三年增祀風雲雷雨於圜丘，天下山川之神於方丘。七年增設天下神祇壇於南北郊。九年定郊社之禮，雖有三年喪，不廢。

十年秋，太祖感齋居陰雨，覽京房災異之說，謂分祭天地，情有未安，命作大祀殿於南郊。是歲冬至，以殿工未成，乃合祀於奉天殿，而親製祝文，意謂人君事天地猶父母，不宜異處。遂定每歲合祀於孟春，爲永制。十二年正月始合祀於大祀殿，太祖親作大祀文幷歌九章。永樂十八年，京都大祀殿成，規制如南京。南京舊郊壇，國有大事，則遣官告祭。

嘉靖九年，世宗既定明倫大典，益覃思制作之事，郊廟百神，咸欲斟酌古法，釐正舊章。乃問大學士張璁：「書稱燔柴祭天，又曰『類於上帝』，孝經曰『郊祀后稷以配天，宗祀文王於明堂以配上帝』，以形體主宰之異言也。朱子謂，祭之於壇謂之天，祭之屋下謂之帝。今大祀有殿，是屋下之祭帝耳，未見有祭天之禮也。況上帝皇地祇合祭一處，亦非專祭上帝。」璁言：「國初遵古禮，分祭天地，後又合祀。說者謂，大祀殿下壇上屋，屋卽明堂，壇卽圜丘，列聖相承，亦孔子從周之意。」帝復諭璁：「二至分祀，萬代不易之禮。今大祀殿擬周明堂或近矣，以爲卽圜丘，實無謂也。」璁乃備述周禮及宋陳襄、蘇軾、劉安世、程頤所議分合異同以對。且言祖制已定，無敢輕議。帝銳欲定郊制，卜之奉先殿太祖前，不吉。乃問大學士翟鑾，鑾具述因革以對。復問禮部尚書李時，時請少需日月，博選儒臣，議復古制。帝復卜之太祖，不吉，議且寢。

會給事中夏言請舉親蠶禮。帝以古者天子親耕南郊，皇后親蠶北郊，適與所議郊祀相表裏，因令璁諭言陳郊議。言乃上疏言：「國家合祀天地，及太祖、太宗之並配，諸壇之從祀，舉行不於長至而於孟春，俱不應古典。宜令羣臣博考詩、書、禮經所載郊祀之文，及漢、宋諸儒匡衡、劉安世、朱熹等之定論，以及太祖國初分祀之舊制，陛下稱制而裁定之。此中興大業也。」禮科給事中王汝梅等詆言說非是，帝切責之。乃敕禮部令羣臣各陳所見。且言：「汝梅等舉召誥中郊用二牛，謂明言合祭天地。夫用二牛者，一帝一配位，非天地各一牛也。又或謂天地合祀，乃人子事父母之道，擬之夫婦同牢。此等言論，褻慢已甚。又或謂郊爲祀天，社稷爲祭地。古無北郊，夫社乃祭五土之祇，猶言五方帝耳，非皇地祇也。社之名不同，自天子以下，皆得隨所在而祭之。故禮有『親地』之說，非謂祭社卽方澤祭地也。」璁因錄上郊祀考議一册。

時詹事霍韜深非郊議，且言分祀之說，惟見周禮，莽賊僞書，不足引據。於是言復上疏言：

周禮一書，於祭祀爲詳。大宗伯以祀天神，則有禋祀、實柴、槱燎之禮，以祀地祇，則有血祭、薶沈、疈辜之禮。大司樂冬至日，地上圜丘之制，則曰禮天神，夏至日，澤中方丘之制，則曰禮地祇。天地分祀，從來久矣。故宋儒葉時之言曰：「郊丘分合之說，當以周禮爲定。」今議者旣以大社爲祭地，則南郊自不當祭皇地祇，何又以分祭爲不可也？合祭之說，實自莽始，漢之前皆主分祭，而漢之後亦間有之。宋元豐一議，元祐再議，紹聖三議，皆主合祭，而卒不可移者，以郊賚之費，每傾府藏，故省約安簡便耳，亦未嘗以分祭爲非禮也。

今之議者，往往以太祖之制爲嫌爲懼。然知合祭乃太祖之定制，爲不可改，而不知分祭固太祖之初制，爲可復。知大祀文乃太祖之明訓，〔三〕爲不可背，而不知存心錄固太祖之著典，爲可遵。且皆太祖之制也，從其禮之是者而已。敬天法祖，無二道也。周禮一書，朱子以爲周公輔導成王，垂法後世，用意最深切，何可誣以莽之僞爲耶？且合祭以后配地，實自莽始。莽既僞爲是書，何不削去圜丘、方丘之制，天神地祇之祭，而自爲一說耶？

於是禮部集上羣臣所議郊禮，奏曰：「主分祭者，都御史汪鋐等八十二人，主分祭而以慎重成憲及時未可爲言者，大學士張璁等八十四人，主分祭而以山川壇爲方丘者，尚書李瓚等二十六人，主合祭而不以分祭爲非者，尚書方獻夫等二百六人，無可否者，英國公張崙等一百九十八人。臣等祇奉敕諭，折衷衆論。分祀之義，合於古禮，但壇壝一建，工役浩繁。禮，屋祭曰帝，夫既稱昊天上帝，則當屋祭。宜仍於大祀殿專祀上帝，改山川壇爲地壇，以專祀皇地祇。既無創建之勞，行禮亦便。」帝復諭當遵皇祖舊制，露祭於壇，分南北郊，以二至日行事。言乃奏曰：「南郊合祀，循襲已久，朱子所謂千五六百年無人整理。而陛下獨破千古之謬，一旦舉行，誠可謂建諸天地而不悖者也。」

已而命戶、禮、工三部偕言等詣南郊相擇。南天門外有自然之丘，咸謂舊丘地位偏東，不宜襲用。禮臣欲於具服殿少南爲圜丘。言復奏曰：「圜丘祀天，宜卽高敞，以展對越之敬。大祀殿享帝，宜卽清閟，以盡昭事之誠。二祭時義不同，則壇殿相去，亦宜有所區別。乞於具服殿稍南爲大祀殿，而圜丘更移於前，體勢峻極，可與大祀殿等。」制曰「可」。於是作圜丘，是年十月工成。明年夏，北郊及東、西郊，亦以次告成，而分祀之制遂定。

萬曆三年，大學士張居正等輯郊祀新舊圖考進呈。舊禮者，太祖所定。新禮者，世宗所定也。

郊祀配位

洪武元年，始有事於南郊。有司議配祀。太祖謙讓不許，親爲文告太廟曰：「歷代有天下者，皆以祖配天。臣獨不敢者，以臣功業有未就，政治有闕失。去年上天垂戒，有聲東南，雷火焚舟擊殿吻，早暮兢惕，恐無以承上帝好生之德，故不敢輒奉以配。惟祖神與天通，上帝有問，願以臣所行奏帝前，善惡無隱。候南郊竣事，臣率百司恭詣廟廷，告成大禮，以共享上帝之錫福。」明年夏至將祀方丘，羣臣復請。太祖執不允。固請。乃曰：「俟慶陽平，議之。」八月，慶陽平。十一月冬至，羣臣復固請。乃奉皇考仁祖淳皇帝配天於圜丘。明年祀方丘，亦如之。建文元年改奉太祖配。洪熙改元，敕曰：「太祖受命上天，肇興皇業。太宗中興宗社，再奠寰區。聖德神功，咸配天地。易曰，『殷薦上帝，以配祖考』。朕崇敬祖考，永惟一心。正月十五日大祀天地神祇，奉皇祖、皇考以配。」遂於郊祀前告太廟及几筵，請太祖、太宗並配。

嘉靖九年，給事中夏言上疏言：「太祖、太宗並配，父子同列，稽之經旨，未能無疑。臣謂周人郊祀后稷以配天，太祖足當之。宗祀文王於明堂以配上帝，太宗足當之。」禮臣集議，以爲二祖配享，百有餘年，不宜一旦輕改。帝降敕諭，欲於二至日奉太祖配南、北郊，歲首奉太宗配上帝於大祀殿。於是大學士張璁、翟鑾等言，二祖分配，於義未協，且錄仁宗所撰敕諭並告廟文以進。帝復命集議於東閣，皆以爲：「太廟之祀，列聖昭穆相向，無嫌並列。況太祖、太宗，功德並隆，圜丘、大祀殿所祀，均之爲天，則配天之祖，不宜闕一。臣等竊議南、北郊及大祀殿，每祭皆宜二祖並配。」帝終以並配非禮，諭閣臣講求。璁等言：「禮曰：『有其舉之，莫敢廢也。』凡祭盡然，況祖宗配享大典？且古者郊與明堂異地，故可分配。今圜丘、大祀殿同兆南郊，冬至禮行於報而太宗不與，孟春禮行於祈而太祖不與，心實有所不安。」

帝復報曰：「萬物本乎天，人本乎祖。天惟一天，祖亦惟一祖。故大報天之祀，止當以高皇帝配。文皇帝功德，豈不可配天？但開天立極，本高皇帝肇之耳。如周之王業，武王實成之，而配天止以后稷，配上帝止以文王，當時未聞爭辨功德也。」因命寢其議。

已而夏言復疏言：「虞、夏、殷、周之郊，惟配一祖。後儒穿鑿，分郊丘爲二，及誤解大易配考、孝經嚴父之義。以致唐、宋變古，乃有二祖並侑，三帝並配之事。望斷自宸衷，依前敕旨。」帝報曰：「禮臣前引太廟不嫌一堂。夫祀帝與享先不同，此說無當。」仍命申議。於是禮臣復上議：「南北郊雖曰祖制，實今日新創。請如聖諭，俱奉太祖獨配。至大祀殿則太祖所創，今乃不得侑享於中，恐太宗未安，宜仍奉二祖並配。」遂依擬行之。

郊祀儀注

洪武元年冬至，祀昊天上帝於圜丘。先期，皇帝散齋四日，致齋三日。前祀二日，皇帝服通天冠、絳紗袍省牲器。次日，有司陳設。祭之日，清晨車駕至大次，太常卿奏中嚴，皇帝服衮冕。奏外辦，皇帝入就位。贊禮唱迎神，協律郎舉麾奏中和之曲。贊禮唱燔柴，郊社令升煙，燔全犢於燎壇。贊禮唱請行禮，太常卿奏有司謹具，請行事。皇帝再拜，皇太子及在位官皆再拜。贊禮唱奠玉帛，皇帝詣盥洗位。太常卿贊曰：「前期齋戒，今辰奉祭，加其清潔，以對神明。」皇帝搢圭，盥手，帨手。出圭，升壇。太常卿贊曰：「神明在上，整肅威儀。」升自午陛，協律郎舉麾奏肅和之曲。皇帝詣昊天上帝神位前跪，搢圭，三上香，奠玉帛，出圭，再拜復位。贊禮唱進俎，協律郎舉麾奏凝和之曲。皇帝詣神位前，搢圭，奠俎，出圭，復位。贊禮唱行初獻禮。皇帝詣爵洗位，搢圭，滌爵，拭爵，以爵授執事者，出圭。詣酒尊所，搢圭，執爵，受泛齊，以爵授執事者，出圭。協律郎舉麾奏壽和之曲、武功之舞。皇帝詣神位前跪，搢圭，上香，祭酒，奠爵，出圭。讀祝官捧祝跪讀訖，皇帝俯伏，興，再拜，復位。亞獻，酌醴齊，樂奏豫和之曲、文德之舞。終獻，酌盎齊，樂奏熙和之曲、文德之舞。儀並同初獻，但不用祝。贊禮唱飲福受胙，皇帝升壇，至飲福位，再拜，跪，搢圭。奉爵官酌福酒跪進，太常卿贊曰：「惟此酒殽，神之所與，賜以福慶，億兆同霑。」皇帝受爵，祭酒，飲福酒，以爵置於坫。奉胙官奉胙跪進，皇帝受胙，以授執事者，出圭，俯伏，興，再拜，復位。皇太子以下在位官，皆再拜。贊禮唱徹豆，協律郎舉麾奏雍和之曲，掌祭官徹豆。贊禮唱送神，協律郎舉麾奏安和之曲。皇帝再拜，皇太子以下在位官皆再拜。贊禮唱讀祝官奉祝，奉幣官奉幣，掌祭官取饌及爵酒，各詣燎所。唱望燎，皇帝至望燎位。半燎，太常卿奏禮畢，皇帝還大次，解嚴。

二年夏至，祀皇地祇於方丘，其儀並同。惟迎神後瘞毛血，祭畢，奉牲帛祝饌而埋之，與郊天異。其冬，奉仁祖配天於南郊，儀同元年。其奠玉帛、進俎、三獻，皆先詣上帝前，次詣仁祖神位前，行禮亦如之，惟不用玉。四年定，先祭六日，百官沐浴宿官署。翼日，朝服詣奉天殿丹墀，受誓戒。禮畢，還齋宮。丞相以祀期徧告百神，復詣各祠廟行香三日。次日，駕詣仁祖廟，告請配享。禮畢，還齋宮。七年去中嚴、外辦及贊唱上香之縟節，定十二拜禮。十年改合祀之制，奠玉帛、進俎、三獻，俱先詣上帝神位前，次皇地祇，次仁祖，餘悉仍舊儀。

嘉靖八年罷各廟焚香禮。九年復分祀之制，禮部上大祀圜丘儀注。

前期十日，太常寺題請視牲。次請命大臣三員看牲，四員分獻。前期五日，錦衣衞備隨朝駕，帝詣犧牲所視牲。其前一日，常服告於廟。前期四日，御奉天殿，太常寺進銅人如常儀。太常博士請太祖祝版於文華殿，候帝親塡御名捧出。前期三日，帝具祭服，以脯醢酒果詣太廟，請太祖配。帝還易服，御奉天殿，百官朝服受誓戒。前期二日，太常光祿卿奏省牲，帝至奉天殿親塡祝版。前期一日免朝，錦衣衞備法駕，設版輿於奉天門。常服告廟，乘輿詣南郊，由西天門入，至昭亭門外降輿。禮部太常官導由左門入，至內壝。太常卿導至圜丘，恭視壇位，次至神庫視籩豆，至神廚視牲畢，仍由左門出，升輿至齋宮。分獻陪祀官叩首。禮部太常官詣皇穹宇，請皇天上帝神版、太祖神主、從祀神牌，奉安壇座。

祭之日，三鼓，帝自齋宮乘輿至外壝神路之西，降輿至神路東大次。禮部、太常寺捧神位官復命訖，退。百官分列神路東西以候。帝具祭服出，導引官導由左靈星門入內。贊對引官導行至內壝，典儀唱樂舞生就位，執事官各司其事。帝至御拜位，自燔柴、迎神至禮畢，其儀悉如舊。至大次易服，禮部太常官奉神位安於皇穹宇。還齋宮，少憩。駕還，詣廟參拜畢，回宮。

詔如擬。

明年，定方澤儀。先期一日，太常卿請太祖配位，〔三〕奉安皇祇室。至期，禮部太常官同請皇地祇神版、太祖神主、從祀神牌，奉安壇座。祀畢，太常奉神版、神牌安皇祇室，奉神主還廟寢。餘皆如圜丘儀。

是年十月，帝將郊祀，諭禮部尚書夏言欲親行奉安禮。言乃擬儀注以聞。先期擇捧主執事官十一員，分獻配殿大臣二員，撰祝文，備脯醢、酒果、制帛、香燭。前一日行告廟禮，設神輿香案於奉天殿，神案二於泰神殿，神案二於東西配殿，香案一於丹墀正中，設大次於圜丘左門外。

是日質明，帝常服詣奉天殿，行一拜三叩頭禮。執事官先後捧昊天上帝、太祖高皇帝及從祀神主，各奉安輿中，至圜丘泰神殿門外。帝乘輅至昭亨門，禮官導至泰神殿丹墀。執事官就神輿捧神主升石座，奉安於龕中。帝乃詣香案前，行三獻禮如儀。禮畢，出至大次升座，百官行一拜三叩頭禮畢，還宮。

帝從之，而命行禮用祭服，導引用太常寺官一員，合禮部堂上官四員。十一年冬至，尚書言，前此有事南郊，風寒莫備。乃采禮書天子祀天張大次、小次之說，請「作黃氈御幄爲小次。每大祭，所司以隨。值風雪，則設於圜丘下，帝就幄中對越，而陟降奠獻以太常執事官代之」。命著爲令。

祈穀

明初未嘗行。世宗時，更定二祖分配禮。因諸臣固請，乃許於大祀殿祈穀，奉二祖配。嘉靖十年始以孟春上辛日，行祈穀禮於大祀殿。禮畢，帝心終以爲未當，諭張璁曰：「自古惟以祖配天，今二祖並配，決不可法後世。嗣後大報與祈穀，但奉太祖配。」尋親製祝文，更定儀注，改用驚蟄節，禮視大祀少殺，帛減十一，不設從壇，不燔柴，著爲定式。十一年驚蟄節，帝疾，不能親，乃命武定侯郭勛代。給事中葉洪言：「祈穀、大報，祀名不同，郊天一也。祖宗無不親郊。成化、弘治間，或有故，寧展至三月。蓋以郊祀禮重，不宜攝以人臣，請俟聖躬痊，改卜吉日行禮。」不從。十八年改行於大內之玄極寶殿，不奉配，遂爲定制。隆慶元年，禮臣言：「先農親祭，遂耕耤田，卽祈穀遺意。今二祀並行於春，未免煩數。且玄極寶殿在禁地，百官陪祀，出入非便。宜罷祈穀，止先農壇行事。」從之。

大雩

明初，凡水旱災傷及非常變異，或躬禱，或露告於宮中，或於奉天殿陛，或遣官祭告郊廟、陵寢及社稷、山川，無常儀。嘉靖八年春祈雨，冬祈雪，皆御製祝文，躬祀南郊及山川壇。次日，祀社稷壇。冠服淺色，鹵簿不陳，馳道不除，皆不設配，不奏樂。九年，帝欲於奉天殿丹陛上行大雩禮。夏言言：「按左傳『龍見而雩』。蓋巳月萬物始盛，待雨而大，故祭天爲百穀祈膏雨也。月令：『雩帝用盛樂，乃命百縣雩祀，祀百辟卿士有益於民者，以祈穀實。』通典曰：『巳月雩五方上帝，其壇名雩，禜於南郊之傍。』先臣丘濬亦謂：『天子於郊天之外，別爲壇以祈雨者也。後世此禮不傳，遇有旱暵，輒假異端之人爲祈禱之事，不務以誠意感格，而以法術劫制，誣亦甚矣。』濬意欲於郊傍擇地爲雩壇，孟夏後行禮。臣以爲孟春旣祈穀矣，苟自二月至四月，雨暘時若，則大雩之祭，可遣官攝行。如雨澤愆期，則陛下躬行禱祝。」乃建崇雩壇於圜丘壇外泰元門之東，爲制一成，歲旱則禱，奉太祖配。

十二年，夏言等言：「古者大雩之祀，命樂正習盛樂、舞皇舞。蓋假聲容之和，以宣陰陽之氣。請於三獻禮成之後，九奏樂止之時，樂奏雲門之舞。仍命儒臣括雲漢詩詞，制雲門一曲，使文武舞士並舞而合歌之。蓋雲門者，帝堯之樂，周官以祀天神，取雲出天氣，雨出地氣也。且請增鼓吹數番，教舞童百人，青衣執羽，〔四〕繞壇歌雲門之曲而舞，曲凡九成。」因上其儀，視祈穀禮。又言：「大雩乃祀天禱雨之祭，凡遇亢旱，則禮部於春末請行之。」帝從其議。十七年躬禱於壇，青服，用一牛，熟薦。

大饗禮

明初無明堂之制。嘉靖十七年六月，致仕揚州府同知豐坊上疏言：「孝莫大於嚴父，嚴父莫大於配天。請復古禮，建明堂。加尊皇考獻皇帝廟號稱宗，以配上帝。」下禮部會議。尚書嚴嵩等言：

昔羲、農肇祀上帝，或爲明堂。嗣是夏后氏世室，殷人重屋，周人作明堂之制，視夏、殷加詳焉。蓋聖王事天，如子事父，體尊而情親。〔五〕故制爲一歲享祀之禮，冬至圜丘，孟春祈穀，孟夏雩壇，季秋明堂，皆所以尊之也。明堂帝而享之，又以親之也。今日創制，古法難尋，要在師先王之意。明堂圜丘，皆所以事天，今大祀殿在圜丘之北，禁城東南，正應古之方位。明堂秋享，即以大祀殿行之爲當。

至配侑之禮，昔周公宗祀文王於明堂，〔六〕詩傳以爲物成形於帝，猶人成形於父。

故季秋祀帝明堂，而以父配之，取其成物之時也。漢孝武明堂之享，以景帝配，孝章以光武配，唐中宗以高宗配，明皇以睿宗配，代宗以肅宗配，宋眞宗以太宗配，仁宗以眞宗配，英宗以仁宗配，皆世以遞配，〔七〕此主於親親也。宋錢公輔曰：「郊之祭，以始封之祖，有聖人之功者配焉。明堂之祭，以繼體之君，有聖人之德者配焉。」當時司馬光、孫抃諸臣執辯於朝，〔八〕程、朱大賢倡議於下，此主於祖宗之功德也。今復古明堂大享之制，其所當配之帝，亦惟二說而已。若以功德論，則太宗再造家邦，功符太祖，當配以太宗。若以親親論，則獻皇帝，陛下之所自出，陛下之功德，卽皇考之功德，當配以獻皇帝。至稱宗之說，則臣等不敢妄議。

帝降旨：「明堂秋報大禮，於奉天殿行，其配帝務求畫一之說。皇考稱宗，何爲不可？再會議以聞。」

於是戶部左侍郎唐胄抗疏言：

三代之禮，莫備於周。孝經曰：「郊祀后稷以配天，宗祀文王於明堂以配上帝。」又曰：「嚴父莫大於配天，則周公其人也。」說者謂周公有聖人之德，制作禮樂，而文王適其父，故引以證聖人之孝，答曾子問而已。非謂有天下者，皆必以父配天，然後爲孝。不然，周公輔成王踐阼，其禮蓋爲成王而制，於周公爲嚴父，於成王則爲嚴祖矣。然周公歸政之後，未聞成王以嚴父之故，廢文王配天之祭，而移於武王也。後世祀明堂者，皆配以父，此乃誤孝經之義，而違先王之禮。昔有問於朱熹曰：「周公之後，當以文王配耶，當以時王之父配耶？」熹曰：「只當以文王爲配。」又曰：「繼周者如何？」熹曰：「只以有功之祖配，後來第爲嚴父說所惑亂耳。」由此觀之，明堂之配，不專於父明矣。

今禮臣不能辨嚴父之非，不舉文、武、成、康之盛，而乃濫引漢、唐、宋不足法之事爲言，謂之何哉！雖然，豐坊明堂之議，雖未可從，而明堂之禮，則不可廢。今南、北兩郊皆主尊尊，必季秋一大享帝，而親親之義始備。自三代以來，郊與明堂各立所配之帝。太祖、太宗功德並盛，比之於周，太祖則后稷也，太宗則文王也。今兩郊及祈穀，皆奉配太祖，而太宗獨未有配，甚爲缺典。故今奉天殿大享之祭，必奉配太宗，而後我朝之典禮始備。

帝怒，下冑詔獄。嵩乃再會廷臣，先議配帝之禮，言：「考季秋成物之指，嚴父配天之文，宜奉獻皇帝配帝侑食。」因請奉文皇帝配祀於孟春祈穀。帝從獻皇配帝之請，而卻文皇議不行。

已復以稱宗之禮，集文武大臣於東閣議，言：「禮稱：『祖有功，宗有德。』釋者曰：『祖，始也。宗，尊也。』漢書注曰：『祖之稱始，始受命也。宗之稱尊，有德可尊也。』孝經曰：『宗祀文王於明堂，以配上帝。』王肅注曰：『周公於文王，尊而祀之也。』此宗尊之說也。古者，天子七廟。劉歆曰：『七者正法，苟有功德則宗之，不可預爲設數。宗不在數中，宗變也。』朱熹亦以歆之說爲然。陳氏禮書曰：『父昭子穆，而有常數者，禮也。祖功宗德，而無定法者，義也。』此宗無數之說，禮以義起者。今援據古義，推緣人情，皇考至德昭聞，密佑穹旻，宗以其德可。聖子神孫，傳授無疆，皆皇考一人所衍布，宗以其世亦可。宜加宗皇考，配帝明堂，永爲有德不遷之廟。」

帝以疏不言祔廟，留中不下。乃設爲臣下奏對之詞，作明堂或問，以示輔臣。大略言：「文皇遠祖，不應嚴父之義，宜以父配。稱宗雖無定說，尊親崇上，義所當行。既稱宗，則當祔廟，豈有太廟中四親不具之禮？」帝既排正議，崇私親，心念太宗永無配享，無以謝廷臣，乃定獻皇配帝稱宗，而改稱太宗號曰成祖。時未建明堂，迫季秋，遂大享上帝於玄極寶殿，奉睿宗獻皇帝配。殿在宮右乾隅，舊名欽安殿。禮成，禮部請帝陞殿，百官表賀，如郊祀慶成儀。帝以大享初舉，命賜宴羣臣於謹身殿。已而以足疾不御殿，命羣臣勿行賀禮。禮官以表聞，並罷宴，令光祿寺分給。

二十一年敕諭禮部：「季秋大享明堂，成周禮典，與郊祀並行。曩以享地未定，特祭於玄極寶殿，朕誠未盡。南郊舊殿，原爲大祀所，昨歲已令有司撤之。朕自作制象，立爲殿，恭薦名曰泰享，用昭寅奉上帝之意。」乃定歲以秋季大享上帝，奉皇考睿宗配享。行禮如南郊，陳設如祈穀。明年，禮部尚書費寀以大享殿工將竣，請帝定殿門名，門曰大享，殿曰皇乾。及殿成，而大享仍於玄極寶殿，遣官行禮以爲常。

隆慶元年，禮臣言：「我朝大享之禮，自皇考舉行，追崇睿宗，以昭嚴父配天之孝。自皇上視之，則睿宗爲皇祖，非周人宗祀文王於明堂之義。」於是帝從其請，罷大享禮，命玄極寶殿仍改欽安殿。

令節拜天

嘉靖初，沿先朝舊儀，每日宮中行拜天禮。後以爲瀆，罷之。遇正旦、冬至、聖誕節，於奉天殿丹陛上行禮。旣定郊祀，遂罷冬至之禮。惟正旦、聖誕節行禮於玄極寶殿。隆慶元年正旦，命宮中拜天，不用在外執事，祭品亦不取供於太常。

校勘記

〔一〕以五嶽五鎭四海四瀆從祀　原脫「四海」兩字，據明史稿志三〇禮志、太祖實錄卷二六洪武元年二月壬寅條補。

〔二〕知大祀文乃太祖之明訓　大祀，原作「大祝」，據上文及明經世文編卷二〇二頁二一一九夏言申議郊祀辨霍韜分祭疏改。上文言「太祖親作大祀文」，故此言「乃太祖之明訓」。

〔三〕先期一日太常卿請太祖配位　一日，原作「二日」，據世宗實錄卷一二五嘉靖十年五月丁亥條、明會典卷八三改。

〔四〕青衣執羽　羽，原作「扇」，據世宗實錄卷一五〇嘉靖十二年五月丙辰條改。稽璜續文獻通考卷七〇：「『羽』，志作『扇』，訛。」

〔五〕體尊而情親　體，明經世文編卷二一九頁二二八四嚴嵩明堂秋享大禮議作「義」。

〔六〕昔周公宗祀文王於明堂　宗，原作「崇」，據明經世文編卷二一九頁二二八五嚴嵩明堂秋享大禮議改。按「宗祀」句見孝經，字作「宗」，下文引孝經也作「宗」。

〔七〕皆世以遞配　世以，明經世文編卷二一九頁二二八五嚴嵩明堂秋享大禮議作「世世」。

〔八〕當時司馬光孫抃諸臣執辯於朝　抃，原作「忭」，據明經世文編卷二一九頁二二八五嚴嵩明堂秋享大禮議改。孫抃，宋史卷二九二有傳。

明史卷四十九

志第二十五

禮三 吉禮三

社稷　朝日夕月　先農　先蠶　高禖　祭告　祈報　神祇　星辰　靈星壽星司中司命司民司祿　太歲月將風雲雷雨　嶽鎮海瀆山川　城隍

社稷〔一〕

社稷之祀，自京師以及王國府州縣皆有之。其壇在宮城西南者，曰太社稷。明初建太社在東，太稷在西，壇皆北向。洪武元年，中書省臣定議：「周制，小宗伯掌建國之神位，右社稷，左宗廟。社稷之祀，壇而不屋。其制在中門之外，外門之內。尊而親之，與先祖等。然天子有三社。爲羣姓立者曰太社。其自爲立者曰王社。又勝國之社屋之，國雖亡而存之，以重神也。後世天子惟立太社、太稷。漢高祖立官太社、太稷，一歲各再祀。光武立太社稷於洛陽宗廟之右，春秋二仲月及臘，一歲三祀。唐因隋制，並建社稷於含光門右，仲春、秋戊日祭之。玄宗升社稷爲大祀，仍令四時致祭。宋制如東漢時。元世祖營社稷於和義門內，以春秋二仲上戊日祭。今宜祀以春秋二仲月上戊日。」是年二月，太祖親祀太社、太稷。社配以后土，西向。稷配以后稷，東向。帝服皮弁服，省牲；通天冠、絳紗袍，行三獻禮。〔三〕初，帝命中書省翰林院議創屋，備風雨。學士陶安言：「天子太社必受風雨霜露。亡國之社則屋之，不受天陽也。建屋非宜。若遇風雨，則請於齋宮望祭。」從之。三年，於壇北建祭殿五間，又北建拜殿五間，以備風雨。

十年，太祖以社稷分祭，配祀未當，下禮官議。尙書張籌言：

按通典，顓頊祀共工氏子句龍爲后土。后土，社也。烈山氏子柱爲稷。稷，田正也。唐、虞、夏因之。此社稷所由始也。商湯因旱遷社，以后稷代柱。欲遷句龍，無可繼者，故止。然王肅謂社祭句龍，稷祭后稷，皆人鬼，非地祇。而陳氏禮書又謂社祭五土之祇，稷祭五穀之神。鄭康成亦謂社爲五土總神，稷爲原隰之神。句龍有平水土功，故配社，后稷有播種功，故配稷。二說不同。漢元始中，以夏禹配官社，后稷配官稷。唐、宋及元又以句龍配社，周棄配稷。此配祀之制，初無定論也。

至社稷分合之義，書召誥言「社於新邑」，孔註曰：「社稷共牢。」周禮「封人掌設王之社壝」，註云：「不言稷者，舉社則稷從之。」陳氏禮書曰：「稷非土無以生，土非稷無以見生生之效，故祭社必及稷。」山堂考索曰：「社爲九土之尊，稷爲五穀之長，稷生於土，則社與稷固不可分。」其宜合祭，古有明證。請社稷共爲一壇。

至句龍，共工氏之子也，祀之無義。商湯欲遷未果。漢嘗易以夏禹，而夏禹今已列祀帝王之次。棄稷亦配先農。請罷句龍、棄配位，謹奉仁祖淳皇帝配享，以成一代盛典。

遂改作於午門之右，社稷共爲一壇。

初，社稷列中祀，及以仁祖配，乃升爲上祀。具冕服以祭，行奉安禮。十一年春，祭社稷行新定儀。迎神、飲福、送神凡十二拜，餘如舊。建文時，更奉太祖配。永樂中，北京社稷壇成，制如南京。洪熙後，奉太祖、太宗同配。舊制，上丁釋奠孔子，次日上戊祀社稷。弘治十七年八月，上丁在初十日，上戊在朔日，禮官請以十一日祀社稷。御史金洪劾之，言如此則中戊，非上戊矣。禮部覆奏言：「洪武二十年嘗以十一日爲上戊，失不始今日。」命遵舊制，仍用上戊。

嘉靖九年諭禮部：「天地至尊，次則宗廟，又次則社稷。今奉祖配天，又奉祖配社，此禮官之失也。宜改從皇祖舊制，太社以句龍配，太稷以后稷配。」乃以更正社稷壇配位禮，告太廟及社稷，遂藏二配位於寢廟，更定行八拜禮。其壇在西苑豳風亭之西者，曰帝社稷。東帝社，西帝稷，皆北向。始名西苑土穀壇。嘉靖十年，帝謂土穀壇亦社稷耳，何以別於太社稷？張璁等言：「古者天子稱王，今若稱王社、王稷，與王府社稷名同。前定神牌曰五土穀之神，名義至當。」帝采帝耤之義，改爲帝社、帝稷，以上戊明日祭。後改次戊，次戊在望後，則仍用上巳。春告秋報爲定制。隆慶元年，禮部言：「帝社稷之名，自古所無，嫌於煩數，宜罷。」從之。

中都亦有太社壇，洪武四年建。取五方土以築。直隸、河南進黃土，浙江、福建、廣東、廣西進赤土，江西、湖廣、陝西進白土，山東進青土，北平進黑土。天下府縣千三百餘城，各土百觔，取於名山高爽之地。

王國社稷，洪武四年定。十一年，禮臣言：「太社稷既同壇合祭，王國各府州縣亦宜同壇，稱國社國稷之神，不設配位。」詔可。十三年九月復定制兩壇一壝如初式。十八年定王國祭社稷山川等儀，行十二拜禮。

府州縣社稷，洪武元年頒壇制於天下郡邑，俱設於本城西北，右社左稷。十一年，定同壇合祭如京師。獻官以守禦武臣爲初獻，文官爲亞獻、終獻。十三年，溧水縣祭社稷，以牛醢代鹿醢。禮部言：「定制，祭物缺者許以他物代。」帝曰：「所謂缺者，以非土地所產。溧氷固有鹿，是有司故爲苟簡也。百司所以能理其職而盡民事者，以其常存敬懼之心耳。神猶忽之，於人事又何懼焉。」命論如律。乃敕禮部下天下郡邑，凡祭祀必備物，苟非地產、無從市鬻者，聽其鈌。十四年令三獻皆以文職長官，武官不與。

里社，每里一百戶立壇一所，祀五土五穀之神。

朝日夕月

洪武三年，禮部言：

古者祀日月之禮有六。郊特牲曰，「郊之祭，大報天而主日，配以月」，〔三〕一也。玉藻曰，「朝日於東門之外」，祭義曰，「祭日於東郊，祭月於西郊」，〔四〕二也。小宗伯，「肆類於四郊，兆日於東郊，兆月於西郊」，〔五〕三也。月令孟冬「祈來年於天宗」，天宗，日月之類，四也。覲禮，「拜日於東門之外，反祀方明，〔六〕禮日於南門之外，禮月於北門之外」，五也。「霜雪風雨之不時，則禜日月」，六也。說者謂因郊祀而祀之，非正祀也。類禜而祀之，與覲諸侯而禮之，非常祀也。惟春分朝之於東門外，秋分夕之於西門外者，祀之正與常也。蓋天地至尊，故用其始而祭以二至。日月次天地，春分陽氣方永，秋分陰氣向長，故祭以二分，〔七〕爲得陰陽之義。

自秦祭八神，六曰月主，七曰日主，雍又有日月廟。漢郊太乙，朝日夕月改周法。常以郊泰畤，質明出行宮，東向揖日，西向揖月，又於殿下東西拜日月。宣帝於神山祠日，萊山祠月。魏明帝始朝日東郊，夕月西郊。唐以二分日，朝日夕月於國城東西。宋人因之，升爲大祀。元郊壇以日月從祀，其二分朝日夕月，皇慶中議建立而未行。

今當稽古正祭之禮，各設壇專祀。朝日壇宜築於城東門外，夕月壇宜築於城西門外。朝日以春分，夕月以秋分。星辰則祔祭於月壇。

從之。其祀儀與社稷同。二十一年，帝以大明、夜明已從祀，罷朝日夕月之祭。

嘉靖九年，帝謂「大報天而主日，配以月。大明壇當與夜明壇異。且日月照臨，其功甚大。太歲等神，歲有二祭，而日月星辰止一從祭，義所不安」。大學士張璁亦以爲缺典。遂定春秋分之祭如舊儀，而建朝日壇於朝陽門外，西向；夕月壇於阜城門外，東向。壇制有隆殺以示別。朝日，護壇地一百畝；夕月，護壇地三十六畝。朝日無從祀，夕月以五星、二十八宿、周天星辰共一壇，南向祔焉。春祭，時以寅，迎日出也。秋祭，時以亥，迎月出也。十年，禮部上朝日、夕月儀：朝日迎神四拜，飲福受胙兩拜，送神四拜；夕月迎神飲福受胙送神皆再拜。餘並如舊儀。隆慶元年，禮部議定，東郊以甲、丙、戊、庚、壬年，西郊以丑、辰、未、戌年，車駕親祭。餘歲遣文大臣攝祭朝日壇，武大臣攝祭夕月壇。三年，禮部上朝日儀，言：「正祭遇風雨，則設小次於壇前，駕就小次行禮。其升降奠獻，俱以太常寺執事官代。」制曰「可」。

先農

洪武元年諭廷臣以來春舉行耤田禮。於是禮官錢用壬等言：「漢鄭玄謂王社在耤田之中。唐祝欽明云：『先農卽社。』宋陳祥道謂：『社自社，先農自先農。耤田所祭乃先農，非社也。』至享先農與躬耕同日，禮無明文。惟周語曰：『農正陳耤禮。』而韋昭注云：『祭其神爲農祈也。』至漢以耤田之日祀先農，而其禮始著。由晉至唐、宋相沿不廢。政和間，命有司享先農，止行親耕之禮。南渡後，復親祀。元雖議耕耤，竟不親行。其祀先農，命有司攝事。今議耕耤之日，皇帝躬祀先農。禮畢，躬耕耤田。以仲春擇日行事。」從之。

二年二月，帝建先農壇於南郊，在耤田北。親祭，以后稷配。器物祀儀與社稷同。祀畢，行耕耤禮。御耒耜二具，韜以青絹，御耕牛四，被以青衣。禮畢，還大次。應天府尹及上元、江寧兩縣令率庶人終畝。是日宴勞百官耆老於壇所。十年二月遣官享先農，命應天府官率農民耆老陪祀。二十一年更定祭先農儀，不設配位。

永樂中建壇京師，如南京制，在太歲壇西南。石階九級。西瘞位，東齋宮、鑾駕庫，東北神倉，東南具服殿，殿前爲觀耕之所。護壇地六百畝，供黍稷及薦新品物地九十餘畝。每歲仲春上戊，順天府尹致祭。後凡遇登極之初，行耕耤禮，則親祭。

弘治元年定耕耤儀。前期百官致齋。順天府官以耒耜及穜稑種進呈，內官仍捧出授之，由午門左出，置綵輿，鼓樂，送至耤田所。至期，帝翼善冠黃袍，詣壇所具服殿，服袞冕，祭先農。畢，還，更翼善冠黃袍。太常卿導引至耕耤位，南向立。三公以下各就位，戶部尚書北向跪進耒耜，順天府官北向跪進鞭。帝秉耒，三推三反訖。戶部尚書跪受耒耜，順天府官跪受鞭，太常卿奏請復位。府尹挾青箱以種子播而覆之。帝御外門，南向坐，觀三公五推，尚書九卿九推。太常卿奏耕畢，帝還具服殿，陞座。府尹率兩縣令耆老人行禮畢，引上中下農夫各十人，執農器朝見，令其終畝。百官行慶賀禮，賜酒饌。三品以上丹陛上東西坐，四品以下臺下坐，並宴勞耆老於壇旁。宴畢，駕還宮。大樂鼓吹振作，農夫人賜布一疋。

嘉靖十年，帝以其禮過煩，命禮官更定。迎神送神止行二拜。先二日，順天府尹以耒耜穜稑種置綵輿，至耕耤所，並罷百官慶賀。後又議造耕根車載耒耜，府尹於祭日進呈畢，以耒耜載車內前玉輅行。其御門觀耕，地位卑下，議建觀耕臺一。詔皆可。後又命墾西苑隙地爲田。建殿曰無逸，〔八〕亭曰豳風，又曰省耕，曰省斂，倉曰恒裕。禮部上郊廟粢盛支給之數，因言：「南郊耤田，皇上三推，公卿各宣其力，較西苑爲重。西苑雖農官督理，皇上時省耕斂，較耤田爲勤。請以耤田所出，藏南郊圜廩神倉，以供圜丘、祈穀、先農、神祇壇、長陵等陵、歷代帝王及百神之祀。西苑所出，藏恒裕倉，以供方澤、朝日、夕月、太廟、世廟、太社稷、帝社稷、禘祫、先蠶及先師孔子之祀。」從之。十六年諭凡遇親耕，則戶部尙書先祭先農。皇帝至，止行三推禮。三十八年罷親耕，惟遣官祭先農。四十一年並令所司勿復奏。隆慶元年罷西苑耕種諸祀，皆取之耤田。

先蠶

明初未列祀典。嘉靖時，都給事中夏言請改各宮莊田爲親蠶廠公桑園。〔九〕令有司種桑柘，以備宮中蠶事。九年復疏言，耕蠶之禮，不宜偏廢。帝乃敕禮部：「古者天子親耕，皇后親蠶，以勸天下。自今歲始，朕親祀先農，皇后親蠶，其考古制，具儀以聞。」大學士張璁等請於安定門外建先蠶壇。詹事霍韜以道遠爭之。戶部亦言：「安定門外近西之地，水源不通，無浴蠶所。皇城內西苑中有太液、瓊島之水。考唐制在苑中，宋亦在宮中，宜倣行之。」帝謂唐人因陋就安，不可法。於是禮部尙書李時等言：「大明門至安定門道路遙遠，請鳳輦出東華、玄武二門。」因條上四事：一、治繭之禮，二、壇壝之向，三、採桑之器，四、掌壇之官。帝從其言，命自玄武門出。內使陳儀衛，軍一萬人，五千圍壇所，五千護於道，餘如議。

二月，工部上先蠶壇圖式，〔一〇〕帝親定其制。壇方二丈六尺，疊二級，高二尺六寸，四出陛。東西北俱樹桑柘，內設蠶宮令署。採桑臺高一尺四寸，方十倍，三出陛。鑾駕庫五間。後蓋織堂。壇圍方八十丈。禮部上皇后親蠶儀。

蠶將生，欽天監擇吉巳日以聞。順天府具蠶母名數送北郊，工部以鉤箔筐架諸器物給蠶母。順天府以蠶種及鉤筐一進呈，內官捧出，還授之。出玄武右門，置綵輿中，鼓樂送至蠶室。蠶母受蠶種，浴飼以待。命婦文四品、武三品以上俱陪祀，攜一侍女執鉤筐。皇后齋三日，內執事並司贊、六尚等女官及應入壇者，齋一日。先一日，太常寺具祝版，祭物，羊、豕、籩豆各六、〔一一〕黑帛，送蠶宮令。是日，分授執事女官。日未明，宿衞陳兵備，女樂司設監備儀仗及重翟車，俱候玄武門外。將明，內侍詣坤寧宮奏請。皇后服常服，導引女官導出宮門，乘肩輿，至玄武門。內侍奏請降輿，升重翟車。兵衞儀仗及女樂前導，出北安門，障以行帷，至壇內壝東門。內侍奏請降車，乘肩輿，兵衞、儀仗停東門外。皇后入具服殿，易禮服，出，至壇。司贊奏就位。公主、內外命婦各就拜位。祭先蠶，行三獻禮，女官執事如儀。迎神四拜，賜福胙二拜，送神四拜。凡拜跪興，公主、內外命婦皆同。禮畢，皇后還具服殿，更常服。

司賓引外命婦先詣採桑壇東陛下，南北向。尚儀奏請，皇后詣採桑位，東向。公主以下位皇后位東，亦南北向，以西爲上。執鉤者跪進鉤，執筐者跪奉筐受桑。皇后採桑三條，還至壇南儀門坐，觀命婦採桑。三公命婦採五條，列侯、九卿命婦採九條。訖，各授女侍。司賓引內命婦一人，詣桑室，尚功率執鉤筐者從。尚功以桑授蠶母。蠶母受桑，縷切之，以授內命婦。內命婦食蠶，灑一箔訖，還。尚儀奏禮畢，皇后還坐具服殿。司賓率蠶母等叩頭訖，司贊唱班齊。外命婦序立定，尚儀致詞云：「親蠶旣成，禮當慶賀。」四拜畢，賜宴命婦，並賜蠶母酒食。公主及內命婦於殿內，外命婦文武二品以上於臺上，三品以下於丹墀，尚食進膳。教坊司女樂奏樂。宴畢，公主以下各就班四拜。禮畢，皇后還宮，導從如前。

詔如擬。

四月，蠶事告成，行治繭禮。選蠶婦善繅絲及織者各十人。〔二〕卜日，皇后出宮，導從如常儀，至織堂。內命婦一人行三盆手禮，布於織婦，以終其事。蠶宮令送尚衣織染監局造祭服。其祀先蠶，止用樂，不用舞，樂女生冠服俱用黑。

十年二月，禮臣言：「去歲皇后躬行採桑，已足風勵天下。今先蠶壇殿工未畢，宜且遣官行禮。」帝初不可，令如舊行。已而以皇后出入不便，命改築先蠶壇於西苑。壇之東爲採桑臺，臺東爲具服殿，北爲蠶室，左右爲廂房，其後爲從室，以居蠶婦。設蠶宮署於宮左，令一員，丞二員，擇內臣謹恪者爲之。四月，皇后行親蠶禮於內苑。帝謂親耕無賀，此安得賀，第行叩頭禮，女樂第供宴，勿前導。三十八年罷親蠶禮。四十一年並罷所司奏請。

高禖

嘉靖九年，青州儒生李時颺請祠高禖，以祈聖嗣。禮官覆以聞。帝曰：「高禖雖古禮，今實難行。」遂寢其議。已而定祀高禖禮。設木臺於皇城東，永安門北，震方。臺上，皇天上帝南向，騂犢，蒼璧。獻皇帝配，西向，牛羊豕各一。高禖在壇下西向，牲數如之，禮三獻。皇帝位壇下北向，后妃位南數十丈外北向，用帷。壇下陳弓矢、弓韣如后妃嬪之數。祭畢，女官導后妃嬪至高禖前，跪取弓矢授后妃嬪，后妃嬪受而納於弓韣。

祭告

明制，凡登極、巡幸及上諡、葬陵、册立、册封、冠婚等事，皆祭告天地、宗廟、社稷。凡營造宮室，及命將出師，歲時旱潦，祭告天地、山川、太廟、社稷、后土。凡卽位之初，並祭告闕里孔廟及歷代帝王陵寢。

洪武二年從禮部尚書崔亮奏，圜丘、方丘、大祀，前期親告太廟，仍遣使告百神於天下神祇壇。六年，禮部尚書牛諒奏，太歲諸神，凡祈報，則設一十五壇。有事祭告，則設神位二十八壇。中，太歲、風雲雷雨、五嶽、五鎮、四海，凡五壇。東，四瀆、京畿、湖廣、山東、河南、北平、廣西、四川、甘肅山川，夏冬二季月將，京都城隍，凡十二壇。西，鍾山，江西、浙江、福建、山西、陝西、廣東、遼東山川，春秋二季月將，旗纛、戰船等神，凡十一壇。若親祀，皇帝皮弁服行一獻禮，每三壇行一次禮。八年，帝駐蹕中都，祭告天地於中都之圜丘。九年，以諸王將之藩，分日告祭太廟、社稷、嶽、鎮、海、瀆，及天下名山大川，復告祀天地於圜丘。

初，諸王來朝還藩，祭眞武等神於端門，用豕九、羊九、制帛等物。祭護衞旗纛於承天門，亦如之。二十六年，帝以其禮太繁，定制豕一、羊一，不用帛。尋又罷端門祭，惟用葷素二壇祭於承天門外。

永樂七年巡狩北京，祭告天地、宗廟、社稷。嘉靖八年秋，以躬祭山川諸神，命先期不必遣官告太廟。凡出入，必親告祖考於內殿。聖誕前一日，以酒果告列聖帝后於奉先殿。至日，以酒脯告皇天上帝於玄極寶殿，遣官以牲醴祭神烈、天壽、純德諸陵山，及東嶽、都城隍，以素羞祭眞武及靈濟宮，又告修齋於道極七寶帝尊。隆慶三年，以親祭朝日壇，預告奉先、弘孝、神霄殿。

祈報

洪武二年，太祖以春久不雨，祈告諸神祇。中設風雲雷雨、嶽、鎮、海、瀆，凡五壇。東設鍾山、兩淮、江西、兩廣、海南北、山東、燕南燕薊山川、旗纛諸神，凡七壇。西設江東、兩浙、福建、湖廣荊襄、河南北、河東、華州山川、京都城隍，凡六壇。中五壇奠帛。初獻，帝親行禮，兩廡命官分獻。三年夏，旱。六月朔，帝素服草履，步禱於山川壇。藁席露坐，晝曝於日，夜臥於地，凡三日。六年，從禮部尚書牛諒言，太歲諸神，春祈秋報，凡十五壇。中，太歲、風雲雷雨、五嶽、五鎮、四海。東，四瀆、京畿山川，春秋二季月將，京都各府城隍。西，鍾山、甘肅山川，夏冬二季月將，旗纛戰船等神。各五壇。時甘肅新附，故附其山川之祭於京師。其親祀之儀與祭告同。正統九年三月，雨雪愆期，遣官祭天、地、社稷、太歲、風雲雷雨、嶽、鎮、海、瀆。弘治十七年，畿內、山東久旱，命官祭告天壽山，分命各巡撫祭告北嶽、北鎮、東嶽、東鎮、東海。

嘉靖八年春，帝諭禮部：「去冬少雪，今當東作，雨澤不降，當親祭南郊社稷、山川。」尚書方獻夫等言：「周禮大宗伯：『以荒禮哀凶札。』釋者謂：『君膳不舉，馳道不除，祭事不縣，皆所以示貶損之意。』又曰：『國有大故，則旅上帝及四望。』釋者曰：『故謂凶災。旅，陳也。陳其祭祀以禱焉，禮不若祀之備也。』今陛下閔勞萬姓，親出祈禱。禮儀務簡約，以答天戒。常朝官並從，同致省愆祈籲之誠。」隨具上儀注。二月親禱南郊，山川同日，社稷用次日，不除道。冠服淺色，羣臣同。文五品、武四品以上於大祀門外，餘官於南天門外，就班陪祀。是秋，帝欲親祀山川諸神。禮部尚書李時言：「舊例山川等祭，中夜行禮，先一日出郊齋宿。祭畢，清晨回鑾。兩日畢事，禮太重。宜比先農壇例，昧爽行禮。」因具儀以進。制可。祭服用皮弁，迎神、送神各兩拜。

十一年，大學士李時等以聖嗣未降，請廷臣詣嶽鎭名山祀禱。帝欲分遣道士，齎香帛行，令所在守臣行禮，在廷大臣分詣地祇壇祈告。於是禮部尚書夏言言：「我朝建地祇壇，自嶽、鎭、海、瀆以及遠近名山大川莫不懷柔，卽此而禱，正合古人『望衍』之義。但輔臣所請，止於嶽鎭。竊以山川海瀆，發祥效靈，與嶽鎭同功，況基運、翊聖、神烈、天壽、純德諸山，又祖宗妥靈之地，祈禱之禮皆不可缺。」遂命大臣詣壇分祀。

神祇壇

洪武二年從禮部尚書崔亮言，建天下神祇壇於圜丘壝外之東，及方丘壝外之西。郊祀前期，帝躬詣壇，設神位，西向，以酒脯祭告。郊之日，俟分獻從祀將畢，就壇以祭。後定遣官預告。又建山川壇於正陽門外天地壇西，合祀諸神。凡設壇十有九，太歲、春夏秋冬四季月將爲第一，次風雲雷雨，次五嶽，次五鎭，次四海，次四瀆，次京都鍾山，次江東，次江西，次湖廣，次淮東、淮西，次浙東、浙西、福建，次廣東、廣西、海南、海北，次山東、山西、河南、河北，次北平、陝西，次左江、右江，次安南、高麗、占城諸國山川，次京都城隍，次六纛大神、旗纛大將、五方旗神、戰船、金鼓、銃礮、弓弩、飛鎗、飛石、陣前陣後諸神，皆躬自行禮。先祭，禮官奏：「祝文，太歲以下至四海，凡五壇，稱臣者親署御名。其鍾山諸神，稱余者請令禮官代署。」帝曰：「朋友書牘，尚親題姓名，況神明乎？」遂加親署。後又定驚蟄、秋分後三日，遣官祭山川壇諸神。七年令春、秋仲月上旬，擇日以祭。九年復定山川壇制，凡十三壇。正殿，太歲、風雲雷雨、五嶽、五鎭、四海、四瀆、鍾山七壇。東西廡各三壇，東，京畿山川，夏冬二季月將。西，春秋二季月將、京都城隍。十年定正殿七壇，帝親行禮，東西廡遣功臣分獻。二十一年增修大祀殿諸神壇壝。乃敕十三壇諸神並停春祭，每歲八月中旬，擇日祭之。命禮部更定祭山川壇儀，與社稷同。永樂中，京師建山川壇並同南京制，惟正殿鍾山之右，益以天壽山之神。

嘉靖十一年改山川壇名爲天神地祇壇，改序雲師、雨師、風伯、雷師。天神壇在左，南向，雲、雨、風、雷，凡四壇。地祇壇在右，北向，五嶽、五鎭、基運翊聖神烈天壽純德五陵山、四海、四瀆，凡五壇。從祀，京畿山川，西向；天下山川，東向。以辰、戌、丑、未年仲秋，皇帝親祭，餘年遣大臣攝祭。其太歲、月將、旗纛、城隍，別祀之。十七年加上皇天上帝尊稱，預告於神祇，遂設壇於圜丘外壝東南，親定神祇壇位，陳設儀式。禮部言：「皇上親獻大明壇，則四壇分獻諸臣，不敢並列。請先上香畢，命官代獻。」帝裁定，上香、奠帛、獻爵復位後，分獻官方行禮。亞、終二獻，執事官代，餘壇俱獻官三行。隆慶元年，禮臣言：「天神地祇已從祀南北郊，其仲秋神祇之祭不宜復舉。」令罷之。

星辰壇

洪武三年，帝謂中書省臣：「日月皆專壇祭，而星辰乃祔祭於月壇，非禮也。」禮部擬於城南諸神享祭壇正南向，增九間，朝日夕月祭周天星辰，俱於是行禮。朝日夕月仍以春秋分祭，星辰則於天壽節前三日。從之。四年九月，帝躬祀周天星辰。正殿共十壇，中設周天星辰位，儀如朝日。二十一年以星辰旣從祀南郊，罷禜星之祭。

靈星諸神

洪武元年，太常司奏：「周禮『以槱燎祀司中、司命、風師、雨師』。天府『若祭天則祀司民、司祿，而獻民數、穀數，受而藏之』。漢高帝命郡國立靈星祠。唐制，立秋後辰日祀靈星，立冬後亥日遣官祀司中、司命、司民、司祿，以少牢。宋祀如唐，而於秋分日祀壽星。今擬如唐制，分日而祀，爲壇於城南。」從之。二年從禮部尚書崔亮奏，每歲聖壽日祭壽星，同日祭司中、司命、司民、司祿，示與民同受其福也。八月望日祀靈星。皆遣官行禮。三年罷壽星等祀。

太歲月將風雲雷雨之祀

古無太歲、月將壇宇之制，明始重其祭。增雲師於風師之次，亦自明始。太祖既以太歲諸神從祀圜丘，又合祭羣祀壇。已而命禮官議專祀壇壝。禮臣言：「太歲者，十二辰之神。按說文，歲字從步從戌。木星一歲行一次，歷十二辰而周天，若步然也。陰陽家說，又有十二月將，十日十二時所直之神，若天乙、天罡、太乙、功曹、太衝之類。雖不經見，歷代因之。元每有大興作，祭太歲、月將、日直、時直於太史院。若風師、雨師之祀，見於周官，後世皆有祭。唐天寶中，增雷師於雨師之次。宋、元因之。然唐制各以時別祭，失享祀本意。宜以太歲、風雲雷雨諸天神合爲一壇，諸地祇爲一壇，春秋專祀。」乃定驚蟄、秋分日祀太歲諸神於城南。三年復以諸神陰陽一氣，流行無間，乃合二壇爲一，而增四季月將。又改祭期，與地祇俱用驚蟄、秋分後三日。

嘉靖十年命禮部考太歲壇制。禮官言：「太歲之神，唐、宋祀典不載，元雖有祭，亦無常典。壇宇之制，於古無稽。太歲天神，宜設壇露祭，準社稷壇制而差小。」從之。遂建太歲壇於正陽門外之西，與天壇對。中，太歲殿。東廡，春、秋月將二壇。西廡，夏、冬月將二壇。帝親祭於拜殿中。每歲孟春享廟，歲暮祫祭之日，遣官致祭。王國府州縣亦祀風雲雷雨師，仍築壇城西南。祭用驚蟄、秋分日。

嶽鎮海瀆山川之祀

洪武二年，太祖以嶽瀆諸神合祭城南，未有專祀。又享祀之所，屋而不壇，非尊神之道。禮官言：「虞舜祭四嶽，王制始有五嶽之稱。周官『兆四望於四郊』，鄭注，以四望爲五嶽四鎮四瀆。詩序巡狩而禮四嶽河海，則又有四海之祭。蓋天子方望之事，無所不通。而嶽鎮海瀆，在諸侯封內，則各祀之。秦罷封建，嶽瀆皆領於祠官。漢復建諸侯，則侯國各祀其封內山川，天子無與。武帝時，諸侯或分或廢，五嶽皆在天子之邦。宣帝時，始有使者持節祠嶽瀆之禮。由魏及隋，嶽鎮海瀆，即其地立祠，有司致祭。唐、宋之制，有命本界刺史、縣令之祀，有因郊祀而望祭之祀，又有遣使之祀。元遣使祀嶽鎭海瀆，分東西南北中爲五道。今宜以嶽鎭海瀆及天下山川城隍諸地祇合爲一壇，與天神埒，春秋專祀。」遂定祭日以清明霜降。前期一日，皇帝躬省牲。至日，服通天冠絳紗袍，詣嶽鎭海瀆前，行三獻禮。山川城隍，分獻官行禮。是年命官十八人，祭天下嶽鎭海瀆之神。帝皮弁御奉天殿，躬署御名，以香祝授使者。百官公服，送至中書省，使者奉以行。黃金合貯香，黃綺幡二，白金二十五兩市祭物。

三年詔定嶽鎭海瀆神號。略曰：「爲治之道，必本於禮。嶽鎭海瀆之封，起自唐、宋。夫英靈之氣，萃而爲神，必受命於上帝，豈國家封號所可加？瀆禮不經，莫此爲甚。今依古定制，並去前代所封名號。五嶽稱東嶽泰山之神，南嶽衡山之神，中嶽嵩山之神，西嶽華山之神，北嶽恒山之神。五鎭稱東鎭沂山之神，南鎭會稽山之神，中鎭霍山之神，西鎭吳山之神，北鎭醫無閭山之神。四海稱東海之神，南海之神，西海之神，北海之神。四瀆稱東瀆大淮之神，南瀆大江之神，西瀆大河之神，北瀆大濟之神。」帝躬署名於祝文，遣官以更定神號告祭。六年，禮臣言：「四川未平，望祭江瀆於峽州。今蜀既下，當遣人於南瀆致祭。」從之。十年命官十八人分祀嶽鎭海瀆，賜之制。

萬曆十四年，巡撫胡來貢請改祀北嶽於渾源州。禮臣言：「大明集禮載，漢、唐、宋北嶽之祭，皆在定州曲陽縣，與史俱合。渾源之稱北嶽，止見州誌碑文，經傳無可考，仍祀曲陽是。」

其他山川之祀。洪武元年躬祀汴梁諸神，仍遣官祭境內山川。二年，以天下山川祔祭嶽瀆壇。帝又以安南、高麗皆臣附，其國內山川，宜與中國同祭。諭中書及禮官考之。安南之山二十一，其江六，其水六。高麗之山三，其水四。命著祀典，設位以祭。三年遣使往安南、高麗、占城，祀其國山川。帝齋戒，親爲祝文。仍遣官頒革正山川神號詔於安南、占城、高麗。六年，琉球諸國已朝貢，祀其國山川。八年，禮部尚書牛諒言：「京都既罷祭天下山川，其外國山川，亦非天子所當親祀。」中書及禮臣請附祭各省，從之。廣西附祭安南、占城、眞臘、暹羅、鎖里，廣東附祭三佛齊、爪哇，福建附祭日本、琉球、渤泥，遼東附祭高麗，陝西附祭甘肅、朶甘、烏斯藏，京城不復祭。又從禮官言，各省山川居中南向，外國山川東西向，同壇共祀。其王國山川之祀，洪武十三年定制。十八年定王國祭山川，儀同社稷，但無瘞埋之文。凡嶽鎭海瀆及他山川所在，令有司歲二祭以淸明、霜降。

城隍

洪武二年，禮官言：「城隍之祀，莫詳其始。先儒謂既有社，不應復有城隍。故唐李陽冰縉雲城隍記謂『祀典無之，惟吳、越有之』。然成都城隍祠，李德裕所建，張說有祭城隍之文，杜牧有祭黃州城隍文，則不獨吳、越爲然。又蕪湖城隍廟建於吳赤烏二年，高齊慕容儼、〔一三〕梁武陵王祀城隍，皆書於史，又不獨唐而已。宋以來其祠徧天下，或錫廟額，或頒封爵，至或遷就傅會，各指一人以爲神之姓名。按張九齡祭洪州城隍文曰：『城隍是保，甿庶是依。』〔一四〕則前代崇祀之意有在也。今宜附祭於嶽瀆諸神之壇。」乃命加以封爵。京都爲承天鑒國司民昇福明靈王，開封、臨濠、太平、和州、滁州皆封爲王。其餘府爲鑒察司民城隍威靈公，秩正二品。州爲鑒察司民城隍靈佑侯，秩三品。縣爲鑒察司民城隍顯佑伯，秩四品。衮章冕旒俱有差。命詞臣撰制文以頒之。

三年詔去封號，止稱某府州縣城隍之神。又令各廟屏去他神。定廟制，高廣視官署廳堂。造木爲主，毀塑像舁置水中，取其泥塗壁，繪以雲山。六年製中都城隍神主成，遣官賫香幣奉安。京師城隍旣附饗山川壇，又於二十一年改建廟。〔一五〕尋以從祀大祀殿，罷山川壇春祭。永樂中，建廟都城之西，曰大威靈祠。嘉靖九年罷山川壇從祀，歲以仲秋祭旗纛日，幷祭都城隍之神。凡聖誕節及五月十一日神誕，皆遣太常寺堂上官行禮。國有大災則告廟。在王國者王親祭之，在各府州縣者守令主之。

校勘記

〔一〕社稷　原無此標題，據卷目增。

〔二〕帝服皮弁服省牲通天冠絳紗袍行三獻禮　通天冠、絳紗袍，太祖實錄卷二六洪武元年二月戊申條作「服通天冠、絳紗袍」，上有「服」字。

〔三〕郊特牲曰郊之祭大報天而主日配以月　郊特牲，當作「祭義」。禮記郊特牲：「郊之祭也，至大報天而主日也。」沒有「配以月」句。禮記祭義：「郊之祭，大報天而主日，配以月。」與上引文合。

〔四〕祭義曰祭日於東郊祭月於西郊　禮記祭義裏沒有兩「郊」字。

〔五〕小宗伯肆類於四郊兆日於東郊兆月於西郊　小，原作「大」，據周禮及鄭玄注改。肆，應作「四」。周禮小宗伯：「兆五帝於四郊，四望四類亦如之。」鄭注：「四類，日月星辰。至兆日於東郊，兆月與風師於西郊。」

〔六〕拜日於東門之外反祀方明　反，原作「及」，據儀禮覲禮改。

〔七〕春分陽氣方永秋分陰氣向長故祭以二分　向長，原作「方長」，祭以，原作「祭於」，據太祖實錄卷四八洪武三年正月甲午條改。

〔八〕建殿曰無逸　無逸，原作「天遁」。「無」亦作「无」，「无逸」與「天遁」當因形近而誤。據世宗實錄卷一二九嘉靖十年八月丁未條、卷一三〇嘉靖十年九月壬申條、明會典卷五一改。

〔九〕請改各宮莊田爲親蠶廠公桑園　宮，原作「官」，據世宗實錄卷一〇九嘉靖九年正月乙巳條改。續文獻通考卷七八注：「志作『官莊』，誤。」

〔一〇〕二月工部上先蠶壇圖式　二月，原作「三月」，據明史稿志三一禮志、世宗實錄卷一一〇嘉靖九年二月壬戌條改。

〔一一〕羊豕籩豆各六　世宗實錄卷一一〇嘉靖九年二月庚午條載皇后親蠶儀作「羊豕少牢、籩豆各陸、黑帛」。明會典卷九二先蠶作「羊二、豕一」、「籩豆各六」、「帛一」，所陳祭品都有數字，本志於「羊豕」下不列數字，於籩豆下作「各六」，易誤會爲羊豕各六。

〔一二〕選蠶婦善繅絲及織者各十人　十，原作「一」，據世宗實錄卷一一二嘉靖九年四月丁亥條改。按耤田用三十人耕所耤的田，親蠶用二十人繅織，略相當。

〔一三〕高齊慕容儼　儼，原作「儷」，據太祖實錄卷三六洪武二年正月戊申條改。北齊書卷二〇和北史卷五三慕容儼傳，有祀城隍事。

〔一四〕按張九齡祭洪州城隍文曰城隍是保氓庶是依　原作「張說祭荊州城隍文曰：『城隍是保，氓庶是依。』」按太祖實錄卷三六洪武二年正月戊申條：「張說祭荊州城隍文曰：『致和產物，助天育人』。張九齡祭洪州城隍文曰：『城隍是保，氓庶是依。』」此所引爲張九齡的祭洪州城隍文，非張說的祭荊州城隍文。今改。

〔一五〕又於二十一年改建廟　二十一年，明會典卷九三作「二十年」。

明史卷五十

志第二十六

禮四 吉禮四

歷代帝王陵廟　三皇　聖師　先師孔子　旗纛　五祀　馬神

南京神廟　功臣廟　京師九廟　諸神祠　厲壇

歷代帝王陵廟

洪武三年遣使訪先代陵寢，仍命各行省具圖以進，凡七十有九。禮官考其功德昭著者，曰伏羲，神農，黃帝，少昊，顓頊，唐堯，虞舜，夏禹，商湯、中宗、高宗，周文王、武王、成王、康王，漢高祖、文帝、景帝、武帝、宣帝、光武、明帝、章帝，後魏文帝，隋高祖，唐高祖、太宗、憲宗、宣宗，周世宗，宋太祖、太宗、眞宗、仁宗、孝宗、理宗，凡三十有六。各製袞冕，函香幣。遣秘書監丞陶誼等往修祀禮，親製祝文遣之。每陵以白金二十五兩具祭物。陵寢發者掩之，壞者完之。廟敝者葺之。無廟者設壇以祭。仍令有司禁樵採。歲時祭祀，牲用太牢。

四年，禮部定議，合祀帝王三十五。在河南者十：陳祀伏羲、商高宗，孟津祀漢光武，洛陽祀漢明帝、章帝，鄭祀周世宗，鞏祀宋太祖、太宗、眞宗、仁宗。在山西者一：榮河祀商湯。在山東者二：東平祀唐堯，曲阜祀少昊。在北平者三：內黃祀商中宗，滑祀顓頊、高辛。在湖廣者二：酆祀神農，寧遠祀虞舜。在浙江者二：會稽祀夏禹、宋孝宗。在陝西者十五：中部祀黃帝，咸陽祀周文王、武王、成王、康王、宣王，漢高帝、景帝，咸寧祀漢文帝，興平祀漢武帝，長安祀漢宣帝，三原祀唐高祖，醴泉祀唐太宗，蒲城祀唐憲宗，涇陽祀唐宣宗。歲祭用仲春、仲秋朔。于是遣使詣各陵致祭。陵置一碑，刊祭期及牲帛之數，俾所在有司守之。

已而命有司歲時修葺，設陵戶二人守視。又每三年，出祝文、香帛，傳制遣太常寺樂舞生齋往所在，命有司致祭。其所祀者，視前去周宣王，漢明帝、章帝，而增祀媧皇於趙城，後魏文帝於富平，元世祖於順天，及宋理宗於會稽，凡三十六帝。後又增祀隋高祖於扶風，而理宗仍罷祀。又命帝王陵廟所在官司，以春秋仲月上旬，擇日致祭。

六年，帝以五帝、三王及漢、唐、宋創業之君，俱宜於京師立廟致祭，遂建歷代帝王廟於欽天山之陽。倣太廟同堂異室之制，爲正殿五室：中一室三皇，東一室五帝，西一室夏禹、商湯、周文王，又東一室周武王、漢光武、唐太宗，又西一室漢高祖、唐高祖、宋太祖、元世祖。每歲春秋仲月上旬甲日致祭。已而以周文王終守臣服，唐高祖由太宗得天下，遂寢其祀，增祀隋高祖。七年令帝王廟皆塑袞冕坐像，惟伏羲、神農未有衣裳之制，不必加冕服。八月，帝躬祀於新廟。已而罷隋高祖之祀。

二十一年令每歲郊祀，附祭歷代帝王於大祀殿。仍以歲八月中旬，擇日遣官祭於本廟，其春祭停之。又定每三年遣祭各陵之歲，則停廟祭。是年詔以歷代名臣從祀，禮官李原名奏擬三十六人以進。帝以宋趙普負太祖不忠，不可從祀。元臣四傑，木華黎爲首，不可祀孫而去其祖，可祀木華黎而罷安童。既祀伯顏，則阿朮不必祀。漢陳平、馮異，宋潘美，皆善始終，可祀。於是定風后、力牧、皋陶、夔、龍、伯夷、伯益、伊尹、傅說、周公旦、召公奭、太公望、召虎、方叔、張良、蕭何、曹參、陳平、周勃、鄧禹、馮異、諸葛亮、房玄齡、杜如晦、李靖、郭子儀、李晟、曹彬、潘美、韓世忠、岳飛、張浚、木華黎、博爾忽、博爾朮、赤老溫、伯顏，凡三十七人，從祀於東西廡，爲壇四。初，太公望有武成王廟，嘗遣官致祭如釋奠儀。至是，罷廟祭，去王號。

永樂遷都，帝王廟，遣南京太常寺官行禮。嘉靖九年罷歷代帝王南郊從祀。令建歷代帝王廟於都城西，歲以仲春秋致祭。後并罷南京廟祭。十年春二月，廟未成，躬祭歷代帝王於文華殿，凡五壇，丹陛東西名臣四壇。禮部尚書李時言：「舊儀有賜福胙之文。賜者自上而下之義，惟郊廟社稷宜用。歷代帝王，止宜云荅。」詔可。十一年夏，廟成，名曰景德崇聖之殿。殿五室，東西兩廡，殿後祭器庫，前爲景德門。門外神庫、神廚、宰牲亭、鐘樓。街東西二坊，曰景德街。八月壬辰親祭。帝由中門入，迎神、受福胙、送神各兩拜。嗣後歲遣大臣一員行禮，四員分獻。凡子、午、卯、酉祭於陵寢之歲，則停秋祭。二十四年，以禮科陳棐言，罷元世祖陵廟之祀，及從祀木華黎等，復遷唐太宗與宋太祖同室。凡十五帝，從祀名臣三十二人。

三皇

明初仍元制，以三月三日、九月九日通祀三皇。洪武元年令以太牢祀。二年命以句芒、祝融、風后、力牧左右配，俞跗、桐君、僦貸季、少師、雷公、鬼臾區、伯高、岐伯、少俞、高陽十大名醫從祀。儀同釋奠。四年，帝以天下郡邑通祀三皇爲瀆。禮臣議：「唐玄宗嘗立三皇五帝廟於京師。至元成宗時，乃立三皇廟於府州縣。春秋通祀，而以醫藥主之，甚非禮也。」帝曰：「三皇繼天立極，開萬世教化之原，汩於藥師可乎？」命天下郡縣毋得褻祀。

正德十一年立伏羲氏廟於秦州。秦州，古成紀地，從巡按御史馮時雄奏也。嘉靖間，建三皇廟於太醫院北，名景惠殿。中奉三皇及四配。其從祀，東廡則僦貸季、岐伯、伯高、鬼臾區、俞跗、少俞、少師、桐君、雷公、馬師皇、伊尹、扁鵲、淳于意、張機十四人，〔一〕西廡則華陀、王叔和、皇甫謐、葛洪、巢元方、孫思邈、韋慈藏、王冰、錢乙、朱肱、李杲、劉完素、張元素、朱彥修十四人。歲仲春、秋上甲日，禮部堂上官行禮，太醫院堂上官二員分獻，用少牢。復建聖濟殿於內，祀先醫，以太醫官主之。二十一年，帝以規制湫隘，命拓其廟。

聖師〔二〕

聖師之祭，始於世宗。奉皇師伏羲氏、神農氏、軒轅氏，帝師陶唐氏、有虞氏，王師夏禹王、商湯王、周文王武王，九聖南向。左先聖周公，右先師孔子，東西向。每歲春秋開講前一日，皇帝服皮弁，拜跪，行釋奠禮。用羹酒果脯帛祭於文華殿東室。

初，東室有釋像，帝以其不經，撤之，乃祀先聖先師。自爲祭文，行奉安神位禮。輔臣禮卿及講官俟行禮訖，入拜。先是洪武初，司業宋濂建議欲如建安熊氏之說，以伏羲爲道統之宗，神農、黃帝、堯、舜、禹、湯、文、武，以次列焉。秩祀天子之學，則道統益尊。太祖不從。至是，世宗倣其意行之。十六年移祀於永明殿後，行禮如初。其後常遣官代祭。隆慶初，仍於文華殿東室行禮。

至聖先師孔子廟祀

漢晉及隋或稱先師，或稱先聖、宣尼、宣父。唐謚文宣王，宋加至聖號，元復加號大成。明太祖入江淮府，首謁孔子廟。洪武元年二月詔以太牢祀孔子於國學，仍遣使詣曲阜致祭。臨行諭曰：「仲尼之道，廣大悠久，與天地並。有天下者莫不虔修祀事。朕爲天下主，期大明教化，以行先聖之道。今既釋奠成均，仍遣爾修祀事於闕里，爾其敬之。」又定制，每歲仲春、秋上丁，皇帝降香，遣官祀於國學。以丞相初獻，翰林學士亞獻，國子祭酒終獻。先期，皇帝齋戒。獻官、陪祀、執事官皆散齋二日，致齋一日。前祀一日，皇帝服皮弁服，御奉天殿降香。至日，獻官行禮。三年詔革諸神封號，惟孔子封爵仍舊。且命曲阜廟庭，歲官給牲幣，俾衍聖公供祀事。四年，禮部奏定儀物。改初制籩豆之八爲十，籩用竹。其簠簋登鉶及豆初用木者，悉易以瓷。牲易以熟。樂生六十人，舞生四十八人，引舞二人，凡一百一十人。禮部請選京民之秀者充樂舞生。太祖曰：「樂舞乃學者事，況釋奠所以崇師。宜擇國子生及公卿子弟在學者，豫教肄之。」五年罷孟子配享。踰年，帝曰：「孟子辨異端，闢邪說，發明孔子之道，配享如故。」七年二月，上丁日食，改用仲丁。

十五年，新建太學成。廟在學東，中大成殿，左右兩廡，前大成門，門左右列戟二十四。門外東爲犧牲廚，西爲祭器庫，又前爲靈星門。自經始以來，駕數臨視。至是落成，遣官致祭。帝既親詣釋奠，又詔天下通祀孔子，并頒釋奠儀注。凡府州縣學，籩豆以八，器物牲牢，皆殺于國學。三獻禮同，十哲兩廡一獻。其祭，各以正官行之，有布政司則以布政司官，分獻則以本學儒職及老成儒士充之。每歲春、秋仲月上丁日行事。初，國學主祭遣祭酒，後遣翰林院官，然祭酒初到官，必遣一祭。十七年敕每月朔望，祭酒以下行釋菜禮，郡縣長以下詣學行香。二十六年頒大成樂於天下。二十八年以行人司副楊砥言，罷漢揚雄從祀，益以董仲舒。三十年以國學孔子廟隘，命工部改作，其制皆帝所規畫。大成殿門各六楹，靈星門三，東西廡七十六楹，神廚庫皆八楹，宰牲所六楹。永樂初，建廟於太學之東。

宣德三年，以萬縣訓導李譯言，命禮部考正從祀先賢名位，頒示天下。十年，慈利教諭蔣明請祀元儒吳澄。大學士楊士奇等言當從祀，從之。〔三〕正統二年，以宋儒胡安國、蔡沈、眞德秀從祀。三年禁天下祀孔子於釋、老宮。孔、顏、孟三氏子孫教授裴侃言：「天下文廟惟論傳道，以列位次。闕里家廟，宜正父子，以敍彝倫。顏子、曾子、子思，子也，配享殿廷。無繇、子晳、伯魚，父也，從祀廊廡。非惟名分不正，抑恐神不自安。況叔梁紇元已追封啓聖王，創殿於大成殿西崇祀，而顏、孟之父俱封公，惟伯魚、子晳仍侯，乞追封公爵，偕顏、孟父俱配啓聖王殿。」帝命禮部行之，仍議加伯魚、子晳封號。成化二年，追封董仲舒廣川伯，胡安國建寧伯，蔡沈崇安伯，眞德秀浦城伯。十二年從祭酒周洪謨言，增樂舞爲八佾，籩豆各十二。弘治八年追封楊時將樂伯，從祀，位司馬光之次。九年增樂舞爲七十二人，如天子之制。十二年，闕里孔廟燬，敕有司重建。十七年，廟成，遣大學士李東陽祭告，幷立御製碑文。正德十六年詔有司改建孔氏家廟之在衢州者，官給錢，董其役。令博士孔承義奉祀。

嘉靖九年，大學士張璁言：「先師祀典，有當更正者。叔梁紇乃孔子之父，顏路、曾晳、孔鯉乃顏、曾、子思之父，三子配享廟庭，紇及諸父從祀兩廡，原聖賢之心豈安？請於大成殿後，別立室祀叔梁紇，而以顏路、曾晳、孔鯉配之。」帝以爲然。因言：「聖人尊天與尊親同。今籩豆十二，牲用犢，全用祀天儀，亦非正禮。其諡號、章服悉宜改正。」璁緣帝意，言：「孔子宜稱先聖先師，不稱王。祀宇宜稱廟，不稱殿。祀宜用木主，其塑像宜毀。籩豆用十，樂用六佾。配位公侯伯之號宜削，止稱先賢先儒。其從祀申黨、公伯寮、秦冉等十二人宜罷，林放、蘧瑗等六人宜各祀於其鄉，后蒼、王通、歐陽修、胡瑗、蔡元定宜從祀。」

帝命禮部會翰林諸臣議。編修徐階疏陳易號毀像之不可。帝怒，謫階官，乃御製正孔子祀典說，大略謂孔子以魯僭王爲非，寧肯自僭天子之禮。復爲正孔子祀典申記，俱付史館。璁因作正孔子廟祀典或問奏之。帝以爲議論詳正，幷令禮部集議。於是御史黎貫等言：「聖祖初正祀典，天下嶽瀆諸神皆去其號，惟先師孔子如故，良有深意。陛下疑孔子之祀，上擬祀天之禮。夫子之不可及也，猶天之不可階而升，雖擬諸天，亦不爲過。自唐尊孔子爲文宣王，已用天子禮樂。宋眞宗嘗欲封孔子爲帝，或謂周止稱王，不當加帝號。而羅從彥之論，則謂加帝號亦可。至周敦頤則以爲萬世無窮，王祀孔子，邵雍則以爲仲尼以萬世爲王。其辨孔子不當稱王者，止吳澄一人而已。伏望博考羣言，務求至當。」時貫疏中言：「莫尊於天地，亦莫尊於父師。陛下敬天尊親，不應獨疑孔子王號爲僭。」帝因大怒，疑貫借此以斥其追尊皇考之非，詆爲奸惡，下法司會訊，褫其職。給事中王汝梅等亦極言不宜去王號，帝皆斥爲謬論。

於是禮部會諸臣議：「人以聖人爲至，聖人以孔子爲至。宋眞宗稱孔子爲至聖，其意已備。今宜於孔子神位題至聖先師孔子，去其王號及大成、文宣之稱。改大成殿爲先師廟，大成門爲廟門。其四配稱復聖顏子、宗聖曾子、述聖子思子、亞聖孟子。十哲以下凡及門弟子，皆稱先賢某子。左丘明以下，皆稱先儒某子。不復稱公侯伯。遵聖祖首定南京國子監規制，製木爲神主。仍擬大小尺寸，著爲定式。其塑像，卽令屏撤。春秋祭祀，遵國初舊制，十籩十豆。天下各學，八籩八豆。樂舞止六佾。凡學別立一祠，中叔梁紇題啓聖公孔氏神位，以顏無繇、曾點、孔鯉、孟孫氏配，俱稱先賢某氏。至從祀之賢，不可不考其得失。申黨卽申棖，釐去其一。公伯寮、秦冉、顏何、荀況、戴聖、劉向、賈逵、馬融、何休、王肅、王弼、杜預、吳澄罷祀。林放、蘧瑗、盧植、鄭衆、鄭玄、服虔、范寧各祀於其鄉。后蒼、王通、歐陽修、胡瑗宜增入。」命悉如議行。又以行人薛侃議，進陸九淵從祀。

初，洪武時，司業宋濂請去像設主，禮儀樂章多所更定，太祖不允。成、弘間，少詹程敏政嘗謂馬融等八人當斥。給事中張九功推言之，幷請罷荀況、公伯寮、蘧瑗等，而進后蒼、王通、胡瑗。爲禮官周洪謨所却而止。至是以璁力主，衆不敢違。毀像蓋用濂說，先賢去留，略如九功言。其進歐陽修，則以濮議故也。

明年，國子監建啓聖公祠成。從尚書李時言，春秋祭祀，與文廟同日。籩豆牲帛視四配，東西配位視十哲，從祀先儒程珦、朱松、蔡元定視兩廡。輔臣代祭文廟，則祭酒祭啓聖祠。南京，祭酒於文廟，司業於啓聖祠。遂定制，殿中先師南向，四配東西向。稍後十哲：閔子損、冉子雍、端木子賜、仲子由、卜子商、冉子耕、宰子予、冉子求、言子偃、顓孫子師皆東西向。兩廡從祀：先賢澹臺滅明、宓不齊、原憲、公冶長、南宮适、高柴、漆雕開、樊須、司馬耕、公西赤、有若、琴張、申棖、陳亢、巫馬施、梁鱣、公皙哀、商瞿、冉孺、顏辛、伯虔、曹恤、冉季、公孫龍、漆雕哆、秦商、漆雕徒父、顏高、商澤、壤駟赤、任不齊、石作蜀、公良孺、公夏首、公肩定、后處、鄡單、奚容蒧、罕父黑、顏祖、榮旂、秦祖、左人郢、句井疆、鄭國、公祖句茲、原亢、縣成、廉潔、燕伋、叔仲會、顏之僕、邽巽、樂欬、公西輿如、狄黑、孔忠、公西蒧、步叔乘、施之常、秦非、顏噲，先儒左丘明、公羊高、穀梁赤、伏勝、高堂生、孔安國、毛萇、董仲舒、后蒼、杜子春、王通、韓愈、胡瑗、周敦頤、程顥、歐陽修、邵雍、張載、司馬光、程頤、楊時、胡安國、朱熹、張栻、陸九淵、呂祖謙、蔡沈、眞德秀、許衡凡九十一人。

隆慶五年，以薛瑄從祀。萬曆中，以羅從彥、李侗從祀。十二年，又以陳獻章、胡居仁、王守仁從祀。二十三年，以宋周敦頤父輔成從祀啓聖祠。又定每歲仲春、秋上丁日御殿傳制，遣大臣祭先師及配位。其十哲以翰林官，兩廡以國子監官各二員分獻。每月朔，及每科進士行釋菜禮。司府州縣衞學各提調官行禮。牲用少牢，樂如太學。京府及附府縣學，止行釋菜禮。崇禎十五年，以左丘明親授經於聖人，改稱先賢。幷改宋儒周、二程、張、朱、邵六子亦稱先賢，位七十子下，漢唐諸儒之上。然僅國學更置之，闕里廟廷及天下學宮未遑頒行也。

旗纛

旗纛之祭有四。其一，洪武元年，禮官奏：「軍行旗纛所當祭者，旗謂牙旗。黃帝出軍訣曰：『牙旗者，將軍之精，一軍之形候。凡始豎牙，必祭以剛日。』纛，謂旗頭也。太白陰經曰：『大將中營建纛。天子六軍，故用六纛。犛牛尾爲之，在左騑馬首。』唐、宋及元皆有旗纛之祭。今宜立廟京師，春用驚蟄，秋用霜降日，遣官致祭。」乃命建廟於都督府治之後，以都督爲獻官，題主曰軍牙之神、六纛之神。七年二月詔皇太子率諸王詣閱武場祭旗纛，爲壇七，行三獻禮。後停春祭，止霜降日祭於教場。其二，歲暮享太廟日，祭旗纛於承天門外。其三，旗纛廟在山川壇左。初，旗纛與太歲諸神合祭於城南。九年別建廟。每歲仲秋，天子躬祀山川之日，遣旗手衞官行禮。其正祭，旗頭大將、六纛大將、五方旗神、主宰戰船正神、金鼓角銃礮之神、弓弩飛鎗飛石之神、陣前陣後神祇五昌等衆，凡七位，共一壇，南向。皇帝服皮弁，御奉天殿降香。獻官奉以從事。祭物視先農，帛七，黑二、白五。瘞毛血、望燎，與風雲雷雨諸神同。祭畢，設酒器六於地。刺雄雞六，瀝血以釁之。其四，永樂後，有神旗之祭，專祭火雷之神。每月朔望，神機營提督官祭於教場。牲用少牢。凡旗纛皆藏內府，祭則設之。

王國祭旗纛，則遣武官戎服行禮。天下衞所於公署後立廟，以指揮使爲初獻官，僚屬爲亞獻、終獻。儀物殺京都。

五祀

洪武二年定制，歲終臘享，通祭於廟門外。八年，禮部奏：「五祀之禮，周、漢、唐、宋不一。今擬孟春祀戶，設壇皇宮門左，司門主之。孟夏祀竈，設壇御廚，光祿寺官主之。季夏祀中霤，設壇乾清宮丹墀，內官主之。孟秋祀門，設壇午門左，司門主之。孟冬祀井，設壇宮內大庖井前，光祿寺官主之。四孟於有事太廟之日，季夏於土旺之日，牲用少牢。」制可。從定中霤于奉天殿外文樓前。又歲暮合祭五祀于太廟西廡下，太常寺官行禮。

馬神

洪武二年命祭馬祖、先牧、馬社、馬步之神，築壇後湖。禮官言：「周官春祭馬祖，天駟星也；夏祭先牧，始養馬者；秋祭馬社，始乘馬者；冬祭馬步，乃神之災害馬者。隋用周制，祭以四仲之月。唐、宋因之。今定春、秋二仲月，甲、戊、庚日，遣官致祀。爲壇四，樂用時樂，行三獻禮。」四年，蜀明昇獻良馬十，其一白者，長丈餘，不可加羈靮。太祖曰：「天生英物，必有神司之。」命太常以少牢祀馬祖，囊沙四百斤壓之，令人騎而遊苑中，久之漸馴。帝乘之以夕月於淸涼山。比還，大悅，賜名飛越峰。復命太常祀馬祖。五年幷諸神爲一壇，歲止春祭。永樂十三年立北京馬神祠於蓮花池。其南京馬神，則南太僕主之。

南京神廟

初稱十廟。北極眞武以三月三日、九月九日，道林眞覺普濟禪師寶誌以三月十八日，都城隍以八月祭帝王後一日，祠山廣惠張王渤以二月十八日，五顯靈順以四月八日、九月二十八日，皆南京太常寺官祭。漢秣陵尉蔣忠烈公子文、晉成陽卞忠貞公壼、〔四〕宋濟陽曹武惠王彬、南唐劉忠肅王仁瞻、元衞國忠肅公福壽俱以四孟朔，歲除，應天府官祭。惟蔣廟又有四月二十六日之祭。幷功臣廟爲十一。後復增四：關公廟，洪武二十七年建於雞籠山之陽，稱漢前將軍壽亭侯。嘉靖十年訂其誤，改稱漢前將軍漢壽亭侯。以四孟歲暮，應天府官祭，五月十三日，南京太常寺官祭。天妃，永樂七年封爲護國庇民妙靈昭應弘仁普濟天妃，以正月十五日、三月二十三日，南京太常寺官祭。太倉神廟以仲春、秋望日，南京戶部官祭。司馬、馬祖、先牧神廟，以春、秋仲月中旬，擇日南京太僕寺官祭。諸廟皆少牢，眞武與眞覺禪師素羞。

功臣廟

太祖既以功臣配享太廟，又命別立廟於雞籠山。論次功臣二十有一人，死者塑像，生者虛其位。正殿：中山武寧王徐達、開平忠武王常遇春、岐陽武靖王李文忠、寧河武順王鄧愈、東甌襄武王湯和、黔寧昭靖王沐英。羊二，豕二。西序：越國武莊公胡大海、梁國公趙德勝、巢國武壯公華高、虢國忠烈公俞通海、江國襄烈公吳良、安國忠烈公曹良臣、黔國威毅公吳復、燕山忠愍侯孫興祖。東序：郢國公馮國用、西海武莊公耿再成、濟國公丁德興、蔡國忠毅公張德勝、海國襄毅公吳楨、蘄國武義公康茂才、東海郡公茅成。羊二，豕二。兩廡各設牌一，總書「故指揮千百戶衞所鎭撫之靈」。羊十，豕十。以四孟歲暮，遣駙馬都尉祭。

初，胡大海等歿，命肖像於卞壼、蔣子文之廟。及功臣廟成，移祀焉。永樂三年以中山王勳德第一，又命正旦、清明、中元、孟冬、冬至遣太常寺官祭於大功坊之家廟，牲用少牢。

京師九廟

京師所祭者九廟。眞武廟，永樂十三年建，以祀北極佑聖眞君。正德二年改爲靈明顯佑宮，在海子橋之東，祭日同南京。

東嶽泰山廟，在朝陽門外，祭以三月二十八日。

都城隍廟，祭以五月十一日。

漢壽亭侯關公廟，永樂間建。成化十三年，又奉敕建廟宛平縣之東，祭以五月十三日。皆太常寺官祭。

京都太倉神廟建於太倉，戶部官祭。

司馬、馬祖、先牧神廟，太僕寺官祭。

宋文丞相祠，永樂六年從太常博士劉履節請，建於順天府學之西。元世祖廟，嘉靖中罷。皆以二月、八月中旬順天府官祭。

洪恩靈濟宮，祀徐知證、知諤。永樂十五年，立廟皇城之西，正旦、冬至聖節，內閣禮部及內官各一員祭。生辰，禮部官祭。弘治中，大學士劉健等請毋遣閣臣。嘉靖中，改遣太常寺官。

其榮國公姚廣孝，洪熙元年從祀太廟。嘉靖九年撤廟祀，移祀大興隆寺，在皇城西北隅。後寺燬，復移崇國寺。

東嶽、都城隍用太牢，五廟用少牢，眞武、靈濟宮素羞。

諸神祠

洪武元年命中書省下郡縣，訪求應祀神祇。名山大川、聖帝明王、忠臣烈士，凡有功於國家及惠愛在民者，著於祀典，令有司歲時致祭。二年又詔天下神祇，常有功德於民，事蹟昭著者，雖不致祭，禁人毀撤祠宇。三年定諸神封號，凡後世溢美之稱皆革去。天下神祠不應祀典者，卽淫祠也，有司毋得致祭。

弘治元年，禮科張九功言：「祀典正則人心正。今朝廷常祭之外，又有釋迦牟尼文佛、三清三境九天應元雷聲普化天尊、金玉闕眞君元君、〔五〕神父神母，諸宮觀中又有水官星君、〔六〕諸天諸帝之祭，非所以法天下。」帝下其章禮部，尚書周洪謨等言：

釋迦牟尼文佛生西方中天竺國。宗其教者，以本性爲法身，德業爲報身，幷眞身爲三，其實一人耳。道家以老子爲師。朱熹有曰：「玉清元始天尊既非老子法身，上淸太上道君又非老子報身，設有二像，又非與老子爲一。而老子又自爲上淸太上老君，蓋倣釋氏而又失之者也。」自今凡遇萬壽等節，不令修建吉祥齋醮，或遇喪禮，不令修建薦揚齋醮。其大興隆寺、朝天宮俱停遣官祭告。

北極中天星主紫微大帝者，北極五星在紫微垣中，正統初，建紫微殿，設像祭告。夫幽禜祭星，古禮也。今乃像之如人，稱之爲帝，稽之祀典，誠無所據。

雷聲普化天尊者，道家以爲總司五雷，又以六月二十四日爲天尊示現之日，故歲以是日遣官詣顯靈宮致祭。夫風雲雷雨，南郊合祀，而山川壇復有秋報，則此祭亦當罷免。

祖師三天扶教輔玄大法師眞君者，傳記云：「漢張道陵，善以符治病。唐天寶，宋熙寧、大觀間，累號正一靖應眞君，子孫亦有封號。國朝仍襲正一嗣教眞人之封。」然宋邵伯溫云：「張魯祖陵、父衡，以符法相授受，自號師君。」今歲以正月十五日爲陵生日，遣官詣顯靈宮祭告，亦非祀典。

大小青龍神者，記云：「有僧名盧，寓西山。有二童子來侍。時久旱，童子入潭化二青龍，遂得雨。後賜盧號曰感應禪師，建寺設像，別設龍祠於潭上。宣德中，建大圓通寺，加二龍封號，春秋祭之。」邇者連旱，祈禱無應，不足崇奉明矣。

梓潼帝君者，記云：「神姓張名亞子，居蜀七曲山。仕晉戰沒，人爲立廟。唐、宋屢封至英顯王。道家謂帝命梓潼掌文昌府事及人間祿籍，故元加號爲帝君，而天下學校亦有祠祀者。景泰中，因京師舊廟闢而新之，歲以二月三日生辰，遣祭。」夫梓潼顯靈於蜀，廟食其地爲宜。文昌六星與之無涉，宜敕罷免。其祠在天下學校者，俱令拆毀。

北極佑聖眞君者，乃玄武七宿，後人以爲眞君，作龜蛇於其下。宋眞宗避諱，改爲眞武。靖康初，加號佑聖助順靈應眞君。圖志云：「眞武爲淨樂王太子，修煉武當山，功成飛昇。奉上帝命鎭北方。被髮跣足，建皁纛玄旗。」此道家附會之說。國朝御製碑謂，太祖平定天下，陰佑爲多，嘗建廟南京崇祀。及太宗靖難，以神有顯相功，又於京城艮隅并武當山重建廟宇。兩京歲時朔望各遣官致祭，而武當山又專官督祀事。憲宗嘗範金爲像。今請止遵洪武間例，每年三月三日、九月九日用素羞，遣太常官致祭，餘皆停免。

崇恩眞君、隆恩眞君者，道家以崇恩姓薩名堅，西蜀人，宋徽宗時嘗從王侍宸、林靈素輩學法有驗。隆恩，則玉樞火府天將王靈官也，又嘗從薩傳符法。永樂中，以道士周思得能傳靈官法，乃於禁城之西建天將廟及祖師殿。宣德中，改大德觀，封二眞君。成化初改顯靈宮。每年換袍服，所費不訾。近今祈禱無應，亦當罷免。

金闕上帝、玉闕上帝者，誌云：「閩縣靈濟宮祀五代時徐溫子知證、知諤。國朝御製碑謂太宗嘗弗豫，禱神輒應，因大新閩地廟宇，春秋致祭。又立廟京師，加封金闕眞君、玉闕眞君。正統、成化中，累加號爲上帝。朔望令節俱遣官祀，及時薦新，四時換袍服。」夫神世系事蹟，本非甚異，其僭號宜革正，妄費亦宜節省。神父聖帝、神母元君及金玉闕元君者，卽二徐父母，及其配也。宋封其父齊王爲忠武眞人，母田氏爲仁壽仙妃，配皆爲仙妃。永樂至成化間，屢加封今號，亦宜削號罷祀。

東嶽泰山之神者，泰山五嶽首，廟在泰安州山下。又每歲南郊及山川壇俱有合祭之禮。今朝陽門外有元東嶽舊廟，國朝因而不廢。夫旣專祭封內，且合祭郊壇，則此廟之祭，實爲煩瀆。

京師都城隍之神者，舊在順天府西南，以五月十一日爲神誕辰，故是日及節令皆遣官祀。夫城隍之神，非人鬼也，安有誕辰？況南郊秋祀俱已合祭，則誕辰及節令之祀非宜，凡此俱當罷免。

議上，乃命修建齋醮，遣官祭告，并東嶽、眞武、城隍廟、靈濟宮祭祀，俱仍舊。二徐眞君及其父母妻革去帝號，仍舊封，冠袍等物換回焚毀，餘如所議行之。

按祀典，太祖時，應天祀陳喬、楊邦乂、姚興、王鉷，成都祀李冰、文翁、張詠，均州祀黃霸，密縣祀卓茂，松江祀陸遜、陸抗、陸凱，龍州祀李龍遷，建寧祀謝夷甫，彭澤祀狄仁傑，九江祀李黼，安慶祀余闕、韓建之、李宗可。宣宗時，高郵祀耿遇德。英宗時，豫章祀韋丹、許遜，無錫祀張巡。憲宗時，崖山祀張世傑、陸秀夫。孝宗時，新會祀宋慈元楊后，延平祀羅從彥、李侗，建寧祀劉子翬，烏撒祀潭淵，廬陵祀文天祥，婺源祀朱熹，都昌祀陳澔，饒州祀江萬里，福州祀陳文龍，興化祀陳瓚，湖廣祀李芾，廣西祀馬憾。武宗時，眞定祀顏杲卿、眞卿，韶州附祀張九齡子拯，沂州祀諸葛亮，蕭山祀游酢、羅從彥。皆歷代名臣，事蹟顯著。守臣題請，禮官議覆，事載實錄，年月可稽。至若有明一代之臣抗美前史者，或以功勳，或以學行，或以直節，或以死事，臚于志乘，刻于碑版，匪一而足。其大者，鄱陽湖忠臣祠祀丁普郎等三十五人，南昌忠臣祠祀趙德勝等十四人，太平忠臣廟祀花雲、王鼎、許瑗，金華忠臣祠祀胡大海，皆太祖自定其典。其後，通州祀常遇春，山海關祀徐達，蘇州祀夏原吉、周忱，淮安祀陳瑄，海州衞祀衞青、徐安生，甘州祀毛忠，榆林祀余子俊，杭州祀于謙，蕭山祀魏驥，汀州祀王得仁，廣州祀楊信民、毛吉，雲南祀沐英、沐晟，貴州祀顧成，盧陵祀劉球、李時勉，廣信祀鄧顒，寶慶祀賀興隆，上杭祀伍驥、丁泉，慶遠祀葉禎，雲南祀王禕、吴雲，青田祀劉基，平陽祀薛瑄，杭州祀鄒濟、徐善述，金華祀章懋，皆衆著耳目，炳然可考。其他郡縣山川龍神忠烈之士，及祈禱有應而祀者，會典所載，尤詳悉云。

厲壇

泰厲壇祭無祀鬼神。春秋傳曰「鬼有所歸，乃不爲厲」，此其義也。祭法，王祭泰厲，諸侯祭公厲，大夫祭族厲。士喪禮「疾病禱於厲」，鄭注謂「漢時民間皆秋祠厲」，則此祀達于上下矣，然後世皆不舉行。洪武三年定制，京都祭泰厲，設壇玄武湖中，歲以清明及十月朔日遣官致祭。前期七日，檄京都城隍。祭日，設京省城隍神位於壇上，無祀鬼神等位於壇下之東西，羊三，豕三，飯米三石。王國祭國厲，府州祭郡厲，縣祭邑厲，皆設壇城北，一年二祭如京師。里社則祭鄉厲。後定郡邑厲、鄉厲，皆以清明日、七月十五日、十月朔日。

〔一〕僉尉少僉少師至十四人　原脫「少僉」，十四，作「十三」，據明史稿志三二禮志、明會典卷九二改。世宗實錄卷二六九嘉靖二十一年十二月丙申條有「少僉」。

〔二〕聖師　此標題及本卷頁一三〇一「旗纛」、頁一三〇五「京師九廟」、頁一三一一「厲壇」等標題均原文所無，據卷目增。

〔三〕十年慈利教諭蔣明請祀元儒吳澄至從之　十年，是宣德十年，原作「八年」，列「正統二年」後，成了「正統八年」，據本書卷一〇英宗前紀、英宗實錄卷四宣德十年四月壬戌條改。原文誤倒，今移在「正統二年」前。

〔四〕晉成陽卞忠貞公壼　成陽，原作「咸陽」，據明史稿志三二禮志、明會典卷九三改。案晉書卷七〇卞壼傳，稱壼父粹封成陽子，壼襲父爵。作「成陽」是。

〔五〕金玉闕眞君元君　金玉闕，原作「金闕」，據孝宗實錄卷一三弘治元年四月庚戌條補「玉」字。按「金玉闕」爲「金闕玉闕」的省稱，本志下文都作「金闕玉闕」。

〔六〕水官星君　水官，原作「水宮」，據明史稿志三二禮志、孝宗實錄卷一三弘治元年四月庚戌條改。道家以天官、地官、水官爲「三官」，見後漢書卷一〇五劉焉傳注引典略。

明史卷五十一

志第二十七

禮五 吉禮五

廟制　禘祫　時享　薦新　加上諡號　廟諱

宗廟之制

明初作四親廟於宮城東南，各爲一廟。皇高祖居中，皇曾祖東第一，皇祖西第一，皇考東第二，皆南向。每廟中室奉神主。東西兩夾室，旁兩廡。三門，門設二十四戟。外爲都宮。正門之南齋次，其西饌次，俱五間，北向。門之東，神廚五間，西向。其南宰牲池一，南向。

洪武元年，命中書省集儒臣議祀典，李善長等言：

周制，天子七廟。而商書曰，「七世之廟，可以觀德」，則知天子七廟，自古有之。太祖百世不遷。三昭三穆以世次比，至親盡而遷。此有天下之常禮。若周文王、武王雖親盡宜祧，以其有功當宗，故皆別立一廟，謂之文世室、武世室，亦百世不遷。

漢每帝輒立一廟，不序昭穆，又有郡國廟及寢園廟。光武中興，於洛陽立高廟，祀高祖及文、武、宣、元五帝。又於長安故高廟中，祀成、哀、平三帝。別立四親廟於南陽春陵，祀父南頓君以上四世。至明帝，遺詔藏主於光烈皇后更衣別室。後帝相承，皆藏於世祖之廟。由是同堂異室之制，至於元莫之改。

唐高祖尊高曾祖考，立四廟於長安。太宗議立七廟，虛太祖之室。玄宗創制，立九室，祀八世。文宗時，禮官以景帝受封於唐，高祖、太宗創業受命，百代不遷。親盡之主，禮合祧遷，至禘祫則合食如常。其後以敬、文、武三宗爲一代，故終唐之世，常爲九世十一室。

宋自太祖追尊僖、順、翼、宣四祖，每遇禘，則以昭穆相對，而虛東向之位。神宗奉僖祖爲太廟始祖，至徽宗時增太廟爲十室，而不祧者五宗。崇寧中，取王肅說謂二祧在七世之外，乃建九廟。高宗南渡，祀九世。至於寧宗，始別建四祖殿，而正太祖東向之位。

元世祖建宗廟於燕京，以太祖居中，爲不遷之祖。至泰定中，爲七世十室。

今請追尊高曾祖考四代，各爲一廟。

於是上皇高祖考謚曰玄皇帝，廟號德祖，皇高祖妣曰玄皇后。皇曾祖考謚曰恒皇帝，廟號懿祖，皇曾祖妣曰恒皇后。皇祖考謚曰裕皇帝，廟號熙祖，皇祖妣曰裕皇后。皇考謚曰淳皇帝，廟號仁祖，皇妣陳氏曰淳皇后。

詔製太廟祭器。太祖曰：「禮順人情，可以義起。所貴斟酌得宜，隨時損益。近世泥古，好用古籩豆之屬，以祭其先。生既不用，死而用之，甚無謂也。孔子曰：『事死如事生，事亡如事存。』其製宗廟器用服御，皆如事生之儀。」於是造銀器，以金塗之。酒壺盂琖皆八，朱漆盤盌二百四十，及楎椸枕簟篋笥幃幔浴室皆具。後又詔器皿以金塗銀者，俱易以金。

二年詔太廟祝文止稱孝子皇帝，不稱臣。凡遣皇太子行禮，止稱命長子某，勿稱皇太子。後稱孝玄孫皇帝，又改稱孝曾孫嗣皇帝。初，太廟每室用幣一。二年從禮部議，用二白繒。又從尚書崔亮奏，作圭瓚。

八年改建太廟。前正殿，後寢殿。殿翼皆有兩廡。寢殿九間，間一室，奉藏神主，爲同堂異室之制。九年十月，新太廟成〔一〕。中室奉德祖，東一室奉懿祖，西一室奉熙祖，東二室奉仁祖，皆南向。十五年，以孝慈皇后神主祔享太廟，其後皇后祔廟倣此。建文即位，奉太祖主祔廟。正殿神座次熙祖，東向。寢殿神主居西二室，南向。成祖遷都，建廟如南京制。

宣德元年七月，禮部進太宗神主祔廟儀。先期一日，遣官詣太廟行祭告禮。午後，於几筵殿行大祥祭。翼日昧爽，設酒果於几筵殿，設御輦二、册寶亭四於殿前丹陛上。皇帝服淺淡服，行祭告禮畢，司禮監官跪請神主陞輦，詣太廟奉安。內使二員捧神主，內使四員捧册寶，由殿中門出，安奉於御輦、册寶亭。皇帝隨行至思善門，易祭服，升輅。至午門外，儀衞傘扇前導，至廟街門內，皇帝降輅。監官導詣御輦前奏，跪請神主奉安太廟，俯伏，興。內使捧神主册寶，皇帝從，由中門入，至寢廟東第三室，南向奉安。皇帝叩頭，畢，祭祀如時祭儀。文武官具祭服行禮。其正殿神座，居仁祖之次，西向。二年五月，仁宗神主祔廟，如前儀。寢殿，西第三室，南向。正殿，居高祖之次，東向。其後大行祔廟，做此。正統七年十二月奉昭皇后神主祔廟，神主詣列祖神位前謁廟。禮畢，太常寺官唱賜座，內侍捧衣冠，與仁宗同神位。唱請宣宗皇帝朝見，內侍捧宣宗衣冠置褥位上，行四拜禮訖，安奉於座上。

孝宗卽位，憲宗將升祔。時九廟已備，議者咸謂德、懿、熙、仁四廟，宜以次奉祧。禮臣謂：「國家自德祖以上，莫推世次，則德祖視周后稷，不可祧。憲宗升祔，當祧懿祖。宜於太廟寢殿後，別建祧殿，如古夾室之制。歲暮則奉祧主合享，如古祫祭之禮。」吏部侍郎楊守陳言：「禮，天子七廟，祖功而宗德。德祖可比商報乙、周亞圉，非契、稷比。議者習見宋儒嘗取王安石說，遂使七廟既有始祖，又有太祖。太祖既配天，又不得正位南向，非禮之正。今請幷祧德、懿、熙三祖，自仁祖下爲七廟，異時祧盡，則太祖擬契、稷，而祧主藏於後寢，祫禮行於前殿。時享尊太祖，祫祭尊德祖，則功德並崇，恩義亦備。」帝從禮官議，建祧廟於寢殿後，遣官祭告宗廟。帝具素服告憲宗几筵，祭畢，奉遷懿祖神主衣冠於後殿，牀幔、御座、儀物則貯於神庫。其後奉祧倣此。

嘉靖九年春，世宗行特享禮。令於殿內設帷幄如九廟，列聖皆南向，各奠獻，讀祝三，餘如舊。十年正月，帝以廟祀更定，告於太廟、世廟幷祧廟三主。遷德祖神主於祧廟，奉安太祖神主於寢殿正中，遂以序進遷七宗神位。丁酉，帝詣太廟行特享禮。九月諭大學士李時等，以「宗廟之制，父子兄弟同處一堂，於禮非宜。太宗以下宜皆立專廟，南向」。尙書夏言奏：「太廟兩傍，隙地無幾，宗廟重事，始謀宜愼。」未報。中允廖道南言：「太宗以下宜各建特廟於兩廡之地。有都宮以統廟，不必各爲門垣。有夾室以藏主，不必更爲寢廟。第使列聖各得全其尊，皇上躬行禮於太祖之廟，餘遣親臣代獻，如古諸侯助祭之禮。」帝悅，命會議。言等言：「太廟地勢有限，恐不能容，若小其規模，又不合古禮。且使各廟既成，陛下徧歷羣廟，非獨筋力不逮，而日力亦有不給。古者宗伯代后獻之文，謂在一廟中，而代后之亞獻。未聞以人臣而代主一廟之祭者也。〔三〕且古諸侯多同姓之臣，今陪祀執事者，可擬古諸侯之助祭者乎？先臣丘濬謂宜間日祭一廟，歷十四日而徧。此蓋無所處，而强爲之說耳。若以九廟一堂，嫌於混同。請以木爲黄屋，如廟廷之制，依廟數設之，又設帷幄於其中，庶得以展專奠之敬矣。」議上，不報。

十三年，南京太廟災。禮部尚書湛若水請權將南京太廟香火幷於南京奉先殿，重建太廟，補造列聖神主。帝召尚書言與羣臣集議。言會大學士張孚敬等言：「國有二廟，自漢惠始。神有二主，自齊桓始。周之三都廟，乃遷國立廟，去國載主，非二廟二主也。子孫之身乃祖宗所依，聖子神孫既親奉祀事於此，則祖宗神靈自當陟降於此。今日正當專定廟議，一以此地爲根本。南京原有奉先殿，其朝夕香火，當合併供奉如常。太廟遺址當倣古壇壝遺意，高築牆垣，謹司啓閉，以致尊嚴之意。」從之。

時帝欲改建九廟。夏言因言：「京師宗廟，將復古制，而南京太廟遽災，殆皇天列祖佑啓默相，不可不靈承者。」帝悅，詔春和興工。諸臣議於太廟南，左爲三昭廟，與文祖世室而四，右爲三穆廟。羣廟各深十六丈有奇，而世室殿寢稍崇，縱橫深廣，與羣廟等。列廟總門與太廟戟門相並，列廟後垣與太廟祧廟後牆相並。具圖進。帝以世室尙當隆異，令再議。言等請增拓世室前殿，視羣廟崇四尺有奇，深廣半之；寢殿視羣廟崇二尺有奇，深廣如之。報可。十四年正月諭閣臣：「今擬建文祖廟爲世室，則皇考世廟字當避。」張孚敬言：「世廟著明倫大典，頒詔四方，不可改。文世室宜稱太宗廟。其餘羣廟不用宗字，用本廟號，他日遞遷，更牌額可也。」從之。二月盡撤故廟改建之。諸廟各爲都宮，廟各有殿有寢。太祖廟寢後有祧廟，奉祧主藏焉。太廟門殿皆南向，羣廟門東西向，內門殿寢皆南向。十五年十二月，新廟成，更創皇考廟曰睿宗獻皇帝廟。帝乃奉安德、懿、熙、仁四祖神主於祧廟，太祖神主於太廟，百官陪祭如儀。翌日，奉安太宗以下神主，列於羣廟，命九卿正官及武爵重臣，俱詣太宗廟陪祭。文三品以上，武四品以上，分詣羣廟行禮。又擇日親捧太祖神主，文武大臣捧七宗神主，奉安於景神殿。

二十年四月，太廟災，成祖、仁宗主燬，奉安列聖主於景神殿。遣大臣詣長陵、獻陵告題帝后主，亦奉安景神殿。二十二年十月，以舊廟基隘，命相度規制。議三上，不報。久之，乃命復同堂異室之舊，廟制始定。二十四年六月，禮部尚書費寀等以太廟安神，請定位次。帝曰：「既無昭穆，亦無世次，只序倫理。太祖居中，左四序成、宣、憲、睿，右四序仁、英、孝、武，皆南向。」七月，以廟建禮成，百官表賀，詔天下。新廟仍在闕左，正殿九間，前兩廡，南戟門。門左神庫，右神廚。又南爲廟門，門外東南宰牲亭，南神宮監，西廟街門。正殿後爲寢殿，奉安列聖神主，又後爲祧廟，藏祧主，皆南向。

二十七年，帝欲祔孝烈皇后方氏於太廟，而祧仁宗。大學士嚴嵩、禮部尚書徐階等初皆持不可，既而不能堅其議。二十九年十一月祧仁宗，遂祔孝烈於西第四室。隆慶六年八月，穆宗將祔廟，敕禮臣議當祧廟室。禮科陸樹德言：「宣宗於穆宗僅五世，請仍祔睿宗於世廟，而宣宗勿祧。」疏下禮部，部議宣宗世次尚近，祧之未安。因言：「古者以一世爲一廟，非以一君爲一世，故晉之廟十一室而六世，唐之廟十一室而九世。宋自太祖上追四祖至徽宗，始定爲九世十一室之制，以太祖、太宗同爲一世故也。其後徽宗祔以與哲宗同一世，高宗祔以與欽宗同一世，皆無所祧，及光宗升祔，增爲九世十二室。今自宣宗至穆宗凡六世，上合二祖僅八世，準以宋制可以無祧，但於寢殿左右各增一室，則尊祖敬宗並行不悖矣。」帝命如舊敕行，遂祧宣宗。天啓元年七月，光宗將祔廟。太常卿洪文衡請無祧憲宗，而祧睿宗。不聽。

禘祫

洪武元年祫饗太廟。德祖皇考妣居中，南向。懿祖皇考妣東第一位，西向。熙祖皇考妣西第一位，東向。仁祖皇考妣東第二位，西向。七年，御史答祿與權言：「皇上受命七年而禘祭未舉。宜參酌古今，成一代之典。」詔下禮部、太常司、翰林院議，以爲：「虞、夏、商、周，世系明白，故禘禮可行。漢、唐以來，莫能明其始祖所自出，當時所謂禘祭，不過祫已祧之祖而祭之，乃古之大祫，非禘也。宋神宗嘗曰：『禘者，所以審諦祖之所自出。』是則莫知祖之所自出，禘禮不可行也。今國家追尊四廟，而始祖所自出者未有所考，則禘難遽行。」太祖是其議。弘治元年定每歲暮奉祧廟懿祖神座於正殿左，居熙祖上，行祫祭之禮。

嘉靖十年，世宗以禘祫義詢大學士張璁，令與夏言議。言撰禘義一篇獻之，大意謂：「自漢以下，譜牒難考，欲如虞夏之禘黃帝，商周之禘帝嚳，不能盡合。謹推明古典，采酌先儒精微之論，宜爲虛位以祀。」帝深然之。會中允廖道南謂朱氏爲顓頊裔，請以太祖實錄爲據，禘顓頊。遂詔禮部以言、道南二疏，會官詳議。諸臣咸謂：「稱虛位者，茫昧無據，尊顓頊者，世遠難稽。廟制既定高皇帝始祖之位，當禘德祖爲正。」帝意主虛位，令再議。而言復疏論禘德祖有四可疑，且言今所定太祖爲太廟中之始祖，非王者立始祖廟之始祖。帝併下其章。諸臣乃請設虛位，以禘皇初祖，南向，奉太祖配，西向。禮臣因言，大祫既歲舉，大禘請三歲一行，庶疏數適宜。帝自爲文告皇祖，定丙、辛歲一行，敕禮部具儀擇日。四月，禮部上大禘儀注。前期告廟，致齋三日，備香帛牲醴如時享儀。錦衣衞設儀衞，太常卿奉皇初祖神牌、太祖神位於太廟正殿，安設如圖儀。至日行禮，如大祀圜丘儀。及議祧德祖，罷歲除祭，以冬季中旬行大祫禮。太常寺設德祖神位於太廟正中，南向。懿祖而下，以次東西向。

十五年復定廟饗制。立春犆享，各出主於殿。立夏、立秋、立冬出太祖、成祖七宗主，饗太祖殿，爲時祫。季冬中旬，卜日出四祖及太祖、成祖七宗主，饗太祖殿，爲大祫。祭畢，各歸主於其寢。十七年定大祫祝文，九廟帝后謚號俱全書，時祫止書某祖、某宗某皇帝。更定季冬大祫日，奉德、懿、熙、仁及太祖異室皆南向，成祖西向北上，仁宗以下七宗東西相向。禮三獻，樂六奏，舞八佾。皇帝獻德祖帝后，大臣十二人分獻諸帝，內臣十二人分獻諸后。二十年十一月，禮官議，歲暮大祫，當陳祧主，而景神殿隘，請暫祭四祖於後寢，用連几，陳籩豆，以便周旋。詔可。二十二年定時享、大祫，罷出主、上香、奠獻等儀，臨期捧衣冠出納，太常及神宮監官奉行。二十四年罷季冬中旬大祫，并罷告祭，仍以歲除日行大祫禮同時享。二十八年復告祭儀。穆宗卽位，禮部以大行皇帝服制未除，請遵弘治十八年例，歲暮大祫、孟春時享兩祭，皆遣官攝事。樂設而不作，帝卽喪次致齋，陪祀官亦在二十七日之內，宜令暫免。從之。

時享

洪武元年定宗廟之祭。每歲四孟及歲除，凡五享。學士陶安等言：「古者四時之祭，三祭皆合享於祖廟，惟春祭於各廟。〔三〕自漢而下，廟皆同堂異室，則四時皆合祭。今宜倣近制，合祭於第一廟，庶適禮之中，無煩瀆也。」太祖命孟春特祭於各廟，三時及歲除則祫祭於德祖廟。二年定時享之制，春以清明，夏以端午，秋以中元，冬以冬至，歲除如舊。三年，禮部尚書崔亮言：「孟月者，四時之首。因時變，致孝思，故備三牲黍稷品物以祭。至仲季之月，不過薦新而已。既行郊祀，則廟享難舉，宜改從舊制。其清明等節，各備時物以薦。」從之。九年新建太廟。凡時享，正殿中設德祖帝后神座，南向。左懿祖，右熙祖，東西向。仁祖次懿祖。凡神座俱不奉神主，止設衣冠。禮畢，藏之。孟春擇上旬日，三孟用朔日，及歲除皆合享。自是五享皆罷特祭，而行合配之禮。二十一年定時享儀。更前制，迎神四拜，飲福四拜，禮畢四拜。二十五年定時享。若國有喪事，樂備而不作。

正統三年正月享太廟。禮部言，故事，先三日，太常寺奏祭祀，御正殿受奏。是日，宣宗皇帝忌辰，例不鳴鐘鼓，第視事西角門。帝以祭祀重事，仍宜升殿，餘悉遵永樂間例行之。天順六年，閣臣以皇太后喪，請改孟冬時享於除服後。從之。成化四年，禮部以慈懿太后喪，請改孟秋享廟於初七日。不從。

嘉靖十一年，大學士張孚敬等言：「太廟祭祀，但設衣冠。皇上改行出主，誠合古禮。但徧詣羣廟，躬自啓納，不免過勞。今請太祖神主，躬自安設。羣廟帝后神主，則以命內外捧主諸臣。」帝從其請。十七年定享祫禮。凡立春特享，親祭太祖，遣大臣八人分獻諸帝，內臣八人分獻諸后。立夏時祫，各出主於太廟。太祖南向，成祖西向，序七宗之上，仁、宣、英、憲、孝、睿、武宗東西相向。秋冬時祫，如夏禮。二十四年，新廟成，復定享祫止設衣冠，不出主。隆慶元年，孟夏時享，以世宗几筵未撤，遵正德元年例，先一日，帝常服祭告几筵，祗請諸廟享祀。其後，時享、祫祭在大祥內者，皆如之。

薦新

洪武元年定太廟月朔薦新儀物。正月，韭、薺、生菜、雞子、鴨子。二月，水芹、蔞蒿、臺菜、子鵝。三月，茶、筍、鯉魚、鮆魚。四月，櫻桃、梅、杏、鰣魚、雉。五月，新麥、王瓜、桃、李、來禽、嫩雞。六月，西瓜、甜瓜、蓮子、冬瓜。七月，菱、梨、紅棗、蒲萄。八月，芡、新米、藕、茭白、薑、鱖魚。九月，小紅豆、栗、柿、橙、蟹、鯿魚。十月，木瓜、柑、橘、蘆菔、兔、雁。十一月，蕎麥、甘蔗、天鵝、鶿鵚、鹿。十二月，芥菜、菠菜、白魚、鯽魚。其禮皆天子躬行。未幾，以屬太常。二年詔，凡時物，太常先薦宗廟，然後進御。三年定朔日薦新。各廟共羊一、豕一、籩豆八、簠簋登鉶各二、酒尊三，及常饌鵝羹飯。太常卿及與祭官法服行禮。望祭，止常饌鵝羹飯，常服行禮。又有獻新之儀，凡四方別進新物，在月薦外者，太常卿與內使監官常服獻於太廟，不行禮。其後朔望祭祀，及薦新、獻新，俱於奉先殿。

加上謚號

洪武元年追尊四廟謚號，册寶皆用玉。册簡長尺二寸，廣一寸二分，厚五分。簡數從文之多寡。聯以金繩，藉以錦褥，覆以紅羅泥金夾帕。册匣，朱漆鏤金，龍鳳文。其寶，篆文，廣四寸九分，厚一寸二分。金盤龍紐，繫以錦綬，裹以紅錦，加帕納於盝，盝裝以金。德祖册文曰：「孝玄孫嗣皇帝臣某，再拜稽首上言。臣聞尊敬先世，人之至情。祖父有天下，傳之子孫，子孫有天下，追尊祖父，此古今通義也。臣遇天下兵起，躬披甲胄，調度師旅，戡定四方，以安人民，土地日廣，皆承祖宗之庇。臣庶推臣爲皇帝，而先世考妣未有稱號。謹上皇高祖考府君尊號曰玄皇帝，廟號德祖。伏惟英爽，鑒此孝思。」其寶文曰「德祖玄皇帝之寶」。玄皇后、懿祖以下，帝后册寶並同。建文時，追尊謚册之典，以革除無考。

永樂元年五月進高皇帝、高皇后謚議。前一日，於奉天殿中設謚議案。是日早，帝衮冕陞殿，如常儀。文武官朝服四拜。禮部官奏進尊謚議。序班二員引班首升丹陛，捧謚議官以謚議文授班首，由中門入，至殿中。贊進尊謚議。駕興，詣謚議文案。班首進置於案，跪，百官皆跪。帝覽畢，復坐。班首與百官俯伏興，復位，再行四拜。禮畢，帝親舉謚議，付翰林院臣撰册文。

六月，以上尊謚，先期齋戒，遣官祭告天地、宗廟、社稷。鴻臚寺設香案於奉天殿。是日早，內侍以册寶置於案。太常寺於太廟門外丹陛上，皇考、皇妣神御前各設册寶案。鴻臚寺設册寶輿於奉天門外，鹵簿、樂懸如常儀。百官祭服詣太廟門外立俟，執事官幷宣册寶官，先從太廟右門入，序立殿右。帝袞冕御華蓋殿。捧册寶官四員祭服，於奉天殿東西序立。鴻臚寺奏請行禮。帝出奉天殿册寶案前，捧册寶官各捧前行，置綵輿內，鹵簿大樂前導。帝乘輿，隨綵輿行。至午門外降輿，陞輅，至太廟門。百官跪俟綵輿過，興。帝降輅，隨綵輿至太廟中門外。捧册寶官各捧前行，帝隨行，至丹陛上。捧册寶置於案，典儀傳唱如常。內贊奏就位，典儀奏迎神奏樂。樂止，內贊奏帝四拜，百官同。

典儀奏進册寶，捧册寶官前行，駕由左門入，至廟中，詣皇考神御前。奏跪，搢圭。奏進册，捧册官跪進於帝左，帝受册以授執事官，置於案左。奏出圭，贊宣册，宣册官跪宣於帝左。册文曰：「惟永樂元年，歲次癸未，六月丁未朔，越十一日丁巳，孝子嗣皇帝臣某，謹拜手稽首言。臣聞俊德贊堯，重華美舜，禹、湯、文、武，列聖相承，功德並隆，咸膺顯號。欽惟皇考皇帝，統天肇運，奮自布衣，戡定禍亂，用夏變夷，以孝治天下。四十餘年，民樂永熙。禮樂文章，垂憲萬世。德合乾坤，明同日月，功超千古，道冠百王。謹奉册寶，上尊謚曰聖神文武欽明啓運俊德成功統天大孝高皇帝，廟號太祖。伏惟神靈陟降，陰騭下民，覆幬無極，與天常存。」宣册訖，奏搢圭。奏進寶，捧寶官以寶跪進於帝左。帝受寶，以授執事官，置於案右。奏出圭。贊宣寶，宣寶官跪宣於帝右，寶文如謚號。宣寶訖，奏俯伏，興。

帝詣皇妣神御前，進宣册寶如前儀。册文曰：「臣聞自古后妃，皆承世緒。嬀汭嬪虞，發祥帝室，周姜輔治，肇基邦君。欽惟皇妣孝慈皇后以聖輔聖，同起側微，弘濟艱難，化家爲國。克勤克儉，克敬克誠，克孝克慈，以奉神靈之統，理萬物之宜。正位中宮十有五年，家邦承式，天下歸仁。謹奉册寶，上尊謚曰孝慈昭憲至仁文德承天順聖高皇后。伏惟聖靈陟降，膺兹顯名，日月光華，照臨永世。」寶文如謚號。宣寶訖，帝復位。奏四拜，百官同。行祭禮如常儀。翌日，頒詔天下。以上謚禮成，賜陪祀執事官宴，餘官人賜鈔一錠。

仁宗卽位，九月，禮部同諸臣進大行皇帝仁孝皇后謚議。仁宗立受之，覽畢，流涕不已，以付翰林院撰謚册。禮部奏上謚儀，前期齋戒遣祭如常，內侍置册寶輿於奉天門。厥明，捧册寶置輿中。帝衰服詣奉天門，內侍舉册寶輿，帝隨輿後行，降階，陞輅。百官立金水橋南，北向跪。俟輿過，興。隨至思善門外，序立，北向。帝降輅。册寶輿由中門入，至几筵殿丹陛上。帝由左門入，就丹陛上拜位。捧册寶官由殿左門入，至几筵前。導引官奏四拜，皇太孫、親王、皇孫陪拜丹陛上，百官陪拜思善門外。帝由殿左門入，詣大行皇帝位前，跪進册、進寶。宣册寶官跪宣畢，奏俯伏、興。帝詣仁孝皇后神位前，禮並同。奏復位四拜，皇太孫以下同。禮畢，行祭禮。是日，改題仁孝皇后神主，詔頒天下。是後，上皇帝及太皇太后、皇太后尊謚，皆倣此。

嘉靖十七年，世宗用豐坊奏，加獻皇帝廟號，稱宗配帝，乃改奉太宗爲成祖。命製二聖神位於南宮，遂詣景神殿，奉册寶。尊文皇帝曰成祖啓天弘道高明肇運聖武神功純仁至孝文皇帝，尊獻皇帝曰睿宗知天守道洪德淵仁寬穆純聖恭儉敬文獻皇帝。又上皇天上帝大號。十一月朔，帝詣南郊，恭進册表。禮成，還詣太廟，奉册寶，加上高皇帝尊號曰太祖開天行道肇紀立極大聖至神仁文義武俊德成功高皇帝，加上高皇后尊號曰孝慈貞化哲順仁徽成天育聖至德高皇后。是日，中宮捧高皇后主，助行亞獻禮，文武官命婦陪祀。復擇日詣太廟，行改題神主禮。

廟諱

天啓元年正月從禮部奏，凡從點水加各字者，俱改爲「雒」，從木加交字者，俱改爲「較」。惟督學稱較字未宜，應改爲學政。各王府及文武職官，有犯廟諱御名者，悉改之。

校勘記

〔一〕九年十月新太廟成　原脫「九年」兩字，據本書卷二太祖紀、太祖實錄卷一一〇洪武九年十月己未條補。

〔二〕未聞以人臣而代主一廟之祭者也　人臣，原作「一人」，據明史稿志三三禮志、明經世文編卷二〇三頁二一二八夏言會議九廟規制疏改。

〔三〕古者四時之祭三祭皆合享於祖廟惟春祭於各廟　春祭，原作「春秋」。按四時之祭，除去三祭外，不得有春秋二祭。據太祖實錄卷三〇洪武元年二月壬子條改。

明史卷五十二

志第二十八

禮六 吉禮六

奉先殿　奉慈殿　獻皇帝廟　親王從饗　功臣配饗　王國宗廟　羣臣家廟

奉先殿

洪武三年，太祖以太廟時享，未足以展孝思，復建奉先殿於宮門內之東。以太廟象外朝，以奉先殿象內朝。正殿五間，南向，深二丈五尺。前軒五間，深半之。製四代帝后神位、衣冠，定儀物、祝文。每日朝晡，帝及皇太子諸王二次朝享。皇后率嬪妃日進膳羞。諸節致祭，月朔薦新，其品物視元年所定。惟三月不用鮆魚，四月減鮒魚，益以王瓜瓟，五月益以茄，九月減柿蟹，十月減木瓜蘆菔，益以山藥，十一月減天鵝鷰鵮，益以獐。皆太常奏聞，送光祿寺供薦。凡遇時新品物，太常供獻。又錄皇考妣忌日，歲時享祀以爲常。成祖遷都北京，建如制。宣德元年奉太宗祔廟畢，復遣鄭王瞻埈詣奉先殿，設酒果祭告，奉安神位。天順七年奉孝恭皇后祔廟畢，帝還行奉安神位禮，略如祔廟儀。弘治十七年，吏部尚書馬文升言：「南京進鮮船，本爲奉先殿設。輓夫至千人，沿途悉索。今揚、徐荒旱，願倣古凶年殺禮之意，減省以甦民困。」命所司議行之。武宗卽位，祧熙祖。奉先殿神位亦遷德祖之西，其衣冠、牀幔、儀物貯於神庫。

嘉靖十四年定內殿之祭幷禮儀。清明、中元、聖誕、冬至、正旦，有祝文，樂如宴樂。兩宮壽旦，皇后幷妃嬪生日，皆有祭，無祝文、樂。立春、元宵、四月八日、端陽、中秋、重陽、十二月八日，皆有祭，用時食。舊無祝文，今增告詞。舊儀，但一室一拜，至中室跪祝畢，又四拜，焚祝帛。今就位四拜，獻帛爵，祝畢，后妃助亞獻，執事終獻，徹饌又四拜。忌祭，舊具服作樂，今更淺色衣，去樂。凡祭方澤、朝日夕月，出告、回參，及册封告祭，朔望行禮，皆在焉。十五年，禮部尚書夏言等奏：「悼靈皇后神主，先因祔於所親，暫祔奉慈殿孝惠太后之側。茲三后神主旣擬遷於陵殿，則悼靈亦宜暫遷奉先殿旁室，享祀祭告，則一體設饌。」從之。隆慶元年，禮部言：「舊制，太廟一歲五享，而節序忌辰等祭，則行於奉先殿。今孝潔皇后旣祔太廟，則奉先殿亦宜奉安神位。」乃設神座、儀物於第九室，遣官祭告如儀。萬曆三年，帝欲以孝烈、孝恪二后神位，奉安於奉先殿。禮官謂世宗時，議祔陵祭，不議祔內殿。帝曰：「奉先殿見有孝肅、孝穆、孝惠三后神位，俱皇祖所定，宜遵行祔安。」蓋當時三后旣各祔陵廟，仍幷祭於奉先殿，而外廷莫知也。命輔臣張居正等入視。居正等言：「奉先殿奉安列聖祖妣，凡推尊爲后者，俱得祔享內殿，比之太廟一帝一后者不同，今亦宜奉安祔享。」從之。

先是，册封告祭，以太常寺官執事，仍題請遣官。至萬曆元年，帝親行禮，而遣官之請廢。二年，太常寺以內殿在禁地，用內官供事便。帝俞其請。凡聖節、中元、冬至、歲暮，嘉靖初俱告祭於奉先殿。十五年罷中元祭。四十五年罷歲暮祭。隆慶元年罷聖節、冬至祭。其方澤、朝日、夕月，出告、回參，嘉靖中行於景神殿。隆慶元年仍行於奉先殿。諸帝后忌辰，嘉靖以前行於奉先殿。十八年改高皇帝、后忌辰於景神殿，文皇帝、后以下於永孝殿。二十四年仍行於奉先殿。凡內殿祭告，自萬曆二年後，親祭則祭品告文執事，皆出內監。遣官代祭，則皆出太常。惟品用脯醢者，卽親祭亦皆出太常。萬曆十四年，禮臣言：「近年皇貴妃册封，祭告奉先殿，祝文執事出內庭，而祭品取之太常，事體不一。夫太常專主祀享，而光祿則主膳羞。內庭祭告，蓋取象於食時上食之義也。宜遵舊制，凡祭告內殿，無論親行、遣官，其祭品光祿寺供；惟告文執事人，親行則辦之內庭，遣官則暫用太常寺。」從之。

奉慈殿

孝宗卽位，追上母妃孝穆太后紀氏謚，祔葬茂陵。以不得祔廟，遂於奉先殿右，別建奉慈殿以祀。一歲五享，薦新忌祭，俱如太廟奉先殿儀。弘治十七年，孝肅周太后崩。先是成化時，預定周太后祔葬、祔祭之議，至是召輔臣議祔廟禮。劉健等言：「議誠有之，顧當年所引唐、宋故事，非漢以前制也。」帝以事當師古，乃援孝穆太后別祭奉慈殿爲言，而命廷臣議。健退，復疏論其事，以堅帝心。於是英國公張懋、吏部尚書馬文升等言：「宗廟之禮，乃天下公議，非子孫得以私之。殷、周七廟，父昭子穆，各有配座，一帝一后，禮之正儀。春秋書『考仲子之宮』，胡安國傳云：『孟子入惠公之廟，仲子無祭享之所。』以此見魯秉周禮，先王之制猶存，祖廟無二配故也。伏覩憲宗敕諭，有曰『朕心終不自安』。竊窺先帝至情，以重違慈意，因勉從並配之議。羣臣欲權以濟事，亦不得已而爲此也。據禮區處，上副先帝在天遺志，端有待於今日。稽之周禮，有祀先妣之文，疏云『姜嫄也』，〔一〕詩所謂『閟宮』是已。唐、宋推尊太后，不配食祖廟者，則別立殿以享之，亦得閟宮之義。我朝祖宗迄今已溢九廟，配皆無二。今宜於奉先殿外建一新廟，如詩之閟宮，宋之別殿，歲時薦享，仍稱太皇太后，則情義兩盡。」議上，復召健等至素幄，袖出奉先殿圖，指西一區曰：「此奉慈殿也。」又指東一區曰：「此神廚也。欲於此地別建廟，奉遷孝穆神主，併祭於此。」健等皆對曰：「最當。」已而欽天監奏，年方有礙，廷議暫奉於奉慈殿正中，徙孝穆居左。

及孝宗崩，武宗卽位，禮部始進奉安孝肅神主儀。前期致齋三日，告奉先殿及孝宗几筵。是日早，帝具黑翼善冠、淺淡色服、黑犀帶，告孝穆神座。禮畢，帝詣神座前，請神主降座。帝捧主立，內執事移神座於殿左間。帝奉安訖，行叩頭禮。至午，帝詣清寧宮孝肅几筵，行禮畢，內侍進神主輿於殿前，衣冠輿於丹陛上。帝詣拜位，親王吉服後隨，四拜，興。帝捧神主由殿中門出，奉安輿內。執事捧衣冠置輿後隨。帝率親王步從。至寶善門外，太皇太后、皇太后率宮妃迎於門內。先詣奉慈殿，序立於殿西。神主輿至奉先殿門外，少駐。帝詣輿前跪，請神主詣奉先殿，俯伏，興，捧神主由殿左門入，至殿內褥位，跪，置神主。帝行五拜三叩頭禮畢，捧神主，仍由左門出，安輿內。至奉慈殿門外，帝捧神主由中門入，奉安於神座訖，行安神禮，三獻如常儀。太皇太后以下四拜。禮畢，內侍官設褥位於殿正中之南。帝詣孝穆皇太后神座前，跪請神主謁孝肅太皇太后，跪置於褥位上，俯伏，興，行五拜三叩頭禮。畢，帝捧主興，仍安於神座訖，行安神禮如前。皇太后以下四拜。

嘉靖元年，世宗奉孝惠邵太后祔祀。八年二月，禮部尚書方獻夫等言：「悼靈皇后，禮宜祔享太廟，但今九廟之制已備。考唐、宋故事，后於太廟，未有本室，則創別廟。故曲臺禮有別廟皇后，禘祫於太廟之文。又禮記喪服小記：『婦祔於祖姑，祖姑有三人，則祔於親者。』釋之者曰：『親者謂舅所生母也。』今孝惠太皇太后實皇考獻皇帝之生母，則悼靈皇后當祔於側。」詔可。三月，行祔廟禮。先期祭告諸殿。至期，請悼靈后主詣奉慈殿奉安。內侍捧神主、諡册、衣冠隨帝至奉先殿謁見。帝就位，行五拜三叩頭禮。次詣崇先殿，次詣奉慈殿，謁三太后，內侍捧主安神座，皇妃以下四拜。

十五年，帝以三太后別祀奉慈殿，不若奉於陵殿爲宜。廷臣議：「古天子宗廟，惟一帝一后，所生母，薦於寢，身歿而已。孝宗奉慈殿之祭，蓋子祀生母，以盡終身之孝焉耳。然禮『妾母不世祭』，疏曰：『不世祭者，謂子祭之，於孫則止。』明繼祖重，故不復顧其私祖母也。今陛下於孝肅，曾孫也；孝穆，孫屬也；孝惠，孫也。禮不世祭，議當祧。考宋熙寧罷奉慈廟故事，與今同。宜遷主陵廟，歲時祔享如故。」報可。奉慈殿遂罷。世宗孝烈后，隆慶時，祀弘孝殿，萬曆三年遷祔奉先殿。穆宗母孝恪皇太后，隆慶初，祀神霄殿，又祔孝懿后於其側。六年，孝懿祔太廟，萬曆三年，孝恪遷祔奉先殿，二殿俱罷。

獻皇帝廟

嘉靖二年四月始命興獻帝家廟享祀，樂用八佾。初，禮官議廟制未決，監生何淵上書，請立世室於太廟東。禮部尚書汪俊等皆謂不可。帝諭奉先殿側別立一室，以盡孝思。禮官集議言：「奉慈之建，禮臣據姜嫄特廟而言。至爲本生父立廟大內，古所未有。惟漢哀爲定陶共王建廟京師，不可爲法。」詹事石珤等亦言不可。不聽。葺奉慈殿後爲觀德殿以奉之。四年四月，淵已授光祿寺署丞，復上書請立世室，崇祀皇考於太廟。禮部尚書席書等議：「天子七廟，周文、武並有功德，故立文、武世室於三昭穆之上。獻皇帝追稱帝號，未爲天子。淵妄爲諛詞，乞寢其奏。」帝令再議，書等言：「將置主於武宗上，則武宗君也，分不可僭。置武宗下，則獻皇叔也，神終未安。」時廷臣於稱考稱伯，異同相半，至議祔廟，無一人以爲可者。學士張璁、桂萼亦皆以爲不可，書復密疏爭之。帝不聽，復令會議。乃準漢宣故事，於皇城內立一禰廟，如文華殿制。籩豆樂舞，一用天子禮。帝親定其名曰世廟。五年七月諭工部以觀德殿窄隘，欲別建於奉天殿左。尚書趙璜謂不可，不聽。乃建於奉先之東，曰崇先殿。十三年命易承天家廟曰隆慶殿。十五年，以避渠道，遷世廟，更號曰獻皇帝廟，遂改舊世廟曰景神殿，寢殿曰永孝殿。

十七年以豐坊請，稱宗以配明堂。禮官不敢違，集議者久之，言：「古者父子異昭穆，兄弟同世數。故殷有四君一世而同廟，宋太祖、太宗同居昭位。今皇考與孝宗當同一廟。」遂奉獻皇帝祔太廟。二十二年更新太廟，廷議睿宗、孝宗並居一廟，同爲昭。帝責諸臣不竭忠任事，寢其議。已而左庶子江汝璧請遷皇考廟於穆廟首，以當將來世室，與成祖廟並峙。右贊善郭希顏又欲於太祖廟文世室外，止立四親廟，而祧孝宗、武宗。以禮臣斥其妄而止。二十四年六月，新太廟成，遂奉睿宗於太廟之左第四，序躋武宗上，而罷特廟之祀。四十四年以舊廟柱產芝，更號曰玉芝宮，定日供時享儀。穆宗初，因禮臣請，乃罷時享及節序、忌辰、有事奉告之祭，但進日供而已。隆慶元年，禮科王治請罷獻皇祔廟，而專祀之世廟，章下所司。萬曆九年，禮科丁汝謙請仍專祭玉芝宮，復奉宣宗帝后冠服於太廟。帝責汝謙妄議，謫外任。天啓元年，太常少卿李宗延奏祧廟宜議，言：「睿宗入廟，世宗無窮之孝思也，然以皇上視之，則遠矣。俟光宗升祔時，或從舊祧，或從新議。蓋在孝子固以恩事親，而在仁人當以義率祖。」章下禮部，卒不能從。

親王從饗

洪武三年定以皇伯考壽春王、王夫人劉氏爲一壇，皇兄南昌王、霍丘王、下蔡王、安豐王、霍丘王夫人翟氏、安豐王夫人趙氏爲一壇，皇兄蒙城王、盱眙王、臨淮王、臨淮王夫人劉氏爲一壇，後定夫人皆改稱妃，皇姪寶應王、六安王、來安王、都梁王、英山王、山陽王、昭信王爲一壇，凡一十九位。春夏於仁祖廟東廡，秋冬及歲除於德祖廟東廡，皇帝行初獻禮，時獻官詣神位分獻。四年進親王於殿內東壁。九年，新太廟成，增祀蒙城王妃田氏、盱眙王妃唐氏。正德中，御史徐文華言：「族有成人而無後者，祭終兄弟之孫之身。諸王至今五六世矣，宜祧。」禮官議不可。嘉靖間，仍序列東廡。二十四年，新建太廟成，復進列東壁，罷分獻。萬曆十四年，太常卿裴應章言：「諸王本從祖祔食。今四祖之廟已祧，而諸王無所於祔，宜罷享，而祔之祧廟。」禮部言：「祧以藏毀廟之主，爲祖非爲孫。禮有祧，不聞有配祧者。請仍遵初制，序列東廡爲近禮。」報可。

功臣配饗

洪武二年享太廟，以廖永安、俞通海、張得勝、桑世傑、耿再成、胡大海、趙德勝配。設青布幃六於太廟庭中，遣官分獻。俟皇帝亞獻將畢，行禮。每歲春秋享廟，則配食於仁祖廟之東廡。三年定配享功臣常遇春以下凡八位。春夏於仁祖廟西廡，秋冬於德祖廟西廡，設位東向，遂罷幃次之設。更定三獻禮，皇帝初獻，時獻官卽分詣行禮，不拜。四年，太祖謂中書省臣：「太廟之祭，以功臣配列廡間。今既定太廟合祭禮，朕以祖宗具在，使功臣故舊歿者得少依神靈，以同享祀，不獨朝廷宗廟盛典，亦以寓朕不忘功臣之心。」於是禮官議：「凡合祭時，爲黃布幄殿，中祖考神位，旁設兩壁，〔三〕以享親王及功臣，令大臣分獻。」制可。已而命去布幄。九年，新太廟成，以徐達、常遇春、李文忠、鄧愈、湯和、沐英、俞通海、張德勝、胡大海、趙得勝、耿再成、桑世傑十二位配於西廡，罷廖永安。建文時，禮部侍郎宋禮言：「功臣自有雞籠山廟，請罷太廟配享。」帝以先帝所定，不從。且令候太廟享畢，別遣官即其廟祭之。洪熙元年以張玉、朱能、姚廣孝配享太廟。遣張輔、朱勇、王通及尙寶少卿姚繼各祭其父。

嘉靖九年以廖道南言，罷姚廣孝。十年以刑部郎中李瑜議，進劉基位次六王。十六年以武定侯郭勛奏，進其祖英。初二廟功臣，位各以爵，及進基位公侯上，至是復令禮官議合二廟功臣敍爵。於是列英於桑世傑上，張玉、朱能於沐英下，基於世傑下。二十四年進諸配位於新太廟西壁，罷分獻。萬曆十四年，太常卿裴應章言：「廟中列后在上，異姓之臣禮當別嫌。且至尊拜俯於下，諸臣之靈亦必不安。」命復改西廡，遣官分獻。天啓元年，太常少卿李宗延言：「前代文臣皆有從祀，我朝不宜獨闕。」下禮部議，不行。

王國宗廟

洪武四年，禮部尙書陶凱等議定，王國宮垣內，左宗廟，右社稷。廟制，殿五間，寢殿如之，門三間。永樂八年建秦愍王享堂，命視晉恭王制，加高一尺。〔三〕因定享堂七間，廣十丈九尺五寸，高二丈九尺，深四丈三尺五寸。弘治十三年，寧王宸濠奏廟祀禮樂未有定式，乞頒賜遵守。禮部議：「洪武元年，學士宋濂等奏定諸王國祭祀禮樂，用淸字，但有曲名，而無曲辭，請各王府稽考。」於是靖江王長史具上樂章，且言四孟上旬及除夕五祭所用品物、俎豆、佾舞，禮節悉遵國初定制。從之。嘉靖八年，秦王充燿言：「代懿王當祔廟，而自始封至今，已盈五廟之數，請定祧廟之制。」禮臣言：「親王祧廟，古制未聞，宜推太廟祧祔之禮而降殺之。始封居中，百世不遷，以下四世，親盡而祧。但諸侯無祧廟，祧主宜祔始祖之室，置櫝藏之，每歲暮則出祧主合祭。」詔如議。

羣臣家廟

明初未有定制，權倣朱子祠堂之制，奉高曾祖禰四世神主，以四仲之月祭之，加臘月忌日之祭與歲時俗節之薦。其庶人得奉祖父母、父母之祀，已著爲令。至時享於寢之禮，略同品官祠堂之制。堂三間，兩階三級，中外爲兩門。堂設四龕，龕置一桌。高祖居西，以次而東，藏主櫝中。兩壁立櫃，西藏遺書衣物，東藏祭器。旁親無後者，以其班附。庶人無祠堂，以二代神主置居室中間，無櫝。

洪武六年定公侯以下家廟禮儀。凡公侯品官，別爲祠屋三間於所居之東，以祀高曾祖考，幷祔位。〔四〕祠堂未備，奉主於中堂享祭。二品以上，羊一豕一，五品以上，羊一，以下豕一，皆分四體熟薦。不能具牲者，設饌以享。所用器皿，隨官品第，稱家有無。前二日，主祭者聞於上，免朝參。凡祭，擇四仲吉日，或春、秋分，冬、夏至。前期一日，齋沐更衣，宿外舍。質明，主祭者及婦率預祭者詣祠堂。主祭者捧正祔神主櫝，置於盤，令子弟捧至祭所。主祭開櫝，捧各祖考神主，主婦開櫝，捧各祖妣神主，以序奉安。子弟捧祔主，置東西壁。執事者進饌，讀祝者一人，就贊禮，以子弟親族爲之。陳設神位訖，各就位，主祭在東，伯叔諸兄立於其前稍東，諸親立於其後，主婦在西，母及諸母立於其前稍西，婦女立於後。贊拜，皆再拜。主祭者詣香案前跪，三上香，獻酒奠酒，執事酌酒於祔位前。讀祝者跪讀訖。贊拜，主祭者復位，與主婦皆再拜。再獻終獻並如之，惟不讀祝。每獻，執事者亦獻於祔位。禮畢，再拜，焚祝幷紙錢於中庭，安神主於櫝。

成化十一年，祭酒周洪謨言：「臣庶祠堂神主，俱自西而東。古無神道尙右之說，惟我太祖廟制，合先王左昭右穆之義。宜令一品至九品，皆立一廟，以高卑廣狹爲殺。神主則高祖居左，曾祖居右，祖居次左，考居次右。」帝下禮臣參酌更定。嘉靖十五年，禮部尙書夏言言：「按三代有五廟、三廟、二廟、一廟之制者，以其有諸侯、卿、大夫上中下之爵也。後世官職既殊，無世封采邑，豈宜過泥於古。至宋儒程頤乃始約之而歸於四世。自公卿以及士庶，莫不皆然。謂五服之制，皆至高祖，則祭亦當如之。今定官自三品以上立五廟，以下皆四廟。爲五廟者，亦如唐制。五間九架，厦旁隔板爲五室，中祔五世祖，旁四室，祔高曾祖禰。爲四廟者，三間五架，中一室祔高曾，左右二室祔祖禰。若當祀始祖，則如朱熹所云臨祭時，作紙牌，祭訖焚之。其三品以上者，至世數窮盡，則以今之得立廟者爲世世奉祀之祖，而不遷焉。四品以下，四世遞遷而已。」從之。

校勘記

〔一〕疏云姜嫄也　按「姜嫄也」是周禮大司樂的鄭玄注，不是賈公彥疏。

〔二〕旁設兩壁　兩壁，太祖實錄卷六四洪武四年四月辛亥條作「兩廡」。

〔三〕命視晉恭王制加高一尺　一尺，原作「一丈」，據太宗實錄卷七三永樂八年十二月甲寅條改。享堂既視晉恭王制，不應比恭王享堂過高，作「一尺」是。

〔四〕別爲祠屋三間於所居之東以祀高曾祖考幷祔位　祠屋，原作「祔屋」，祔位，原作「祠位」，據明史稿志三四禮志、太祖實錄卷八二洪武六年五月癸卯條改。

明史卷五十三

志第二十九

禮七 嘉禮一

登極儀　大朝儀　常朝儀　皇太子親王朝儀　諸王來朝儀
諸司朝覲儀　中宮受朝儀　朝賀東宮儀　大宴儀　上尊號徽號儀

二曰嘉禮。行於朝廷者，曰朝會，曰宴饗，曰上尊號、徽號，曰册命，曰經筵，曰表箋。行於辟雍者，曰視學。自天子達於庶人者，曰冠，曰婚。行於天下者，曰巡狩，曰詔赦，曰鄉飲酒。舉其大者書之。儀之同者，則各附於其類云。

登極儀

漢高帝即位氾水之陽，其時緜蕝之禮未備。魏、晉以降，多以受禪改號。元世祖履尊旣久，一統後，但舉朝賀。明興，太祖以吳元年十二月將即位，命左相國李善長等具儀。善長率禮官奏。

即位日，先告祀天地。禮成，即帝位於南郊。丞相率百官以下及都民耆老，拜賀舞蹈，呼萬歲者三。具鹵簿導從，詣太廟，上追尊四世册寶，告祀社稷。還，具袞冕，御奉天殿，百官上表賀。

先期，侍儀司設表案於丹墀內道之西北，設丞相以下拜位於內道東西。每等異位，重行北面。捧表、展表、宣表官位於表案西，東向。糾儀御史二人於表案南，東西向。宿衞鎮撫二人於東西陛下，護衞百戶二十四人於其南，稍後。知班二人，於文武官拜位北，東西向。通贊、贊禮二人於知班北，通贊西，贊禮東。引文武班四人於文武官拜位北，稍後，東西向。引殿前班二人於引文武班南。舉表案二人於引文武班北。舉殿上表案二人於西陛下，東向。〔一〕丹陛上設殿前班指揮司官三人，東向。宣徽院官三人，西向。儀鸞司官於殿中門之左右，護衞千戶八人於殿東西門，俱東西向。鳴鞭四人於殿前班之南，北向。將軍六人於殿門左右，天武將軍四人於陛上四隅，俱東西向。殿上，尚寶司設寶案於正中，侍儀司設表案於寶案南。文武侍從兩班於殿上東西，文起居注、給事中、殿中侍御史、尚寶卿，武懸刀指揮，東西向。〔二〕受表官於文侍從班南，西向。內贊二人於受表官之南，捲簾將軍二人於簾前，俱東西向。

是日，拱衛司陳鹵簿，列甲士於午門外，列旗仗，設五輅於奉天門外。侍儀舍人二，舉表案入。鼓初嚴，百官朝服立午門外。通贊、贊禮、宿衛官、諸侍衛及尚寶卿侍從官入。鼓三嚴，丞相以下入。皇帝袞冕陞御座，大樂鼓吹振作。樂止，將軍捲簾，尚寶卿置寶於案。拱衛司鳴鞭，引班導百官入丹墀拜位。初行樂作，至位樂止。知班贊班，贊禮贊拜。樂作，四拜，興。樂止。捧表以下官由殿西門入。內贊贊進表。捧表官跪捧。受表官搢笏，跪受，置於案。出笏，興，退立，東向。內贊贊宣表。宣表官前，搢笏，跪，展表官搢笏，同跪。宣訖，展表官出笏，以表復於案，俱退。宣表官俯伏興。俱出殿西門，復位。贊禮贊拜。樂作，四拜，樂止。搢笏，鞠躬三，〔三〕舞蹈。拱手加額，呼萬歲者三。出笏，俯伏興。樂作，四拜，賀畢。遂遣官册拜皇后，册立皇太子，以卽位詔告天下。

成祖卽位倉猝，其議不詳。仁宗卽位，先期，司設監陳御座於奉天門，欽天監設定時鼓，尚寶司設寶案，敎坊司設中和韶樂，設而不作。是日早，遣官告天地宗社，皇帝具孝服告几筵。至時，鳴鐘鼓，設鹵簿。皇帝袞冕，御奉天門。百官朝服，入午門。鴻臚寺導執事官行禮，請陞御座。皇帝由中門出，陞座，鳴鞭。百官上表，行禮，頒詔，俱如儀。宣宗以後，儲宮嗣立者並同。正德十六年，世宗入承大統。先期造行殿於宣武門外，南向。設帷幄御座，備翼善冠服及鹵簿大駕以候。至期，百官郊迎。駕入行殿，行四拜禮。明日，由大明門入。省詔草，改年號，素服詣大行几筵謁告。畢，設香案奉天殿丹陛上。皇帝衮冕，行告天地禮。詣奉先殿、奉慈殿謁告，仍詣大行几筵、慈壽皇太后、莊肅皇后前各行禮，遂御華蓋殿。百官朝服入。傳旨免賀，五拜三稽首。鴻臚寺官請陞殿，帝由中門出御奉天殿。〔四〕鳴鞭，贊拜，頒詔，如制。

大朝儀

漢正會禮，夜漏未盡七刻，鐘鳴受賀。公卿以下執贄來庭，二千石以上升殿，稱萬歲，然後宴饗。晉咸寧注，有晨賀晝會之分。〔五〕唐制，正旦、冬至、五月朔、千秋節，咸受朝賀。宋因之。

明太祖洪武元年九月定正旦朝會儀，與登極略相倣。其後屢詔更定，立爲中制。

凡正旦冬至，先日，尚寶司設御座於奉天殿，及寶案於御座東，香案於丹陛南。教坊司設中和韶樂於殿內東西，北向。翌明，錦衣衞陳鹵簿、儀仗於丹陛及丹墀，設明扇於殿內，列車輅於丹墀。鳴鞭四人，左右北向。教坊司陳大樂於丹陛東西，北向。儀禮司設同文、玉帛兩案於丹陛東。金吾衞設護衞官於殿內及丹陛，陳甲士於丹墀至午門外，錦衣衞設將軍於丹陛至奉天門外，陳旗幟於奉天門外，俱東西列。典牧所陳仗馬犀象於文、武樓南，東西向。司晨郎報時位於內道東，近北。糾儀御史二，位於丹墀北，內贊二，位於殿內，外贊二，位於丹墀北，傳制、宣表等官位於殿內，俱東西向。鼓初嚴，百官朝服，班午門外。次嚴，由左、右掖門入，詣丹墀東西，北向立。三嚴，執事官詣華蓋殿，帝具袞冕陞座，鐘聲止。

儀禮司奏執事官行禮，贊五拜，畢，奏請陞殿。駕興，中和樂作。尙寶司捧寶前行，導駕官前導，扇開簾捲，寶置於案，樂止。鳴鞭報時，對贊唱排班，班齊。贊禮唱鞠躬，大樂作。贊四拜，興，樂止。典儀唱進表，樂作。給事中二人，詣同文案前，導引序班舉案由東門入，置殿中，樂止。內贊唱宣表目。宣表目官跪，宣訖，俯伏，興。唱宣表，展表官取表，宣表官至簾前，外贊唱，衆官皆跪。宣表訖，內外皆唱，俯伏，興。序班舉表案於殿東，外贊唱衆官皆跪。代致詞官跪丹陛中，致詞云：「具官臣某，兹遇正旦，三陽開泰，萬物咸新。」冬至則云：「律應黃鐘，日當長至。」「恭惟皇帝陛下，膺乾納祜，奉天永昌。」賀畢，外贊唱，衆官皆俯伏，興。樂作，四拜，興。樂止。傳制官跪奏傳制，由東門出，至丹陛，東向立，稱有制。贊禮唱，跪，宣制。正旦則云：「履端之慶，與卿等同之。」冬至則云：「履長之慶，與卿等同之。」萬壽聖節則致詞曰：「具官臣某，欽遇皇帝陛下聖誕之辰，謹率文武官僚敬祝萬歲壽。」不傳制。贊禮唱俯伏，興。樂止。贊搢笏，鞠躬三，舞蹈。贊跪唱山呼，百官拱手加額曰「萬歲」；唱山呼，曰「萬歲」；唱再山呼，曰「萬萬歲」。凡呼萬歲，樂工軍校齊聲應之。贊出笏，俯伏，興，樂作。贊四拜，興，樂止。儀禮司奏禮畢，中和樂作。鳴鞭，駕興。尚寶官捧寶，導駕官前導，至華蓋殿，樂止。百官以次出。

洪武三十年更定同文、玉帛案俱進安殿中，宣表訖，舉置於寶案之南。嘉靖十六年更定蕃國貢方物案入於丹陛中道左右，設定時鼓於文樓上，大樂陳奉天門內東西，北向。他儀亦略有增損。

立春日進春，都城府縣舉春案由東階陛，跪置於丹陛中道，俯伏，興。贊拜，樂作。四拜，興，樂止。文武官北向立，致詞官詣中道之東，跪奏云：「新春吉辰，禮當慶賀。」贊拜，樂作。五拜三叩頭，興，樂止。儀禮司奏禮畢。正統十一年，正旦立春，禮部議順天府官進春後，百官卽詣班行賀正旦禮。舊制，冬至日行賀禮。嘉靖九年分祀二郊，以冬至大報，是日行慶成禮。次日，帝詣內殿，行節祭禮。又詣母后前行賀禮訖，始御奉天殿受賀。

常朝儀

古禮，天子有外朝、內朝、燕朝。漢宣帝五日一朝。唐制，天子日御紫宸殿見羣臣曰常參，朔望御宣政殿見羣臣曰入閤。宋則侍從官日朝垂拱謂之常參，百司五日一朝紫宸爲六參，在京朝官朔望朝紫宸爲朔參、望參。

明洪武三年定制，朔望日，帝皮弁服御奉天殿，百官朝服於丹墀東西，再拜。班首詣前，同百官鞠躬，稱「聖躬萬福」。復位，皆再拜，分班對立。省府臺部官有奏，由西階陞殿。奏畢降階，百官出。十七年罷朔望起居禮。後更定，朔望御奉天殿，常朝官序立丹墀，東西向，謝恩見辭官序立奉天門外，北向。陞座作樂。常朝官一拜三叩頭，樂止，復班。謝恩見辭官於奉天門外，五拜三叩頭畢，駕興。

又凡早朝，御華蓋殿，文武官於鹿頂外東西立，鳴鞭，以次行禮訖。四品以上官入侍殿內，五品以下仍前北向立。有事奏者出班，奏畢，鳴鞭以次出。如御奉天殿，先於華蓋殿行禮。奏事畢，五品以下詣丹墀，北向立，五品以上及翰林院、給事中、御史於中左、中右門候鳴鞭，詣殿內序立，朝退出。凡百官於御前侍坐，有官奏事，必起立，奏畢復坐。從皇帝行丹墀，常北面，不南向，左右周旋不背北。皇帝陞奉天門及丹陛，隨從官不得徑由中道幷王道。二十四年定侍班官：東則六部都察院堂上官、十三道掌印御史、通政司、大理寺、太常寺、太僕寺、應天府、翰林院、春坊、光祿寺、欽天監、尚寶司、太醫院、五軍斷事及京縣官，西則五軍都督、錦衣衞指揮、各衞掌印指揮、給事中、中書舍人。二十六年令凡入殿必履韈。又令禮部置百官朝牌，大書品級，列丹墀左右木柵上，依序立。

永樂初，令內閣官侍朝立金臺東，錦衣衞在西，後移御道，東西對立。四年諭六部及近侍官曰：「早朝多四方所奏事。午後事簡，君臣之間得從容陳論。自今有事當商搉者，皆於晚朝。」七年諭行在禮部曰：「北京冬氣嚴凝，羣臣早朝奏事，立久不勝。今後朝畢，於右順門內便殿奏事。」

景泰初，定午朝儀。凡午朝，御左順門，設寶案。執事奏事官候於左掖門外。駕出，以次入。內閣、五府、六部奏事官，六科侍班官，案西序立；侍班御史二，序班二，將軍四，案南面北立；鳴贊一，案東，西向立；錦衣衞、鴻臚寺東向立；管將軍官、侍衞官立於將軍西。府部奏事畢，撤案，各官退。有密事，赴御前奏。

嘉靖九年令常朝官禮畢，內閣官由東陛、錦衣衞官由西陛陞，立於寶座東西。有欽差官及外國人領敕，〔六〕坊局官一人奉敕立內閣後，稍上，候領敕官辭，奉敕官承旨由左陛下，循御道授之。隆慶六年詔以三六九日視朝。萬曆三年令常朝日記注起居官四人，列於東班給事中上，稍前，以便觀聽。午朝，則列於御座西，稍南。

凡入朝次第，洪武二十四年令朝參將軍先入，近侍次之，公、侯、駙馬、伯又次之，五府、六部又次之，應天府及在京雜職官員又次之。成化十四年令進士照辦事衙門次第，立見任官後。

皇太子親王朝儀

前史多不載。明洪武元年十月定制，〔七〕凡正旦等大朝，皇帝御奉天殿，先設皇太子、親王次於文樓，設拜位幷拜褥於丹陛上正中。皇帝陞座，殿前執事班起居訖。引進引皇太子及親王由奉天東門入，百官齊入。樂作，皇太子、親王陞自東階，至丹陛拜位，樂止。贊四拜，樂作，興，樂止。引進導由殿東門入，樂作。內贊引至御座前位，樂止。唱跪，皇太子跪稱賀云，「長子某，茲遇履端之節」，冬至則云「履長」，「謹率諸弟某等，欽詣父皇陛下稱賀」。傳制如前，贊俯伏，興。皇太子、諸王由東門出，樂作。引進引復丹陛位，樂止。贊四拜，樂作，興，樂止。降自東階，樂作。至文樓，樂止。百官隨入賀。其朝皇后，則於坤寧宮，略如朝皇帝儀。

二十六年改定朝賀於乾清宮。其日，皇帝、皇后陞座，侍從導引如儀，引禮引皇太子及妃、親王及妃詣上位前，贊禮贊四拜，興。贊禮引皇太子詣前，贊跪，引禮贊太子妃、諸王及妃皆跪。皇太子致詞，同前，不傳制。贊禮贊皇太子俯伏，興，引禮贊諸王俯伏，興，太子妃、諸王妃皆興。贊禮引皇太子復位。贊拜，皇太子以下皆四拜。禮畢，引禮引至皇后前，其前後贊拜，皆如朝皇帝儀。致詞稱「母后殿下」。禮畢，出。七年更定，不致賀辭，止行八拜禮。朝賀皇太后禮，皆同。

諸王來朝儀

古者，六年五服一朝。漢法有四見儀。魏制，藩王不得入覲。晉泰始中，令王公以下入朝者，四方各爲二番。唐以後，親藩多不就國。明代仿古封建，親王之藩不常入朝，朝則賜賚甚厚。

明初，凡來朝，先期陳御座於奉天殿，如常儀。諸王次於奉天門外東耳房。鼓三嚴，百官入就侍立位。引禮導王具衮冕，由東門入，陞東陛，就位。王府從官就丹墀位。贊拜，樂作，王與從官皆四拜。興，樂止。王從殿東門入，樂作。內贊導至御前，樂止。王跪，王府官皆跪。王致辭曰：「第幾子某王某，茲遇某時入覲，欽詣父皇陛下朝拜。」贊俯伏，興。王由東門出。樂作，復拜位，樂止。贊拜，王興。從官皆四拜，興。樂作，駕興，王及各官以次出。

洪武二十六年定，凡諸王大朝，行八拜禮。常朝，一拜。凡伯叔兄見天子，在朝行君臣禮，便殿行家人禮。伯叔兄西向坐，受天子四拜。天子居中南面坐，以尙親親之義，存君臣之禮。凡外戚朝見，皇后父母見帝行君臣禮，后見父母行家人禮。皇太子見皇后父母，皇后父母西向立，皇太子東向行四拜禮，皇后父母立受兩拜，答兩拜。

諸司朝覲儀

明制，天下官三年一入朝。自十二月十六日始，鴻臚寺以次引見。二十五日後，每日方面官隨常朝官入奉天門行禮，府州縣官及諸司首領官吏、土官吏俱午門外行禮。正旦大朝以後，方面官於奉天殿前序立，知府以下，奉天門金水橋南序立，如常朝儀。天順三年令凡方面官入朝，遞降京官一等。萬曆五年令凡朝覲，南京府尹、行太僕寺苑馬寺卿、布按二司，俱於十二月十六日朝見，外班行禮。由右掖門至御前，鴻臚寺官以次引見。其鹽運司及知府以下官吏，浙江、江西十七日，山東、山西十八日，河南、陝西十九日，湖廣、南直隸二十日，福建、四川二十一日，廣東、廣西二十二日，雲南、貴州二十三日，北直隸二十四日，各外班行禮，至御前引見。免朝則止，仍候御朝日引見。正旦朝賀，俱入殿前行禮。凡朝覲官見辭謝恩，具公服，正旦具朝服，不著朱履。常朝俱錦繡。

中宮受朝儀

惟唐開元禮有朝皇太后及皇后受羣臣賀、皇后會外命婦諸儀。明制無皇后受羣臣賀儀，而皇妃以下，正旦、冬至朝賀儀，則自洪武元年九月詔定。

凡中宮朝賀，內使監設皇后寶座於坤寧宮。丹陛儀仗，內使執之。殿上儀仗，女使執之。陳女樂於宮門外。設皇貴妃幄次於宮門外之西，近北；設公主幄次於宮門外之東，稍南；設外命婦幄次於門外之南，東西向。皇后服褘衣出閤，仗動，樂作。陞座，樂止。司賓導外命婦由東門入內道，東西班侍立，訖。導皇貴妃、衆妃由東門入，至陛上拜位。贊拜，樂作，四拜興，樂止。導由殿東門入，樂作。內贊接引至殿上拜位，樂止。贊跪，妃皆跪。皇貴妃致詞曰：「妾某氏等，遇茲履端之節」，冬至則云「履長」，「恭詣皇后殿下稱賀」。致詞畢，皆俯伏，興，樂作。復位，樂止。贊拜，樂作，四拜興，樂止。降自東階出。司賓導公主由東門入，至陛上拜位，以次立，行禮如皇妃儀。司賓導外命婦入殿前中道拜位，贊拜如儀。班首由西陛陞，入殿西門，樂作。內贊接引至殿上拜位，班首及諸命婦皆跪。班首致詞曰：「某國夫人妾某氏等稱賀。」賀畢，出復位。司言跪承旨，由殿中門出，立露臺之東，南向，稱有旨。命婦皆跪，司言宣旨曰：「履端之慶，與夫人等共之。」贊興。司言奏宣旨畢。皇后興，樂作。入內閤門，樂止。諸命婦出。太皇太后、皇太后朝賀儀同。

洪武二十六年重定中宮朝賀儀。先日，女官設御座香案。至日內官設儀仗、陳女樂於丹陛東西，北向，設箋案於殿東門。命婦至宮門，司賓引入就拜位，女官具服侍班。尚宮、尚儀等官詣內奉迎，皇后具服出，作樂，贊拜如前儀。女官舉箋案由殿東門入，樂作。至殿中，樂止。贊跪，命婦皆跪。贊宣箋目，女官宣訖，贊展箋，宣箋女官詣案前，展宣訖，舉案於殿東。命婦皆興，司賓引班首由東階陞入殿東門，樂作。內贊引至殿中，樂止。贊跪，班首及諸命婦皆跪。班首致詞訖，皆興，由西門出。贊拜及司言宣旨，皆如儀，禮畢。千秋節致詞云：「茲遇千秋令節，敬詣皇后殿下稱賀。」不傳旨。凡朔望命婦朝參，是日設御座於宮中，陳儀仗女樂。皇后陞座，引禮女官引命婦入班，文東武西，各以夫品。贊拜，樂作，四拜。禮畢，出。陰雨、大寒暑則免。後命婦朝賀，俱於仁智殿。朝東宮妃，儀如朝中宮，不傳令。

朝賀東宮儀

漢以前無聞。隋文帝時，冬至百官朝太子，張樂受賀。唐制，宮臣參賀皇太子，皆舞蹈。開元始罷其禮。故事，百官詣皇太子止稱名，惟宮臣稱臣。明洪武十四年，給事中鄭相同請如古制，詔下羣臣議。編修吳沈等議曰：「東宮，國之大本，所以繼聖體而承天位也。臣子尊敬之禮，不得有二。請凡啓事東宮者，稱臣如故。」從之。

凡朝東宮，前期，典璽官設皇太子座於文華殿，錦衣衞設儀仗於殿外，教坊司陳大樂於文華門內東西，北向，府軍衞列甲士旗幟於門外，錦衣衞設將軍十二人於殿中門外及文華門外，東西向，儀禮司官設箋案於殿東門外，設百官拜位於殿下東西，設傳令宣箋等官位於殿內東西。是日，百官詣文華門外。導引官啓外備，皇太子具冕服出，樂作。陞座，樂止。百官入，贊拜，樂作。四拜興，樂止。丞相陞自西階，至殿內拜位，俱跪。丞相致詞曰：「某等茲遇三陽開泰，萬物維新。敬惟皇太子殿下，茂膺景福。」畢，俯伏，興，復位。舍人舉箋案入殿中，其捧箋、展箋、宣箋、傳令，略與皇后同。令曰：「履茲三陽，願同嘉慶。」餘俱如儀。冬至致詞，則易「律應黃鐘，日當長至」。傳令則易「履長之節」。千秋節致詞則云：「茲遇皇太子殿下壽誕之辰，謹率文武羣官，敬祝千歲壽。」不傳令。凡朔望，百官朝退，詣文華殿門外，東西立。皇太子陞殿，樂作。百官行一拜禮。其謝恩見辭官亦行禮。

洪武元年十二月，帝以東宮師傅皆勳舊大臣，當待以殊禮，命議三師朝賀東宮儀。禮官議曰：「唐制，羣臣朝賀東宮，行四拜禮，皇太子答後二拜。三公朝賀，前後俱答拜。近代答拜之禮不行，而三師之禮不可不重。今擬凡大朝賀，設皇太子座於大本堂，設答拜褥位於堂中，設三師、賓客、諭德拜位於堂前。皇太子常服陞座，三師、賓客常服入就位，北向立。皇太子起立，南向。贊四拜，皇太子答後二拜。」

六年詔百官朝見太子，朝服去蔽膝及佩。二十九年詔廷臣議親王見東宮儀。禮官議，諸王來見，設皇太子位於正殿中，設諸王拜位於殿門外及殿內，設王府官拜位於庭中道上之東西，設百官侍立位於庭中，東西向。至日，列甲士，陳儀仗，設樂如常。諸王詣東宮門外幄次，皇太子常服出，樂作。陞座，樂止。引禮導諸王入就殿門外位。初行，樂作，就位，樂止。導詣殿東門入，樂作。內贊引至位，北向立，樂止。贊跪，王與王府官皆跪，致詞曰：「茲遇某節，恭詣皇太子殿下。」致詞畢，王與王府官皆俯伏，興，樂作。復位，樂止。贊拜，樂作，王與王府官皆四拜。興，樂止。禮畢，王及各官以次出。王至後殿，敍家人禮。東宮及王皆常服，王由文華殿東門入，至後殿。王西向，東宮南向。相見禮畢，敍坐，東宮正中，南面，諸王列於東西。

嘉靖二十八年，禮部奏，故事，皇太子受朝賀，設座文華殿中，今易黃瓦，似應避尊。帝曰：「東宮受賀，位當設文華門之左，南向。然侍衞未備，已之。」隆慶二年册皇太子，詔於文華殿門東間，設座受賀。

大宴儀

漢大朝會，羣臣上殿稱萬歲，舉觴。百官受賜宴饗，大作樂。唐大饗登歌，或於殿庭設九部伎。宋以春秋仲月及千秋節，大宴羣臣，設山樓排場，窮極奢麗。明制，有大宴、中宴、常宴、小宴。

洪武元年大宴羣臣於奉天殿，三品以上陞殿，餘列於丹墀，遂定正旦、冬至聖節宴謹身殿禮。二十六年重定大宴禮，陳於奉天殿。永樂元年，以郊祀禮成，大宴。十九年以北京郊社、宗廟及宮殿成，大宴。宣德、正統間，朝官不與者，給賜節錢。凡立春、元宵、四月八日、端午、重陽、臘八日，永樂間，俱於奉天門賜百官宴，用樂。其後皆宴於午門外，不用樂。立春日賜春餅，元宵日團子，四月八日不落莢，嘉靖中，改不落莢爲麥餅。端午日涼糕糉，重陽日糕，臘八日麵，俱設午門外，以官品序坐。宣德五年冬，久未雪，十二月大雪。帝示羣臣喜雪詩，復賜賞雪宴。羣臣進和章，帝擇其寓警戒者錄之，而爲之序。皇太后聖誕，正統四年賜宴午門。東宮千秋節，永樂間，賜府部堂上、春坊、科道、近侍錦衣衛及天下進箋官，宴於文華殿。宣德以後，俱宴午門外。凡祀圜丘、方澤、祈穀、朝日夕月、耕耤、經筵日講、東宮講讀，皆賜飯。親蠶，賜內外命婦飯。纂修校勘書籍，開館暨書成，皆賜宴。閣臣九年考滿，賜宴於禮部，九卿侍宴。新進士賜宴曰恩榮。

凡大饗，尙寶司設御座於奉天殿，錦衣衛設黃麾於殿外之東西，金吾等衛設護衞官二十四人於殿東西。教坊司設九奏樂歌於殿內，設大樂於殿外，立三舞雜隊於殿下。光祿寺設酒亭於御座下西，膳亭於御座下東，珍羞醯醢亭於酒膳亭之東西。設御筵於御座東西，設皇太子座於御座東，西向，諸王以次南，東西相向。羣臣四品以上位於殿內，五品以下位於東西廡，司壺、尙酒、尙食各供事。

至期，儀禮司請陞座。駕興，大樂作。陞座，樂止。鳴鞭，皇太子親王上殿。文武官四品以上由東西門入，立殿中，五品以下立丹墀，贊拜如儀。光祿寺進御筵，大樂作。至御前，樂止。內官進花。光祿寺開爵注酒，詣御前，進第一爵。教坊司奏炎精之曲。樂作，內外官皆跪，教坊司跪奏進酒。飲畢，樂止。衆官俯伏，興，贊拜如儀。各就位坐，序班詣羣臣散花。第二爵奏皇風之曲。樂作，光祿寺酌酒御前，序班酌羣臣酒。皇帝舉酒，羣臣亦舉酒，樂止。進湯，鼓吹響節前導，至殿外，鼓吹止。殿上樂作，羣臣起立，光祿寺官進湯，羣臣復坐。序班供羣臣湯。皇帝舉筯，羣臣亦舉筯，贊饌成，樂止。武舞入，奏平定天下之舞。第三爵奏眷皇明之曲。樂作，進酒如初。樂止，奏撫安四夷之舞。第四爵奏天道傳之曲，進酒、進湯如初，奏車書會同之舞。第五爵奏振皇綱之曲，進酒如初，奏百戲承應舞。第六爵奏金陵之曲，進酒、進湯如初，奏八蠻獻寶舞。第七爵奏長楊之曲，進酒如初，奏採蓮隊子舞。第八爵奏芳醴之曲，進酒、進湯如初，奏魚躍於淵舞。第九爵奏駕六龍之曲，進酒如初。光祿寺收御爵，序班收羣臣盞。進湯，進大膳，大樂作，羣臣起立。進訖復坐，序班供羣臣飯食。訖，贊膳成，樂止。撤膳，奏百花隊舞。贊撤案，光祿寺撤御案，序班撤羣臣案。贊宴成，羣臣皆出席，北向立。贊拜如儀，羣臣分東西立。儀禮司奏禮畢，駕興，樂止，以次出。其中宴禮如前，但進七爵。常宴如中宴，但一拜三叩頭，進酒或三或五而止。

凡宴命婦，坤寧宮設儀仗、女樂。皇后常服陞座，皇妃、皇太子妃、王妃、公主亦常服隨出閤，入就位。大小命婦各立於座位後。丞相夫人率諸命婦舉御食案。丞相夫人捧壽花，二品外命婦各舉食案，於皇妃、皇太子妃、王妃、公主前。大小命婦各就座位，奉御執事人分進壽花於殿內及東西廡。酒七行，上食五次，酌酒、進湯、樂作止，並如儀。

上尊號徽號儀

子無爵父之道。漢高帝感家令之言，而尊太公，荀悅非之。晉哀帝欲尊崇皇太妃，江彪以爲宜告顯宗之廟，明事不在己。宋、元志俱載皇太后上尊號儀，而不行告廟，非禮也。明制，天子登極，奉母后或母妃爲皇太后，則上尊號。其後或以慶典推崇皇太后，則加二字或四字爲徽號。世宗時，上兩宮皇太后，增至八字。上徽號致詞，而上尊號則止進寶册。

上尊號，自宣宗登極尊皇太后始。先期遣官祭告天地宗社，帝親告太宗皇帝、大行皇帝几筵。是日，鳴鐘鼓，百官朝服。奉天門設册寶綵輿香亭。中和韶樂及大樂，設而不作。內官設皇太后寶座，陳儀仗於宮中。設册寶案於寶座前，設皇帝拜位於丹陛正中，親王拜位於丹墀內。女樂設而不作。皇帝冕服御奉天門。奉册寶官以册寶置輿中，內侍舉輿，皇帝隨輿降階陞輅。百官於金水橋南，北向立，輿至皆跪，過興。隨至思善門外橋南，北向立。

皇帝至思善門內降輅。皇太后陞座。輿至丹陛。皇帝由左門入，至陛右，北向立。親王冕服各就位。奏四拜，皇帝及王以下皆四拜。奉册寶官以册寶由殿中門入，立於左。皇帝由殿左門入，至拜位跪，親王百官皆跪。奏搢圭，奏進册。奉册官以册跪進，皇帝受册獻訖。執事官跪受，置案左。奏進寶，奉寶官以寶跪進。皇帝受寶，獻訖，執事官跪受，置案右。奏出圭，奏宣册，執事官跪宣讀。皇帝俯伏，興，由左門出，至拜位。奏四拜，傳唱百官同四拜。禮畢，駕興。

是日，皇帝奉皇太后謁奉先殿及几筵，行謁謝禮。禮畢，皇太后還宮，服燕居冠服，陞座。皇帝率皇后、皇妃、親王、公主及六尚等女官，行慶賀禮。翌日，外命婦四品以上，行進表箋禮。

宣德以後，儀同。正統初，尊太皇太后儀同。天順八年二月增命婦致詞云：「某夫人妾某氏等，恭惟皇太后陛下尊居慈極，永膺福壽。」弘治十八年上兩宮尊號，改皇太后致詞云：「尊居慈闈，茂隆福壽。」

嘉靖元年二月上尊號，以四宮行禮過勞，分爲二日。又以武宗服制未滿，莊肅皇后免朝賀，命婦賀三宮，亦分日。

上徽號，自天順二年正月奉皇太后始。致詞云：「嗣皇帝臣，伏惟皇太后陛下，功德兼隆，顯崇徽號，永膺福壽，率土同歡。」命婦進表慶賀致詞云：「某夫人妾某氏等，恭惟皇太后陛下德同坤厚，允協徽稱，壽福無疆，輿情歡戴。」餘如常儀。後上徽號及加上徽號，仿此。

成化二十三年，禮部具儀上，未及皇太子妃禮，特命增之。

校勘記

〔一〕舉殿上表案二人於西陛下東向　原脫「於」字，據太祖實錄卷二三吳元年十二月辛酉條補。上文同類句子都有「於」字。

〔二〕文武侍從兩班於殿上東西文起居注給事中殿中侍御史尚寶卿武懸刀指揮東西向　太祖實錄卷二三吳元年十二月辛酉條：「文官侍從班起居注、給事中、殿中侍御史、尚寶卿在殿上之東，西向。武官侍從班懸刀指揮在殿上之西，東向。」

〔三〕搢笏鞠躬三　原脫「鞠躬」兩字，作「搢笏三」，據太祖實錄卷二三吳元年十二月辛酉條補。本志下文大朝儀也作「搢笏，鞠躬三」。

〔四〕帝由中門出御奉天殿　中門，原作「午門」，據世宗實錄卷一、明會典卷四五改。

〔五〕晉咸寧注有晨賀晝會之分　原脫「晨賀」兩字。「晝會」是一事，不能稱「分」。晉書卷二一禮志下：「咸寧注：『夜漏未盡七刻，謂之晨賀；晝漏上三刻，更出百官奉壽酒，謂之晝會。』」據補。

〔六〕有欽差官及外國人領敕　明會典卷四四作「遇有欽差官及外國人領敕」，有「遇」字。

〔七〕洪武元年十月定制　十月，原作「九月」，據太祖實錄卷三五洪武元年十月丁酉條「命禮官定正旦朝會儀」改。

明史卷五十四

志第三十

禮八 嘉禮二

冊皇后儀

古者立后無冊命禮。至漢靈帝立宋美人爲皇后，始御殿，命太尉持節，奉璽綬，讀冊。皇后北面稱臣妾，跪受。其後沿爲定制，而儀文代各不同。明儀注大抵參唐、宋之制而用之。

太祖初，定制。

凡冊皇后，前期三日齋戒，遣官祭告天地、宗廟。前一日，侍儀司設冊寶案於奉天殿御座前，設奉節官位於册案之東，掌節者位於其左，稍退，設承制官位於其南，俱西向。設正副使受制位於橫街之南，北向。設承制宣制官位於其北，設奉節奉册奉寶官位於其東北，俱西向。設正副使受册寶褥位於受制位之北，北向。典儀二人位丹陛上南，贊禮二人位正副使北，知班二人位贊禮之南，俱東西相向。百官及侍從位，如朝儀。

是日早，列鹵簿，陳甲士，設樂如儀。內官設皇后受册位及册節寶案於宮中，設香案於殿上，設權置册寶案於香案前，設女樂於丹陛。質明，正副使及百官入。鼓三嚴，皇帝袞冕御奉天殿。禮部官奉册寶，各置於案。諸執事官各人，就殿上位立。樂作，四拜。興，樂止。承制官奏發皇后册寶，承制訖，由中門出，降自中陛，至宣制位，曰「有制」。正副使跪，承制官宣制曰：「册妃某氏爲皇后，命卿等持節展禮。」宣畢，由殿西門入。正副使俯伏，興。執事者舉册寶案，由中門出，降自中陛。奉節官率掌節者前導，至正副使褥位，以案置於北。掌節者脫節衣，以節授奉節官。奉節官以授正使，正使以授掌節者，掌節者跪受。興，立於正使之左。奉節官退。引禮引正使詣受册位，奉册官以册授正使，正使跪受，置於案。退，復位。副使受寶亦如之。樂作，正副使四拜。興，樂止。正使隨册，副使隨寶，掌節者前導，舉案者次之，樂作。出奉天門，樂止。侍儀奏禮畢，駕興，百官出。

掌節者加節衣，奉册寶官皆搢笏，取册寶置龍亭內，儀仗大樂前導，至中宮門外，樂作。

皇后具九龍四鳳冠，服褘衣，出閤，〔一〕至殿上，南向立。樂止，正副使奉册寶權置於門外所設案上。引禮引正副使及內使監令俱就位。正使詣內使監令前，稱册禮使臣某，副使臣某，奉制授皇后册寶。內使監令入告皇后，出，復位。引禮引內外命婦入就位。正使奉册授內使監令，內使監令跪受，以授內官。副使授寶亦如之。各復位。內使監令率奉册奉寶內官入，各置於案。尚儀引皇后降陛，詣庭中位立。內官奉册寶立於皇后之東西。內使監令稱「有制」，尚儀奏拜。皇后拜，樂作。四拜興，樂止。宣制訖，奉册內官以册授讀册內官讀訖，以授內使監令。內使監令跪以授皇后，皇后跪受，以授司言。奉寶如前儀。受訖，以授司寶。尚儀奏拜，皇后拜如前。內使監令出，詣正副使前，稱「皇后受册禮畢」。使者退詣奉天殿橫街南，北面西上立，給事中立於正副使東北，西向。正副使再拜復命曰：「奉制册命皇后禮畢。」又再拜。給事中奏聞，乃退。

皇后既受册寶，升座。引禮引內命婦班首一人，詣殿中賀位跪，致詞曰：「茲遇皇后殿下，膺受册寶，正位中宮。妾等不勝歡慶，謹奉賀。」贊拜，樂作。再拜，興，樂止。退，復位。又引外命婦班首一人，入就殿上賀位，如內命婦儀。禮畢俱出。皇后降座，樂作。還閤，樂止。

次日，百官上表箋稱賀。皇帝御殿受賀，如常儀。遂卜日，行謁廟禮。先遣官用牲牢行事，告以皇后將祗見之意。前期，皇后齋三日，內外命婦及執事內官齋一日。設皇后拜位於廟門外及廟中，設內命婦陪祀位於廟庭南，外命婦陪祀位於內命婦之南。司贊位皇后拜位之東西，司賓位內命婦之北，司香位香案右。陳盥洗於階東，司盥洗官位其所。至日，內外命婦各翟衣集中宮內門外。皇后具九龍四鳳冠，服褘衣。出內宮門，升輿，至外門外降輿，升重翟車。鼓吹設而不作。尚儀陳儀衞，次外命婦，次內命婦，皆乘車前導。內使監扈從，宿衞陳兵仗前後導從。皇后至廟門，司賓引命婦先入。皇后降車，司贊導自左門入，就位，北向立。命婦各就位，北向立。司贊奏拜，司賓贊拜，皇后及命婦皆再拜，興。司贊請詣盥洗位，盥手帨手，由東陛升，至神位前。司贊奏上香者三，司香捧香於右，皇后三上訖，導復位，贊拜如前。司贊奏禮畢，皇后出自廟之左門，命婦以次出。皇后升車，命婦前導，如來儀。過廟，鼓吹振作，皇后入宮。是日，皇帝宴羣臣於謹身殿，皇后宴內外命婦於中宮，皆如正旦宴會儀。

及成祖卽位，册皇后徐氏，其制小異。皇帝皮弁服御華蓋殿，翰林院官以詔書用寶訖，然後御奉天殿，傳制皇后受册。禮畢，翰林官以詔書授禮部官，禮部官奉詔書於承天門開讀。皇帝還宮，率皇后具服詣奉先殿謁告畢。皇后具服於內殿，俟皇帝升座。贊引女官導詣拜位，行謝恩禮，樂作。八拜，興，樂止。禮畢。次日，皇帝皇后受賀宴會，如前儀。天順八年，增定親王於皇帝前慶賀，次詣皇太后慶賀，次詣皇后前八拜儀。嘉靖十三年册皇后方氏，禮臣具儀注，有謁告內殿儀，無謁告太廟世廟之禮，帝命議增。於是禮臣以儀上。先期齋三日，所司陳設如時祫儀。至日，皇帝御輅，皇后妃御翟車，同詣太廟。命官奉七廟主升神座訖。皇帝奉高皇帝主，皇后奉高皇后主，出升神座。迎神、上香、奠帛、祼獻，樂作止，皆如儀。次詣世廟行禮，同上儀。隆慶元年增定，頒詔次日，命婦行見皇后禮。

册妃之儀。自洪武三年册孫氏爲貴妃，定皇帝不御殿，承制官宣制曰：「妃某氏，特封某妃，命卿等持節行禮。」但授册，無寶，餘並如中宮儀。永樂七年定册妃禮。皇帝皮弁服御華蓋殿，傳制。至宣宗立孫貴妃，始授寶，憲宗封萬貴妃，始稱皇，非洪武之舊矣。嘉靖十年，〔二〕帝册九嬪，禮官上儀注。先日，所司陳設儀仗如朔望儀。至期，皇帝具衮冕，告太廟、世廟訖，易皮弁服，御華蓋殿。百官公服入行禮。正、副使朝服承制，舉節册至九嬪宮。九嬪迎於宮門外，隨至拜位。女官宣册，九嬪受册，先後八拜。送節出宮門復命。九嬪隨具服候，皇后率詣奉先殿謁告，及詣皇帝、皇后前謝恩，俱如册妃禮。惟圭用次玉，穀文、銀册少殺於皇妃五分之一。二十年册德妃張氏。以妃將就室，而帝方靜攝，不傳制，不謁告內殿，餘並如舊。

册皇太子及皇太子妃儀

自漢代始稱皇太子，明帝始有臨軒、册拜之儀。唐則年長者臨軒册授，幼者遣使內册。宋惟用臨軒。元惟用內册，不以長幼。

明興定制，册皇太子，所司陳設如册后儀。設皇太子拜位於丹陛上。中嚴，皇帝衮冕御謹身殿，皇太子冕服俟於奉天門。外辦，皇帝升奉天殿，引禮導皇太子入奉天東門。樂作，由東階升至丹陛位，樂止。百官各就丹墀位。樂作，皇太子再拜，興，樂止。承制官由殿中門出，立於門外，曰：「有制。」皇太子跪。宣制曰：「册長子某爲皇太子。」皇太子俯伏，興，樂作。再拜，樂止。引禮導皇太子由殿東門入，樂作。內贊導至御座前，樂止。內贊贊跪，贊宣册。宣畢，贊搢圭，贊授册。皇太子搢圭，跪受册，以授內侍。復贊授寶，如授册儀。贊出圭，皇太子出圭，俯伏，興，由殿東門出。執事官舉節册寶隨出。皇太子復位，樂作。四拜興，樂止。由東階降，樂作。至奉天門，樂止。儀仗、鼓樂迎册寶至文華殿。持節官持節復命，禮部官奉詔書赴午門開讀，百官迎詔至中書省，頒行。侍儀奏禮畢，駕興，還宮。皇太子詣內殿，候皇后升座，行朝謝禮，四拜，恭謝曰：「小子某，茲受册命，謹詣母后殿下恭謝。」復四拜，禮畢。親王、世子、郡王俟於文華殿陛上。皇太子升座，親王以下由東陛升，就拜位四拜。長王恭賀曰：「小弟某，茲遇長兄皇太子榮膺册寶，不勝欣忭之至，謹率諸弟詣殿下稱賀。」賀畢，皆四拜。皇太子興，以次出。諸王詣中宮四拜，長王致詞賀畢，皆四拜出。是日，皇太子詣武英殿見諸叔，行家人禮，四拜，諸叔西向坐受。見諸兄，行家人禮，二拜，諸兄西向立受。次日，百官進表箋慶賀，內外命婦慶賀中宮，如常儀。乃擇日，太子謁太廟。

洪武二十八年，皇太子、親王俱授金册，不用寶。永樂二年定，先三日齋戒，遣官祭告天地、宗廟，受册寶畢，先詣太廟謁告，後至奉天殿謝恩，乃入謝中宮。二十二年十月册東宮，以梓宮在殯，樂設而不作。奉先殿行禮畢，仍詣几筵謁告。宣德二年十一月，皇子生，羣臣表請立太子。三年二月行禮，以太子尚幼，乃命正、副使授册寶於文華門。成化十一年以册立皇太子禮成，文武官分五等，賜綵緞有差。嘉靖十八年二月册東宮，帝詣南郊告上帝，詣太廟告皇祖，自北郊及列聖宗廟以下皆遣官。時太子方二歲，保姆奉之，迎册寶於文華殿門，詣皇帝前謝恩，皇后、貴妃代太子八拜。詣皇后前，貴妃代八拜。詣貴妃前，保姆代四拜。餘如常儀。

其皇太子妃受册，與皇太子同日傳制。節册將至內殿，妃降自東階，迎置於案。贊就拜位，贊跪，妃跪。贊宣册，女官跪取册，立宣畢。贊授册，贊搢圭。女官以册授妃，妃搢圭，受册訖，以授女官。女官跪受，捧立。贊出圭，興，四拜。禮畢，內官持節出，妃送至殿外，正副使持節復命。是日，妃具禮服詣奉先殿行謁告禮。隨詣宮門，俟皇帝、皇后升座，入謝恩，行八拜禮。又詣各宮皇妃前，行四拜禮。還宮，詣皇太子前，亦四拜。禮畢，升座，王妃、公主、郡主及外命婦，於丹墀拜賀如儀。

册親王及王妃儀

漢册親王於廟。唐臨軒册命，禮極詳備。宋有册命之文，皆上表辭免，惟迎官誥還第。元亦降制命之，不行册禮。

明洪武三年定制，册命親王，先期告宗廟，所司陳設如册東宮儀。

至日，皇帝御奉天殿，皇太子、親王由奉天東門入。樂作，升自東陛。皇太子由殿東門入，內贊導至御前，侍立位。親王入至丹陛拜位，樂止。贊拜，樂作。再拜，興，樂止。承制官承制如儀，諸王皆跪，宣制曰：「封皇子某爲某王，某爲某王。」宣畢，諸王俯伏，興。贊拜，樂作。再拜，興，樂止。引禮導王由殿東外入，樂作。內贊引至御座前拜位，樂止。王跪。贊授册，捧册官以册授讀册官，讀訖，以授丞相。丞相授王，王搢圭受，以授內使。授寶如上儀。訖，王出圭，俯伏，興。引禮導王出，復位。以次引諸王入殿，授册寶如儀。內使以册寶置綵亭訖，贊拜，樂作。諸王皆四拜，興，樂止。內使舉亭前行，親王由東階降，樂作。

出奉天東門，樂止。禮部尚書請詔書用寶，赴午門開讀。禮畢，皇帝還宮，皇太子出。王年幼，則遣官齎册寶授之。丞相承制至王所，東北立，西南向，宣制。最幼者行保抱之禮。

是日，親王朝謝皇后、太子，與東宮受册朝謝同。親王各自行賀，幼者詣長者，行四拜禮。百官詣親王賀，亦行四拜禮。丞相至殿上跪，文武官於庭中。丞相致詞曰：「某官某等，茲遇親王殿下榮膺册寶，封建禮成，無任欣忭之至。」賀畢，丞相及百官復四拜。

次日，皇太子冕服於奉天殿朝賀皇帝。太子致詞曰：「長子某，茲遇諸弟某等受封建國，謹詣父皇陛下稱賀。」賀中宮，致詞曰：「謹詣母后殿下稱賀。」百官進表箋賀皇帝及中宮、東宮，如東宮受册儀。內外命婦賀中宮，致詞曰：「妾某氏等，茲遇親王受封建國，恭詣皇后殿下稱賀。」是日，百官及命婦各賜宴。擇日，諸王謁太廟。時秦、晉、燕、楚、吳五王皆長，而齊、潭、趙、魯四王方幼，故兼具其制。靖江王則以親王封，故視秦、晉儀。

二十八年定制，親王嫡長子，年十歲，授金册寶，立爲王世子。次嫡及庶子皆封郡王。凡王世子必以嫡長，王年三十，正妃未有嫡子，其子止爲郡王。待王與正妃年五十無嫡子，始立庶長子爲王世子，襲封。朝廷遣人行册命之禮。成化末，封興、岐、益、衡、雍五王，帝親告奉先殿，遣使就各王府册之，罷臨軒禮。而諸王當襲封者，俱於歲終遣官册封。嘉靖中，改於孟春，著爲令。册王妃與册太子妃儀同。

冊公主儀。洪武九年七月命使冊公主。設冊案於乾清宮御座之東南，冊用銀字鍍金。皇帝、皇后升御座，遣使捧冊傳制如儀。使者至華蓋殿，公主拜受，其儀略與冊太子妃同。凡皇姑曰大長公主，皇姊妹曰長公主，皇女曰公主，親王女曰郡主，郡王女曰縣主，孫女曰郡君，曾孫女曰縣君，玄孫女曰鄉君。郡主以下，受誥封，不冊命。

皇帝加元服儀

古者冠必於廟，天子四加。魏以後始冠於正殿，又以天子至尊，禮惟一加，歷代因之。明洪武三年定制。

先期，太史院卜日，工部製冕服，翰林院撰祝文，禮部具儀注。中書省承制，命某官攝太師，某官攝太尉。既卜日，遣官告天地、宗廟。前一日，內使監令陳御冠席於奉天殿正中，其南設冕服案及香案寶案。侍儀司設太師、太尉起居位於文樓南，西向，設拜位於丹墀內道，設侍立位於殿上御席西，設盥洗位於丹陛西。其百官及諸執事位次如大朝儀。是日質明，鼓三嚴，百官入。皇帝服空頂幘、雙童髻、雙玉導、絳紗袍，御輿以出。侍衞警蹕奏樂如儀。皇帝升座。鳴鞭報時訖，通班贊各供事。太師太尉先入，就拜位，百官皆入。贊拜，樂作。四拜，興，樂止。引禮導太師先詣盥洗位，搢笏盥帨訖，出笏，由西陛升。

內贊接引至御席西，東向立。引禮復導太尉盥帨訖，入立於太師南。

侍儀奏請加元服。太尉詣皇帝前，少右，跪搢笏。脫空頂幘以授內使，置於箱。進櫛設纚畢，出笏，興，退立於西。太師前，北向立。內使監令取冕立於左，太師祝曰：「令月吉日，始加元服。壽考維祺，以介景福。」內使監令捧冕，跪授太師。太師搢笏，跪受冕。加冠、加簪纓訖，出笏，興，退立於西。御用監令奏請皇帝著袞服，皇帝興，著袞服。侍儀奏請就御座，內贊贊進醴，樂作。太師詣御前北面立，光祿卿奉酒進授太師，太師搢笏受酒，祝曰：「甘醴惟厚，嘉薦令芳。承天之休，壽考不忘。」祝訖，跪授內使。內使跪受酒，捧進。皇帝受，祭少許，啐酒訖，以虛盞授內使，樂止。內使受盞降，授太師。太師受盞興，以授光祿卿，光祿卿受盞退。太師出笏，退，復位。內贊導太師太尉出殿西門，樂作，降自西階。引禮導至丹墀拜位，樂止。贊拜，樂作。太師太尉及文武官皆四拜，興，樂止。三舞蹈，山呼，俯伏，興，樂作。復四拜，樂止。

禮畢，皇帝興，鳴鞭，樂作。入宮，樂止。百官出。皇帝改服通天冠、絳紗袍，拜謁太后，如正旦儀。擇日謁太廟，與時祭同。明日，百官公服稱賀，賜宴謹身殿。

萬曆三年正月，帝擇日長髮，命禮部具儀。大學士張居正等言：「禮重冠婚，皇上前在東宮已行冠禮，三加稱尊，執爵而酳。鉅禮既成，可略其細，不必命部臣擬議。第先期至奉先殿、弘孝殿、神霄殿以長髮告。禮畢，詣兩宮皇太后，行五拜三叩頭禮，隨御乾淸宮受賀。」帝是之，遂著爲令。

皇太子皇子冠禮

禮曰：「冠於阼，以著代也。醮於客位，三加彌尊，加有成也。已冠而字之，成人之道也。」「雖天子之元子，猶士也。」其禮歷代用之。明皇太子加元服，參用周文王、成王冠禮之年，近則十二，遠則十五。嘉靖二十四年，穆宗在東宮，方十歲，欲行冠禮。大學士嚴嵩、尙書費宷初皆難之，後遂阿旨以爲可行，而請稍簡煩儀，止取成禮。帝以冠當具禮，至二十八年始行之。

其儀，洪武元年定。

前期，太史監卜日，工部置袞冕諸服，翰林院撰祝文。中書省承制，命某官爲賓，某官贊。既卜日，遣官告天地宗廟。前一日，陳御座香案於奉天殿，設皇太子次於殿東房，賓贊次於午門外。

質明，執事官設罍洗於東階，設皇太子冠席於殿上東南，西向，設醴席於西階上，南向，張帷幄於東序內，設褥席於帷中，又張帷於序外。御用監陳服於帷內東，領北上。袞服九章、遠遊冠、絳紗袍、折上巾、緇纚犀簪在服南，櫛又在南。司尊實醴於側尊，加勺冪，設於醴席之南。設坫於尊東，置二爵。進饌者實饌，設於尊北。諸執事者各立其所。

鼓三嚴，文武官入。皇帝服通天冠、絳紗袍，升座如常儀。賓贊就位，樂作。四拜興，樂止。侍儀司跪承制，降至東階，詣賓前，稱有敕。賓贊及在位官皆跪。宣制曰：「皇太子冠，命卿等行禮。」皆俯伏，興，四拜。文武侍從班俱就殿內位，賓贊執事官詣東階下位。

東宮官及太常博士詣殿前東房，導皇太子入就冠席，二內侍夾侍，東宮官後從，樂作。卽席西南向，樂止。賓贊以次詣罍洗，樂作。搢笏，盥帨，出笏，樂止。升自西階，執事者奉折上巾進，賓降一等受之。右執項，左執前，進太子席前，北面祝畢，跪冠，樂作。賓興，席南北面立。贊冠者進席前，北面跪，正冠，興，立於賓後。內侍跪進服，皇太子興，服訖，樂止。賓揖皇太子復坐。賓贊降，詣罍洗訖，贊進前跪，脫折上巾，置於箱，興，以授內侍。執事者奉遠遊冠進，賓降二等受之，樂作，進冠如前儀。贊進前，北面跪，簪結紘，內侍跪進服，樂止。賓揖皇太子復坐。又詣罍洗，贊脫冠，執事者奉袞冕進，賓降三等受之，樂作。進冠結紘，內侍跪進服，如前儀，樂止。

太常博士導皇太子降自東階，樂作。由西階升，卽醴席，南向坐，樂止。賓詣罍洗盥帨訖，贊冠者取爵、盥爵、帨爵，詣司尊所酌醴，授賓。賓受爵，跪進於皇太子。祝畢，皇太子搢圭，跪受爵，樂作。飲訖，奠爵，執圭。進饌者奉饌於前，皇太子搢圭，食訖，執圭，興，樂止。徹爵與饌。博士導皇太子降自西階，至殿東房，易朝服，詣丹墀拜位，北向。東宮官屬各復拜位。賓贊詣皇太子位稍東，西向。賓少進字之辭曰：「奉敕字某。」皇太子再拜，跪聽宣敕。復再拜，興。進御前跪奏曰：「臣不敏，敢不祇承。」奏畢，復位。侍立官並降殿復位，四拜禮畢，皇帝興。內給事導皇太子入內殿，見皇后，如正旦儀。明日謁廟，如時享禮。又明日，百官朝服詣奉天殿稱賀，退易公服，詣東宮稱賀，錫宴。

成化十四年續定皇太子冠禮。

先日，設幕次於文華殿東序，設節案、香案、冠席、醴席、盥洗、司尊所等，具如儀。內侍張帷幄，陳袍服、皮弁服、衮服、圭帶、舄、翼善冠、皮弁、九旒冕。

質明，皇帝御奉天殿傳制，遣官持節。皇太子迎於文華殿門外，捧入，置於案，退。禮部官導皇太子詣香案前，樂作。四拜，樂止。行初加冠禮。內侍奉翼善冠，賓祝曰：「吉月令辰，乃加元服。懋敬是承，永介景福。」樂作。賓跪進冠，興，樂止。禮部官啓易服，皇太子入幄，易袍服出，啓復坐。行再加冠禮。內侍奉皮弁，賓祝曰：「冠禮申舉，以成令德。敬愼威儀，惟民之式。」冠畢，入幄，易皮弁服舄出，啓復坐。行三加冠禮。內侍奉冕旒，賓祝曰：「章服咸加，飭敬有虔。永固皇圖，於千萬年。」冠畢，入幄，易衮服出，啓復坐。

行醮禮，皇太子詣醴席，樂作。即坐，樂止。光祿寺官舉醴案，樂作。贊酌醴授賓，賓執爵詣席前，樂止。賓祝曰：「旨酒孔馨，加薦再芳。受天之福，萬世其昌。」賓跪進爵，皇太子搢圭，受爵，置於案。教坊司作樂，奏喜千春之曲。次啓進酒，皇太子舉爵飲訖，奠爵於案，樂止。光祿寺官進饌，樂作。至案，樂止。饌訖，出圭，徹案，賓贊復位。鳴贊贊受敕戒。皇太子降階，樂作。至拜位，樂止。宣敕戒官詣皇太子前稍東，西向立，曰「有制」。皇太子跪，宣敕戒曰：「孝事君親，友于兄弟。親賢愛民，居仁由義。毋怠毋驕，茂隆萬世。」樂作。四拜興，樂止。持節官捧節出，樂作。皇太子送節至殿門外，還東序。內侍導還宮，樂止。賓贊等官持節復命，餘如舊儀。是日，皇太子詣皇太后、皇帝、皇后前謝，俱行五拜三叩頭禮，用樂。明日，皇帝及皇太子受羣臣賀，如儀。

皇子冠禮。初加，進網巾，祝詞曰：「茲惟吉日，冠以成人。克敦孝友，福祿來駢。」再加，進翼善冠，祝詞曰：「冠禮斯舉，實由成德。敬慎威儀，維民之則。」三加，進衮冕，祝詞曰：「冠至三加，命服用章。敬神事上，永固藩邦。」酌醴祝曰：「旨酒嘉薦，載芬載芳。受茲景福，百世其昌。」敕戒詞曰：「孝于君親，友于兄弟。親賢愛民，率由禮義。毋溢毋驕，永保富貴。」其陳設執事及傳制謁謝，並如皇太子儀。初，皇子冠之明日，百官稱賀畢，詣王府行禮。成化二十三年，皇子冠之次日，各詣奉天門東廡序坐，百官常服四拜。

萬曆二十九年，禮部尚書馮琦言：「舊制皇太子冠，設冠席、醴席於文華殿內。今文華殿爲皇上臨御遣官之地，則皇太子冠醴席，應移於殿之東序。又親王冠，舊設席於皇極門之東廡。今皇太子移席於殿東序，則親王應移席於殿西序。」從之。

永樂九年十一月命皇太子嫡長子爲皇太孫，冠於華蓋殿，其儀與皇太子同。

品官冠禮

古者男子二十而冠，大夫五十而後爵，故無大夫冠禮。唐制，三加，一品之子以袞冕，逮九品之子以爵弁，皆倣士禮而增益之。

明洪武元年定制，始加緇布冠，再加進賢冠，三加爵弁。其儀，前期擇日，主者告於家廟，乃筮賓。前二日，戒賓及贊冠者。明日，設次於大門外之右，南向。至日，夙興，設洗於阼階東南，東西當東霤，六品以下當東榮，南北以堂深。罍水在洗東，加勺冪。篚在洗西南。肆實巾一於篚，加冪。設席於東房西牖下，陳服於席東，領北上。莞筵四，加藻席四，在南。側尊甒醴在服北，加勺冪，設坫在尊北。四品以下，設篚無坫，饌陳於坫北。設洗於東房，近北。罍在洗西，篚在洗東北，肆實以巾。

質明，賓贊至門外，掌次者引之次。賓贊公服，諸行事者各服其服，就位。冠各一笥，人執之，侍於西階之西，東面北上。設主席於阼階上，西面；設賓席於西階，東面；冠者席於主者東北，西面。主者公服立於阼階下，當東序，西面。諸親公服立於罍洗東南，西面北上。尊者在別室。儐者公服立於門內道東，北面。冠者雙童髻、空頂幘、雙玉導、綵褶、錦紳、烏皮履，六品以下，導不以玉，立於房中，〔三〕南面。主者、贊冠者公服立於房內戶東，西面。賓及贊冠者出次，立於門西，東面北上。儐者進受命，出立門東，西面，曰：「敢請事。」賓曰：「某子有嘉禮，命某執事。」儐者入告，主者迎賓於大門外之東，西面，再拜，賓答拜。主者揖贊冠者，贊冠者報揖。又揖賓，賓報揖。主者入，賓贊次入，及內門至階。主者請陞，賓三辭，乃陞。主者自阼階，立於席東，西向；賓自西階，立於席西，東向。賓贊冠者及庭，盥於洗，陞自西階，入於東房，立於主贊冠者之南，西面。主贊冠者導冠者立於房外之西，南面。賓贊冠者取纚櫛簪，跪奠於筵南端，退立於席北，少東，西面。

賓揖冠者，冠者進升席，西向坐。賓贊冠者進筵前，東面跪，脫雙童髻，櫛畢，設纚，興，復位立。賓降至罍，洗盥訖，詣西階。主者立於席後西面，賓立於西階上，東面。執緇布冠者升，賓降一等受之，右執項，左執前，進冠者筵前，東向立。祝用士禮祝詞，祝畢，跪冠。興，復位。賓贊冠者進筵前，東面跪，結纓，興，復位。冠者興，賓揖之適房，賓主皆坐。冠者衣青衣素裳出戶西，南面立，賓主俱興。賓揖冠者，冠者進升席，西向坐。賓贊冠者跪，脫緇布冠，櫛畢，設纚。賓進進賢冠，立祝，如初加禮。易「萬年」爲「永年」，易「胡福」爲「遐福」。〔四〕祝畢，跪冠，興，復位。賓贊冠者跪，脫進賢冠，櫛畢，設纚。賓進爵弁，立祝，如再加禮。賓贊冠者，設簪結纓如前。冠者適房，著爵弁之服出。主贊冠者徹纚櫛及筵，入於房。

又設筵於室戶西，南向。冠者出房戶西，南面立。主贊洗觶於房，酌醴出，南面立。賓揖冠者就筵西，南面立。賓受醴，進冠者筵前，北面立。祝畢，冠者拜受觶，賓復西階上答拜。執饌者進饌於筵，冠者左執觶，右取脯，祭於籩豆間。贊者取胏一以授冠者，奠觶於薦西以祭。冠者坐取觶，祭醴，奠觶，再拜，賓答拜。冠者執觶興，賓主俱坐。冠者升筵，跪奠觶於薦東。興，進，北面跪取脯，降自西階。入見母，進奠脯於席前。退，再拜出。母不在，則使人受脯於西階下。

初，冠者入見母，賓主俱興。賓降，當西序東面立，主者降，當東序西面立。冠者出，立於西階東，南面。賓少進字之，辭同士禮。冠者再拜，跪曰：「某不敏，夙夜祇承。」賓出，主者送於內門外，西向，請禮從者。賓就次，主者入。

初，賓出，冠者東面見諸親，諸親拜之，冠者答拜。冠者西向拜賓贊，賓贊亦答拜。見諸尊於別室，亦如之。賓主既釋服，入醴席，一獻訖，賓與衆賓出次，立於門東，西面。主者出揖賓，賓報揖。主者先入，賓及衆賓從之。至階，賓立於西階上，主者立於東階上，衆賓立於西階下。主者授幣篚於賓贊，復位，還阼階上，北面拜送。賓贊降自西階，主者送賓於大門外，西面，再拜而入。孤子則諸父諸兄戒賓。冠之日，主者紒而迎賓，冠於阼階下，其儀亦如之。明日見廟，冠者朝服入南門中庭道西，北面再拜出。

庶人冠禮

古冠禮之存者惟士禮，後世皆推而用之。明洪武元年詔定冠禮，下及庶人，纖悉備具。然自品官而降，鮮有能行之者，載之禮官，備故事而已。

凡男子年十五至二十，皆可冠。將冠，筮日，筮賓，戒賓，俱如品官儀。

是日，夙興，張幄爲房於廳事東，皆盛服。設盥於阼階下東南，〔五〕陳服於房中西牖下。席二在南，酒在服北次。幞頭巾帽，各盛以盤，三人捧之，立於堂下西階之西，南向東上。主人立於阼階下，諸親立於盥東，儐者立於門外以俟賓。冠者雙紒袍，勒帛素履待於房。

賓至，主人出迎，揖而入。坐定，冠者出於房，執事者請行事。賓之贊者取櫛總篦幞頭，置於席南端。賓揖冠者，卽席西向坐。贊者爲之櫛，合紒施總，加幞頭。賓降，主亦降，立於阼階下。賓盥，主人揖讓，升自西階，復位。執事者進巾，賓降一等受之，詣冠者席前，東向。祝詞同品官。祝訖，跪著巾。興，復位。冠者興，賓揖之入房，易服，深衣大帶，出就冠席。賓盥如初。執事者進帽，賓降二等受之。進祝，跪，冠訖，興，復位。揖冠者入房，易服，襴衫要帶，出就冠席。賓盥如初。執事者進幞頭，賓降三等受之。進祝，跪，冠訖，興，復位。揖冠者入房，易公服出。

執事者徹冠席，設醴席於西階，南向。贊者酌醴出房，立於冠者之南。賓揖冠者即席，西向立。賓受醴，詣席前北面祝。冠者拜受，賓答拜。執事者進饌，冠者即席坐，飲食訖，再拜。賓答拜。冠者離席，立於西階之東，南向。賓字之，如品官詞。冠者拜，賓答拜。冠者拜父母，父母爲之起。拜諸父之尊者，遂出見鄉先生及父之執友。先生執友皆答拜。賓退，主人請禮賓，固請，乃入，設酒饌。賓退，主人酬賓贊，侑以幣。禮畢，主人以冠者見於祠堂，再拜出。

校勘記

〔一〕出閤　閤，原作「閣」。「閣」、「閤」通，本書中二字錯出。爲別於外廷以閣爲名之機構如內閣等，今據大明集禮卷一九，將后妃居處作「閣」者，統改成「閤」。

〔二〕嘉靖十年　十年，原作「十一年」，據本書卷一一四后妃傳、明會典卷四六改。

〔三〕冠者雙童髻空頂幘雙玉導綵褶錦紳烏皮履六品以下導不以玉立於房中　明會典卷六六，從「雙童髻」到「導不以玉」都作小注，正文爲「將冠者立於房内」。又「綵褶」，明會典作「綵袴褶」。

〔四〕立祝如初加禮易萬年爲永年易胡福爲遐福　按本段上文「祝用士禮祝詞」，即指儀禮士冠禮祝詞，有「眉壽萬年，永受胡福」句。此處小注，卽承兩句祝詞改易四字。今上文不引祝詞，則此小注無着落，應爲衍文。

〔五〕設盥於阼階下東南　盥，原作「冠」，據太祖實録卷三三洪武元年十一月丙寅條、明會典卷六六改。

明史卷五十五

志第三十一

禮九 嘉禮三

天子納后儀　皇太子納妃儀　親王婚禮　公主婚禮
品官婚禮　庶人婚禮　皇帝視學儀　經筵　日講
東宮出閣講學儀　諸王讀書儀

天子納后儀

婚禮有六，天子惟無親迎禮。漢、晉以來，皆遣使持節奉迎，其禮物儀文，各以時損益。明興，諸帝皆卽位後行册立禮。正統七年，英宗大婚，始定儀注。

凡納采問名，前期擇日，遣官告天地宗廟。至期，設御座、制案、節案、鹵簿、綵輿、中和大樂如儀。禮部陳禮物於丹陛上及文樓下。質明，皇帝冕服陞座，百官朝服行禮訖，各就位。正副使朝服四拜，執事舉制案、節案，由中門出，禮物隨之，俱置丹陛中道。傳制官宣制曰：「茲選某官某女爲皇后，命卿等持節行納采問名禮。」正副使四拜，駕興。舉制、節案由奉天門中門出。正副使取節及制書置綵輿中，儀仗大樂前導，出大明門。釋朝服，乘馬行，詣皇后第。第中設使者幕次於大門外左，南向，設香案於正堂，設制、節案於南，別設案於北。

使者至，引禮導入幕次，執事官陳禮物於正堂。使者出次，奉制書於案。禮官先入，立於東；主婚朝服出，立於西。禮官曰：「奉制建后，遣使行納采問名禮。」引主婚者出迎。使者捧制書及節，主婚者隨至堂，置制書及節於案。正副使分立案左右。主婚者四拜，詣案前跪。正使取納采制，宣曰：「朕承天序，欽紹鴻圖。經國之道，正家爲本。夫婦之倫，乾坤之義，實以相宗祀之敬，協奉養之誠，所資惟重。祗遵聖母皇太后命，遣使持節，以禮采擇。」宣訖，授主婚者。主婚者授執事者，置於北案上稍左。副使取問名制，宣曰：「朕惟夫婦之道，大倫之本。正位乎內，必資名家。特遣使持節以禮問名，尙佇來聞。」宣訖，授如前，置案上稍右。主婚者俯伏，興。執事舉表案，以表授主婚者。主婚者跪授正使，表曰：「臣某，伏承嘉命。正使某官某等，重宣制詔，問臣名族。臣女，臣夫婦所生，先臣某官某之曾孫，先臣某官某之孫，先臣某官某之外孫。臣女今年若干，謹具奏聞。」主婚者俯伏，興，退四拜。使者出，置表綵輿中。主婚者前曰：「請禮從者。」酒饌畢，主婚者捧幣以勞使者。使者出，主婚者送至大門外。使者隨綵輿入大明門左門，至奉天門外，以表節授司禮監，復命。

次納吉、納徵、告期，傳制遣使，並如前儀。但納徵用玄纁、束帛、六馬、穀圭等物，制詞曰：「茲聘某官某女爲皇后，命卿等持節行納吉、納徵、告期禮。」皇后第，陳設如前，惟更設玉帛案。使者至，以制書、玉帛置案上，六馬陳堂下。執事先設皇后冠服諸物於正堂。禮官入，主婚者出迎，執事舉玉帛案，正使捧納吉、納徵制書，副使捧告期制書，執節者捧節，以次入，各置於案。主婚者四拜，詣案前跪。正使取制書，宣曰：「大婚之卜，龜筮師士協從。敬循禮典，遣使持節告吉。」又宣曰：「卿女有貞靜之德，稱母儀之選，宜共承天地宗廟。特遣使持節，以禮納徵。」宣訖，授主婚者。正副使又捧圭及玄纁以授主婚者，俱如前儀。副使取制書，宣曰：「歲令月良，吉日某甲子，大婚維宜。特遣使持節，以禮告期。」宣訖，授如前儀。主婚者四拜，使者持節出，主婚者禮使者，使者還，復命如初。

次發册奉迎，所司陳設如前儀。禮部陳鴈及禮物於丹陛上，內官監陳皇后鹵簿車輅於奉天門外。制詞曰：「茲册某官某女爲皇后，命卿等持節奉册寶，行奉迎禮。」正副使以册寶置綵輿中，隨詣皇后第。至門，取制書册寶置案上。禮官先入，主婚者朝服出見。禮官曰：

「奉制册后，遣使持節奉册寶，行奉迎禮。」主婚者出迎。執事者舉案前行，使者捧制書及節，執事者以雁及禮物從之。至堂中，各置於案。使者左右立，主婚者四拜，退立於西南。女官以九龍四鳳冠禕衣進皇后。內官陳儀仗於中堂前，設女樂於堂下，作止如常儀。使者以節册寶授司禮監官，內贊導入中堂。皇后具服出閤，詣香案前，向闕立，四拜。贊宣册，皇后跪。宣册官宣訖，以授皇后。皇后搢圭，受册，以授女官。女官跪受，立於西。贊宣寶，如宣册儀。贊出圭，贊興，四拜訖，皇后入閤。司禮監官持節出，授使者，報受册寶禮畢。主婚者詣案前跪。正使取奉迎制宣訖，授主婚者。副使進雁及禮物。主婚者皆跪受，如前儀。主婚者興，使者四拜出。主婚者禮使者如初。

女官奏請皇后出閤。自東階下，立香案前，四拜。陞堂，南向立。主婚者進立於東，西向，曰：「戒之敬之，夙夜無違。」退立於東階。母進，立於西，東向，施衿結帨，曰：「勉之敬之，夙夜無違。」退立於西階。內執事請乘輿，皇后降階升輿。導從出，儀仗大樂前行，次綵輿，正副使隨，次司禮監官擁導，從大明門中門入。百官朝服於承天門外班迎，候輿入，乃退。皇后至午門外，鳴鐘鼓，鹵簿止。正副使以節授司禮監，復命。捧册寶官捧册寶，〔一〕儀仗女樂前導，進奉天門。至內庭幕次，司禮監以册寶授女官。皇后出輿，由西階進。皇帝由東階降迎於庭，揖皇后入內殿。帝詣更服處，具袞冕。后詣更服處，更禮服。同詣奉先殿，行謁廟禮。祭畢，還宮。合巹，帝更皮弁，陞內殿。后更衣，從陞。各陞座，東西相向。執事者舉饌案於前，女官取四金爵，酌酒以進。既飲，進饌。復進酒、進飯訖，女官以兩巹酌酒，合和以進。既飲，又進饌畢，興，易常服。帝從者餕后之饌，后從者餕帝之饌。

次日早，帝后皆禮服，候太后陞座。帝后進座前。宮人以服脩盤立於后左，帝后皆四拜。執事舉案至，宮人以服脩盤授后，后捧置於案。女官舉案，后隨至太后前，進訖，復位。帝后皆四拜。三日早，帝冕服，后禮服，同詣太后宮，行八拜禮。還宮，帝服皮弁，陞座。女官導后，禮服詣帝前，行八拜禮。后還宮，陞座。引禮導在內親屬及六尚等女官，行八拜禮；次各監局內官內使，行八拜禮。是日，皇帝御奉天殿，頒詔如常儀。四日早，皇帝服袞冕御華蓋殿，親王八拜，次執事官五拜，遂陞奉天殿，百官進表，行慶賀禮。是日，太后及皇后各禮服陞座。親王入，八拜出，次內外命婦慶賀及外命婦進表箋，皆如常儀。五日行盥饋禮，尚膳監具膳脩。皇后禮服詣太后前，四拜。尚食以膳授皇后，皇后捧膳進於案，復位，四拜，退立於西南。俟膳畢，引出。

皇太子納妃儀

歷代之制與納后同。隋、唐以後，始親迎，天子臨軒醮戒。宋始行盥饋禮，明因之。

洪武元年定制，凡行禮，皆遣使持節，如皇帝大婚儀。

納采、問名。制曰：「奉制納某氏女爲皇太子妃，命卿等行納采問名禮。」至妃第，儐者出，詣使者前曰：「敢請事。」使者曰：「儲宮納配，屬於令德。邦有常典，使某行納采之禮。」儐者入告，主婚者曰：「臣某之子，昧於壼儀，不足以備采擇。恭承制命，臣某不敢辭。」儐者出告，使者入，陳禮物於庭，宣制曰：「某奉詔采擇。」奠雁禮畢，使者出。儐者復詣使者前曰：「敢請事。」使者曰：「儲宮之配，采擇既諧。〔三〕將加卜筮，奉制問名。」儐者入告，主婚者曰：「制以臣某之女，可以奉侍儲宮，臣某不敢辭。」儐者出告。使者復入，陳禮奠雁如儀，宣制曰：「臣某奉詔問名，將謀諸卜筮。」主婚者曰：「臣某第幾女，某氏出。」

次納吉。儐者請事如前，使者曰：「謀諸卜筮，其占協從，制使某告吉。」儐者入告，主婚者曰：「臣某之子蠢愚，懼弗克堪。卜筮云吉，惟臣之幸，臣謹奉典制。」儐者出告。使者入，陳禮奠雁如儀，宣制曰：「奉制告吉。」

又次納徵。儐者出告，使者入陳玉帛禮物，不奠雁，宣制曰：「某奉制告成。」

又次請期。辭曰：「詢於龜筮，某月某日吉，制使某告期。」主婚者曰：「敢不承命。」陳禮奠雁如儀。

又次告廟。遣使持節授册寶儀注，悉見前。

又次醮戒。皇帝服通天冠、絳紗袍，御奉天殿，百官侍立。引進導皇太子至丹陛，四拜。入殿東門就席位，東向立。司爵以醆進，〔三〕皇太子跪，搢圭，受醆祭酒。司饌以饌進，跪受亦如之。興，就席坐，飲食訖，導詣御座前跪。皇帝命之曰：「往迎爾相，承我宗事，勖帥以敬。」皇太子曰：「臣某謹奉制旨。」俯伏，興。出至丹陛，四拜畢，皇帝還宮，皇太子出。

又次親迎。前一日，有司設皇太子次於妃氏大門外，南向，東宮官次於南，東西相向。至日質明，東宮官具朝服陳鹵簿鼓吹於東宮門外。皇太子冕服乘輿出，侍衞導從如儀。至宮門，降輿升輅，東宮官皆從至妃第，回轅南向，降輅升輿。至次，降輿入就次，東宮官皆就次。

先是，皇太子將至，主婚者設會宴女。至期，妃服褕翟花釵，出就閤南面立，傅姆立於左右。主婚者具朝服立於西階之下。引進導皇太子出次，立於大門之東，西向。儐者朝服出，立於門東，曰：「敢請事。」引進跪啓訖，皇太子曰：「某奉制親迎。」引進受命興，承傳於儐者。儐者入告，導主婚者出迎於大門外之西，東向再拜。皇太子答拜。引進導皇太子入門而左，執雁者從。儐者導主婚者入門而右。皇太子陞東階進，立於閤門戶前，北向立。主婚者升西階，立於西，東向。引進啓奠雁，執雁者以雁進。皇太子受雁，以授主婚者。主婚者跪受，興，以授左右，退立於西。皇太子再拜，降自東階，出至次以伺。主婚者不降送。

初，皇太子入門，妃母出，立於閤門外，奠雁位之西，南向。皇太子拜訖，宮人傅姆導妃出，立於母左。主婚者命之曰：「戒之戒之，夙夜恪勤，毋或違命。」母命之曰：「勉之勉之，爾父有訓，往承惟欽。」庶母申之曰：「恭聽父母之言。」宮人傅姆擎執導從，妃乘輿出門，降輿，乘鳳轎。皇太子揭簾訖，遂升輅，侍從如來儀。至東宮門外，降輅乘輿。至閤，降輿入，俟於內殿門外之東，西面。司閨導妃詣內殿門外之西，東面。皇太子揖妃入，行合巹禮，如中宮儀。

又次朝見。其日，妃詣內殿陛下，候皇帝陞座。司閨導妃入，北面立，再拜，自西階升。宮人奉棗栗盤，進至御座前授妃。妃奠於御前，退復位，再拜。禮畢，詣皇后前，奉腶脩盤，如上儀。

又次醴妃，次盥饋，次謁廟，次羣臣命婦朝賀，皆如儀。

四年，册開平王常遇春女爲皇太子妃。禮部上儀注，太祖覽之曰：「贄禮不用筓，但用金盤，翟車用鳳轎，雁以玉爲之。古禮有親迎執綏御輪，今用轎，則揭簾是矣。其合巹，依古制用匏。妃朝見，入宮中，乘小車，以帷幕蔽之。謁廟，則皇太子俱往。禮成後三日，乃宴羣臣命婦。」著爲令。

成化二十二年更定婚禮。凡節册等案，俱由奉天左門出。皇太子親迎，由東長安門出。親迎日，妃服燕居服，隨父母家廟行禮。執事者具酒饌，妃飲食訖。父母坐堂上，妃詣前各四拜。父命之曰：「爾往大內，夙夜勤慎，孝敬無違。」母命之曰：「爾父有訓，爾當敬承。」合巹前，於皇太子內殿各設拜位。皇太子揖妃入就位，再拜，妃四拜，然後各升座。廟見後，百官朝賀，致詞曰：「某官臣某等，恭惟皇太子嘉禮既成，益綿宗社隆長之福。臣某等不勝欣忭之至，謹當慶賀。」帝賜宴如正旦儀。命婦詣太后皇后前賀，亦賜宴，致詞曰：「皇太子嘉聘禮成，益綿景福。」餘大率如洪武儀。

親王婚禮

唐制，皇子納妃，命親王主婚。宋皆皇帝臨軒醮戒，略與皇太子同。明因之。其宣制曰：「冊某氏爲某王妃。」納采，致詞曰：「某王之儷，屬於懿淑，使某行納采禮。」問名詞曰：「某既受命，將加諸卜筮，奉制問名。」主婚者曰：「制以臣某之子，可以奉侍某王，臣某不敢辭。」納吉詞曰：〔四〕「卜筮協從，使某告吉。」主婚者曰：「臣某之子，愚弗克堪。卜貺之吉，臣與有幸，謹奉典制。」納徵詞曰：「某王之儷，卜既協吉，制使某以儀物告成。」主婚者曰：「奉制賜臣以重禮，臣某謹奉典制。」請期詞曰：「某月日涓吉，制使某告期。」主婚者曰：「謹奉命。」醮戒命曰：「往迎爾相，用承厥家，勖帥以敬。」其親迎、合巹、朝見、盥饋，並如皇太子。盥饋畢，王皮弁服，妃翟衣，詣東宮前，行四拜禮。東宮坐受，東宮妃立受二拜，答二拜。王與妃至妃家，妃父出迎。王先入，妃父從之。至堂，王立於東，妃父母立於西。王四拜，妃父母立受二拜，答二拜。王中坐，其餘親屬見王，四拜，王皆坐受。妃入中堂，妃父母坐，妃四拜。其餘，序家人禮。

太祖之世，皇太子、皇子有二妃。洪武八年十一月徵衞國公鄧愈女爲秦王次妃，不傳制，不發册，不親迎。正副使行納徵禮，冠服擬唐、宋二品之制，儀仗視正妃稍減。婚之日，王皮弁服，導妃謁奉先殿。王在東稍前，妃西稍後。禮畢入宮，王與正妃正坐，次妃詣王前四拜，復詣正妃前四拜。次妃東坐，宴飲成禮。次日朝見，拜位如謁殿。謁中宮，不用棗栗腶脩，餘並同。

公主婚禮

古者天子嫁女，不自主婚，以同姓諸侯主之，故曰公主。唐猶以親王主婚。宋始不用，惟令掌婚者於內東門納表，則天子自爲主矣。明因之。

凡公主出降，行納采問名禮，壻家備禮物表文於家庭，望闕再拜。掌婚者奉至內東門，詣內使前曰：「朝恩貺室於某官某之子，某習先人之禮，使臣某請納采。」以表跪授內使。內使跪受，奉進內殿，執雁及禮物者從入。內使出，掌婚者曰：「將加卜筮，使臣某問名。」進表如初，內使出曰：「有制。」掌婚者跪，內使宣曰：「皇帝第幾女，封某公主。」掌婚者俯伏，興。入就次，賜宴出。

納吉儀與納采同。掌婚者致詞曰：「加諸卜筮，占曰從吉，謹使臣某敢告納徵。」壻家具玄纁、玉帛、乘馬、表文如儀。掌婚者致詞曰：「朝恩貺室於某官某之子某，有先人之禮，使臣某以束帛、乘馬納徵。」請期詞曰：「某命臣某謹請吉日。」

親迎日，壻公服告廟曰：「國恩貺室於某，以某日親迎，敢告。」將行，父醮於廳，隨意致戒。壻再拜出，至內東門內。內使延入次，執雁及奉禮物者各陳於庭。

其日，公主禮服辭奉先殿，詣帝后前四拜，受爵。帝后隨意訓戒。受命訖，又四拜。降階，內命婦送至內殿門外，公主陞輦。至內東門，降輦。壻揭簾，公主陞轎。壻出次立。執雁者以雁跪授壻，壻受雁，跪進於內使。內使跪受以授左右。壻再拜，先出，乘馬還。公主鹵簿車輅後發，公侯百官命婦送至府。壻先候於門。公主至，壻揭簾。公主降，同詣祠堂。壻東，公主西，皆再拜。進爵，讀祝，又再拜。出，詣寢室。壻公主相向再拜，各就坐，壻東，公主西。進饌合卺如儀，復相向再拜。明日，見舅姑。舅姑坐於東，西向。公主立於西，東向，行四拜禮。舅姑答二拜。第十日，駙馬朝見謝恩，行五拜禮。

初，洪武九年，太祖以太師李善長子祺爲駙馬都尉，尙臨安公主。先期告奉先殿。下嫁前二日，命使册公主。册後次日，謁奉先殿。又定駙馬受誥儀，吏部官捧誥命置龍亭，至太師府，駙馬朝服拜受。次日，善長及駙馬謝恩。後十日，始請婚期。二十六年稍更儀注。然儀注雖存，其拜姑舅及公主駙馬相向拜之禮，終明之世實未嘗行也。明年又更定公主、郡主封號、婚禮，及駙馬、儀賓品秩。

弘治二年册封仁和長公主，重定婚儀。入府，公主駙馬同拜天地，行八拜禮。堂內設公主座於東，西向，駙馬東向座，餘如前儀。嘉靖二年，工科給事中安磐等言：「駙馬見公主，行四拜禮，公主坐受二拜。雖貴賤本殊，而夫婦分定，於禮不安。」不聽。崇禎元年，教習駙馬主事陳鍾盛言：「臣教習駙馬鞏永固，駙馬黎明於府門外月臺四拜，云至三月後，則上堂、上門、上影壁，行禮如前。始視膳於公主前，公主飲食於上，駙馬侍立於旁，過此，方議成婚。駙馬餽菓餚書臣，公主答禮書賜，皆大失禮。夫既合巹，則儼然夫婦，安有跪拜數月，稱臣侍膳，然後成婚者？會典行四拜於合巹之前，明合巹後無拜禮也。以天子館甥，下同隸役，豈所以尊朝廷？」帝是其言，令永固卽擇日成婚。

凡選駙馬，禮部榜諭在京官員軍民子弟年十四至十六，容貌齊整、行止端莊、有家教者報名，司禮內臣於諸王館會選。不中，則博訪於畿內、山東、河南。〔五〕選中三人，欽定一人，餘二人送本處儒學，充廩生。自宣德時，駙馬始有教習，用學官爲之。正統以後，令駙馬赴監讀書習禮。嘉靖六年始定禮部主事一人，專在駙馬府教習。

品官婚禮

周制，凡公侯大夫士之婚娶者，用六禮。唐以後，儀物多以官品爲降殺。明洪武五年詔曰：「古之婚禮，結兩姓之歡，以重人倫。近世以來，專論聘財，習染奢侈。其儀制頒行，務從節儉，以厚風俗。」故其時品節詳明，皆有限制，後克遵者鮮矣。

其制，凡品官婚娶，或爲子聘婦，皆使媒氏通書。女氏許之，擇吉納采。主婚者設賓席。至日，具祝版告廟訖，賓至女氏第。主婚者公服出迎，揖賓及媒氏入。雁及禮物陳於廳。賓左主右，媒氏立於賓南，皆再拜。賓詣主人曰：「某官以伉儷之重施於某，某率循典禮，謹使某納采。」主婚者曰：「某之子弗嫺姆訓，旣辱采擇，敢不拜嘉。」賓主西東相向坐，〔六〕徹雁受禮訖，復陳雁及問名禮物。賓興，詣主婚者曰：「某官愼重婚禮，將加卜筮，請問名。」主婚者進曰：「某第幾女，妻某氏出。」或以紅羅，或以銷金紙，書女之第行年歲。賓辭，主婚者請禮從者。禮畢，送賓至門外。

納吉如納采儀。賓致詞曰：「某官承嘉命，稽諸卜筮，龜筮協從，使某告吉。」主婚者曰：「某未教之女，旣以吉告，其何敢辭。」納徵如納吉儀，加玄纁、束帛、函書，不用雁。賓致詞曰：「某官以伉儷之重，加惠某官，率循典禮。有不腆之幣，敢請納徵。」主婚者曰：「某官貺某以重禮，某敢不拜受。」賓以函書授主婚者，主婚者亦答以函書。請期，亦如納吉儀。

親迎日，壻父告於禰廟。壻北面再拜立，父命之曰：「躬迎嘉偶，釐爾內治。」壻進曰：「敢不承命。」再拜，媒氏導壻之女家。其日，女氏主婚者告廟訖，醴女如家人禮。壻至門，下馬，就大門外之次。女從者請女盛服，就寢門內，南向坐。壻出次，主婚者出迎於門外，揖而入。主婚者入門而右。壻入門而左，執雁者從，至寢戶前，北面立。主婚者立於戶東，西向。壻再拜，奠雁，出就次。主婚者不降送。〔七〕

壻既出，女父母南向坐，保母導女四拜。父命之曰：「往之女家，以順爲正，無忘肅恭。」母命之曰：「必恭必戒，毋違舅姑之命。」庶母申之曰：「爾忱聽於訓言，毋作父母羞。」保姆及侍女翼女出門，升車。儀衞導前，送者乘車後。

壻先還以俟。婦車至門，出迎於門內，揖婦入。及寢門，壻先升階，婦從升。入室，壻盥於室之東南，婦從者執巾進水以沃之；婦盥於室之西北，壻從者執巾進水以沃之。盥畢，各就座，壻東，婦西。舉食案，進酒，進饌。酒食訖，復進如初。侍女以巹注酒，進於壻婦前。各飲畢，皆興，立於座南，東西相向，皆再拜。壻婦入室，易服。壻從者餕婦之餘，婦從者餕壻之餘。

明日見宗廟，設壻父拜位於東階下，壻於其後；主婦拜位於西階下，婦於其後。諸親各以序分立。其日夙興，壻父以下各就位，再拜。贊禮引婦至庭中，北面立。壻父升自東階，詣神位前，跪。三上香，三祭酒，讀祝，興，立於西。婦四拜，退，復位。壻父降自西階就拜位，壻父以下皆再拜，禮畢。次見舅姑。其日，婦立堂下，伺舅姑即座，就位四拜。保姆引婦升自西階，至舅前，侍女奉棗栗授婦。婦進訖，降階四拜。詣姑前，進腶脩，如前儀。次舅姑醴婦，如家人禮。次盥饋。其日，婦家備饌至壻家。舅姑即座，婦四拜。升自西階，至舅前。從者舉食案以饌授婦，婦進饌，執事者加匕筯。進饌於姑，亦如之。食訖，徹饌，婦降階就位，四拜，禮畢。舅姑再醴婦，如初儀。

庶人婚禮

禮云「婚禮下達」，則六禮之行，無貴賤一也。朱子家禮無問名、納吉，止納采、納幣、請期。洪武元年定制用之；下令禁指腹、割衫襟爲親者。凡庶人娶婦，男年十六，女年十四以上，並聽婚娶。壻常服，或假九品服，婦服花釵大袖。其納采、納幣、請期，略倣品官之儀。有媒無賓，詞亦稍異。親迎前一日，女氏使人陳設於壻之寢室，俗謂之鋪房。至若告詞、醮戒、奠雁、合卺，並如品官儀。見祖禰舅姑，舅姑醴婦，亦略相準。

皇帝視學儀

禮曰：「凡始立學者，必釋奠於先聖先師。」周末淪喪，禮廢不行。漢明帝始幸辟雍。唐以後，天子視學，始設講榻。洪武十五年，太祖將幸國子監。議者言，孔子雖聖，乃人臣，禮宜一奠而再拜。太祖不從，命禮部尚書劉仲質定其制。

前期設御幄於大成門東，南向，設御座於彝倫堂。至日，學官率諸生迎駕於成賢街左。皇帝入御幄，具皮弁服，詣先師神位，再拜。獻爵，復再拜。四配、十哲、兩廡分獻，如常儀。皇帝入御幄，易常服。升輿，至彝倫堂升座。學官諸生五拜叩頭，東西序立於堂下。三品以上及侍從官，以次入堂，東西序立。贊進講，祭酒、司業、博士、助教四人由西門入，至堂中。贊舉經案於御前，禮部官奏，請授經於講官。祭酒跪受。賜講官坐。及以經置講案，叩頭，就西南隅几榻坐講。賜大臣翰林儒臣坐，皆叩頭，序坐於東西，諸生圜立以聽。講畢，叩頭，退就本位。司業、博士、助教，各以次進講。出堂門，復位。贊宣制，學官諸生列班俱北面跪，聽宣諭，五拜叩頭。禮畢，學官諸生出成賢街送駕。明日，祭酒率學官上表謝恩。

永樂四年，禮部尚書鄭賜引宋制，請服鞾袍，再拜。帝不從，仍行四拜禮。進講畢，賜百官茶。禮部請立視學之碑，帝親製文勒石。祭酒等表謝。帝御奉天門，賜百官宴，仍賜祭酒、司業紵絲羅衣各二襲，學官三十五人各紵絲衣一襲，監生三千餘人各鈔五錠。正統九年，帝幸國子監，〔八〕如儀。禮畢，賜公、侯、伯、駙馬、武官都督以上、文官三品以上及翰林學士至檢討、國子監祭酒至學錄宴。

先是，視學祭先師，不設牲，不奏樂。至成化元年，始用牲樂。視學之日，樂設而不作。禮畢，百官慶賀，賜衣服，賜宴，皆及孔、顏、孟三氏子孫。弘治元年定先期致齋一日，奠加幣，牲用太牢，改分獻官爲分奠官。嘉靖元年定衍聖公率三氏子孫，祭酒率學官諸生，上表謝恩，皆賜宴於禮部。十二年以先師祀典既正，再視學，命大臣致奠啓聖公祠。萬曆四年定次日行慶賀禮，頒賞如舊，免賜宴。

初，憲宗取三氏子孫赴京觀禮，又命衍聖公分獻。至世宗命衍聖公及顏、孟二博士，孔氏老成者五人，顏、孟各二人，赴京陪祀。

經筵

明初無定日，亦無定所。正統初，始著爲常儀，以月之二日御文華殿進講，月三次，寒暑暫免。其制，勳臣一人知經筵事，內閣學士或知或同知。尚書、都御史、通政使、大理卿及學士等侍班，翰林院、春坊官及國子監祭酒二員進講，春坊官二員展書，給事中御史各二員侍儀，鴻臚寺、錦衣衞堂上官各一員供事，鳴贊一贊禮，序班四舉案，勳臣或駙馬一人領將軍侍衞。

禮部擇吉請，先期設御座於文華殿，設御案於座東稍南，設講案於案南稍東。是日，司禮監先陳所講四書、經、史各一册置御案，一册置講案，皆四書東，經、史西。講官各撰講章置册內。帝升座，知經筵及侍班等官於丹陛上，五拜三叩頭。後每講止行叩頭禮。以次上殿，東西序立。序班二員，舉御案於座前，二員舉講案置御案南正中。鴻臚官贊進講。講官二員從東西班出，詣講案前，北向並立。東西展書官各至御案南銅鶴下，相向立。鴻臚官贊講官拜，興。東班展書官詣御案前，跪展四書，退立於東鶴下。講官至講案前立，奏講某書，講畢退。展書官跪掩書，仍退立鶴下。西班展書官展經或史，講官進講，退，如初。鴻臚官贊講官拜，興。各退就東西班，展書官隨之，序班徹御案講案。禮畢，命賜酒飯。各官出至丹陛，行叩頭禮。至左順門，酒飯畢，入行叩頭禮。

隆慶元年定先一日告奉先殿，告几筵。是日，帝詣文華殿左室，展禮先聖先師。講章於前兩日先進呈覽。萬曆二年定春講以二月十二日起，至五月初二日止，秋講以八月十二日起，至十月初二日止，不必題請。

日講〔九〕

日講，御文華穿殿，止用講讀官內閣學士侍班，不用侍儀等官。講官或四或六。開讀初，吉服，五拜三叩首，後常服，一拜三叩首。閣臣同侍於殿內，候帝口宣「先生來」，同進，叩首，東西立。讀者先至御前一揖，至案展書，壓金尺，執牙籤。讀五過，掩書一揖退。先書，次經，次史，進講如讀儀。侍書官侍習書畢，各叩頭退。於文華殿賜茶，文華門賜酒飯。午講，隆慶六年定。每日早講畢，帝進煖閣少憩，閱章奏。閣臣等退西廂房。久之，率講官再進午講，講通鑑節要及貞觀政要。講畢，帝還宮。凡三、六、九視朝日，暫免講讀。

又嘉靖六年定制，月三、八日，經筵日講官二員，講大學衍義。十年定無逸殿講儀。質明，帝常服乘輦至殿門，衆官於門外迎候。帝降輦，乘板輿，至殿升座。各官於殿門外一拜三叩首，入內，東西序立。贊進講，講官大學士一員出班叩首。命賜坐，一叩首，乃坐。講畢，展書官跪掩講章，講官叩頭復班。又學士一員承旨坐講，如初禮畢。各官至豳風亭候駕至，亭內賜宴。

東宮出閣講學儀

太祖命學士宋濂授皇太子、諸王經於大本堂，後於文華後殿。世宗改爲便殿，遂移殿東廂。天順二年定出閣儀。是日早，侍衛侍儀如常。執事官於文華後殿四拜，鴻臚官請皇太子升殿，師保等官於丹陛上四拜。各官退出，內侍導皇太子至後殿升座，以書案進。侍班侍讀講官入，分班東西立。內侍展書，侍讀講官以次進讀講，叩頭而退。

其每日講讀儀，早朝退後，皇太子出閣升座，〔一〇〕不用侍衛等官，惟侍班侍讀講官入，行叩頭禮。內侍展書，先讀四書，則東班侍讀官向前，伴讀十數遍，退復班。次讀經或史，則西班伴讀，亦如之。讀畢，各官退。至巳時，各官入，內侍展書，侍講官講早所讀四書畢，退班。次講經史亦然。講畢，侍書官侍習寫字。寫畢，各官叩頭退。凡讀書，三日後一溫，背誦成熟。溫書之日，不授新書。凡寫字，春夏秋日百字，冬日五十字。凡朔望節假及大風雨雪、隆寒盛暑，則暫停。

弘治十一年更定，三師三少幷宮僚於丹陛四拜畢，從殿左右門入，東西立。候講讀畢，叩頭退。隆慶六年改設皇太子座於文華殿之東廂，正中西向。每日講讀各官，先詣文華門外東西向，序立。候帝御日講經筵畢，皇太子出閣升座。凡東宮初講時，閣臣連侍五日，後每月三、八日一至，先拜出，然後各官入。崇禎十一年，署禮部事學士顧錫疇言：「東宮嘉禮告成，累朝錫賚有據。實錄載成化十五年，皇太子出閣講學，六卿皆加保、傅。弘治十年，皇太子出閣講學，內閣徐溥等四人、尚書馬文升等七人，俱加宮保。」帝命酌議行之。

諸王讀書儀

書堂在皇極門右廂。講官選部曹或進士改授翰林官充之。天順二年定，初入書堂，其日早，王至右順門之北書堂，面東，中坐。提督講讀幷講讀官行四拜禮。內官捧書展於案上，就案左坐。講讀官進立於案右，伴讀十遍，叩頭退。每日講讀，淸晨，王至書堂，講讀官行叩頭禮，伴讀十遍，出。飯後，復詣堂伴看寫字。講書畢，仍叩頭退。萬曆六年定，書堂設中座，書案在左，寫字案在右。輔臣率講讀侍書官候於門外。王入書堂，傳令旨「先生進」。輔臣率各官入，四拜，分班侍立。講讀官以次授書各十遍訖，令旨「先生喫酒飯」。各官出，王暫入堂南間少憩。輔臣各率官入。令旨「先生進」，遂入分班侍立。侍書官看寫字，講讀以次進講畢，各官一拜出。

校勘記

〔一〕捧册寶官捧册寶　上一「捧」字原作「授」，據明史稿志三七禮志、英宗實錄卷九二正統七年五月庚申條、明會典卷六七改。

〔二〕采擇既諧　諧，原作「詣」，據明史稿志三七禮志、太祖實録卷三四洪武元年十二月癸酉條改。

〔三〕司爵以醆進　醆，原作「餞」，據下文及明史稿志三七禮志、大明集禮卷二六改。

〔四〕納吉詞曰　詞，原作「辭」，據上下文及明史稿志三七禮志改。

〔五〕則博訪於畿内山東河南　河南，原作「河内」，據明史稿志三七禮志、明會典卷七〇改。

〔六〕賓主西東相向坐　西東，原作「西南」，據明史稿志三七禮志、太祖實録卷三四洪武元年十二月癸酉條、明會典卷七一改。太祖實録作：「主婚者揖賓就西向坐，主婚者東向坐。」

〔七〕壻再拜奠雁出就次主婚者不降送　送，原作「迎」，據明史稿志三七禮志、太祖實録卷三四洪武元年十二月癸酉條、明會典卷七一改。

〔八〕正統九年帝幸國子監　九年，原作「五年」，據本書卷一〇英宗前紀、明史稿志三七禮志、英宗實録卷一一四正統九年三月辛亥條改。

〔九〕日講　原無此標題，據卷目增。

〔一〇〕皇太子出閣升座　閣，原作「閤」，「閤」、「閣」通，本書中二字錯出。爲别於外廷以閣爲名之機構如内閣等，今據本志卷目、上文及明會典卷五二，將皇子居處作「閤」者統改從「閣」。

明史卷五十六

志第三十二

禮十 嘉禮四 賓禮

巡狩之制

永樂六年北巡，禮部行直省，凡有重事及四夷來朝與進表者，俱達行在所，小事達京師啓聞。車駕將發，奏告天地、社稷、太廟、孝陵，祭大江、旗纛等神，軷祭於承天門。緣途當祭者，遣官祭。將至北京，設壇祭北京山川等神。車駕至，奏告天地，祭境內山川。扈從馬步軍五萬。侍從，五府都督各一，吏、戶、兵、刑四部堂上官各一，禮、工二部堂上官各二，都察院堂上官一，御史二十四，給事中十九，通政、大理、太常、光祿、鴻臚堂上官共二十，翰林院、內閣官三，侍講、修撰、典籍等官六，六部郎官共五十四，餘不具載。車駕將發，宴羣臣，賜扈從官及軍校鈔。至北京，宴羣臣、耆老，賜百官及命婦鈔。所過郡縣，官吏、生員、耆老朝見，分遣廷臣覈守令賢否，卽加黜陟。給事、御史存問高年，賜幣帛酒肉。

嘉靖十八年幸承天。先期親告上帝於玄極寶殿。同日，告皇祖及睿宗廟，遣官分告北郊及成祖以下諸廟、社稷、日月、神祇。駕出正陽門，后妃輦轎從。錦衣衞設欽製武陣駕，衞卒八千，奉輿輦，執儀仗。衞指揮前驅。武重臣二員留守，兵部尚書參贊機務，各賜敕行事。分命文武重臣，出督宣大、薊州、山海關，行九邊，亦各賜敕。皇城及京城諸門，皆命文武大臣各一員坐守。設警備扈駕官軍六千。駕發，百官吉服送於彰義關外。〔一〕扈從官軍，略如永樂時數。先發在途者免朝參，惟禮兵二部、鴻臚、太常、科道糾儀官及光祿寺從行。

過眞定，望祭北嶽。帝常服，從臣大臣及巡撫都御史吉服行禮。衞輝，遣官祭濟瀆。鈞州，望祭中嶽；滎澤，祭河；禮如北嶽。南陽，遣祭武當山。途次古帝王、聖賢、忠臣、烈士祠墓，遣官致祭。撫、按、三司迎於境上，至行宮，吉服朝見。生員耆老，俱三十里外迎。所過王府，親王常服候駕，隨至行宮，冕服朝見。賜宴，宗室不許出。至承天，詣獻皇帝廟謁告。越四日，行告天禮於龍飛殿丹陛上，奉獻皇帝配。更皮弁服，詣國社稷及山川壇行禮。次日，謁顯陵。次日，從駕官上表賀，遂頒詔如儀。回京，親謝上帝、皇祖、皇考，分遣官告郊、廟、社稷、羣神，行禮如初。〔三〕

東宮監國

古制，太子出曰「撫軍」，守曰「監國」。三代而下，惟唐太子監國，結雙龍符，而其儀不著。

永樂七年，駕幸北京，定制。凡常朝，皇太子於午門左視事。左右侍衞及各官啓事如常儀。若御文華殿，承旨召入者方入。凡內外軍機及王府急務，悉奏請。有邊警，即調軍剿捕，仍馳奏行在。皇城及各門守衞，皆增置官軍。遇聖節、正旦、冬至，皇太子率百官於文華殿前拜表，行十二拜禮。表由中門出，皇太子由左門送至午門，還宮。百官導至長安右門外，文五品、武四品以上，及近侍官、監察御史，俱乘馬導至三山門外，以表授進奏官。至期，告天祝壽，行八拜禮。其正旦、冬至、千秋節，百官於文華殿慶賀如常儀。凡享太廟及社稷諸神之祭，先期敕皇太子攝祭，其祀典神祇，太常寺於行在奏聞，遣官行禮。凡四夷來朝，循例賜宴，命禮部遣送行在所。凡詔書至，設龍亭儀仗大樂，百官朝服，出三山門外奉迎。皇太子冕服迎於午門前，至文華殿，行五拜三叩頭禮，升殿展讀。使者捧詔置龍亭中，皇太子送至午門外。禮部官置詔書雲輿中，文武二品以上官迎至承天門，開讀如儀。以鼓樂送使者詣會同館。使者見皇太子，行四拜禮，賜宴於禮部。

十二年北征，復定制。常朝於文華殿視事，文武啓事，俱達北京。嘉靖十八年南巡，命皇太子監國。時太子幼，命輔臣一人居守，軍國機務悉聽啓行。

皇太孫監國

永樂八年，帝自北京北征。時皇太子已監國於南，乃命皇長孫居北京監國。時宣宗未冠，及冠始加稱皇太孫云。

其制，每日皇長孫於奉天門左視事，侍衞如常儀。諸司有事，具啓施行。若軍機及王府要務，一啓皇太子處分，一奏聞行在所。聖節，設香案於奉天殿，行禮如常儀。天下諸司表文俱詣北京。四夷朝貢俱送南京。武選及官民有犯，大者啓皇太子，小者皇長孫行之。皇親有犯，啓皇太子所。犯情重及謀逆者，即時拘執，命皇親會問。不服，乃命公、侯、伯、五府、六部、都察院、大理寺會皇親再問，啓皇太子，候車駕回京，奏請處分。

頒詔儀

凡頒命四方，有詔書，有赦書，有敕符、丹符，有制諭、手詔。詔赦，先於闕廷宣讀，然後頒行。敕符等，則使者齎付所授官，秘不敢發。開讀迎接，儀各不同。

洪武二十六年定頒詔儀。設御座於奉天殿，設寶案於殿東，陳中和韶樂於殿內，設大樂於午門及承天門外，設宣讀案於承天門上，西南向。清晨，校尉擎雲蓋於殿內簾前，百官朝服班承天門外，公侯班午門外，東西向。皇帝皮弁服，升殿如儀。禮部官捧詔書詣案前，用寶訖，置雲蓋中。校尉擎雲蓋，由殿東門出。大樂作，自東陛降，由奉天門至金水橋南午門外。樂作，公侯前導，迎至承天門上。鳴贊唱排班，文武官就位，樂作。四拜，樂止。宣讀展讀官升案，稱有制，衆官跪。禮部官捧詔書，授宣讀官。宣訖，禮部官捧置雲蓋中。贊禮唱俯伏興，樂作。四拜，樂止。舞蹈山呼，又四拜。儀禮司奏禮畢，駕興。禮部官捧詔書分授使者，百官退。

嘉靖六年續定，鴻臚官設詔案，錦衣衛設雲蓋盤於奉天殿內東，別設雲盤於承天門上，設綵輿於午門外，鴻臚官設宣讀案於承天門上。百官入丹墀侍立，帝冕服升座，如朝儀。翰林院官捧詔書從，至御座前東立。百官入班，四拜，出至承天門外。贊頒詔，翰林院官捧詔書授禮部官，捧至雲盤案上。校尉擎雲蓋，俱從殿左門出，至午門外，捧詔置綵輿內。公侯伯三品以上官前導，迎至承天門上，宣讀贊拜，俱如上儀。禮部官捧詔書授錦衣衞官，置雲匣中，以綵索繫之龍竿，頒降。禮部官捧置龍亭內，鼓樂迎至禮部，授使者頒行。隆慶六年，詔出至皇極門，卽奏禮畢，駕還。

迎接詔赦儀

洪武中定。凡遣使開讀詔赦，本處官具龍亭儀仗鼓樂，出郭迎。使者下馬，奉詔書置龍亭中，南向，本處官朝服行五拜禮。衆官及鼓樂前導，使者上馬隨龍亭後，至公廨門。衆官先入，文武東西序立，候龍亭至，排班四拜。使者捧詔授展讀官，展讀官跪受，詣開讀案。宣讀訖，捧詔授朝使，仍置龍亭中。衆官四拜，舞蹈山呼，復四拜畢。班首詣龍亭前，跪問皇躬萬福，使者鞠躬答曰：「聖躬萬福。」衆官退，易服見使者，並行兩拜禮。復具鼓樂送詔於官亭。如有出使官在，則先守臣行禮。

進書儀〔三〕

進書儀惟實錄最重。皇帝具袞冕，百官朝服，進表稱賀。其餘纂修書成，則以表進。重錄書及玉牒，止捧進。茲詳載進實錄儀，餘可推見云。

建文時，太祖實錄成，其進儀無考。永樂元年，重修太祖實錄成。設香案於奉天殿丹陛正中，表案於丹陛之東，設寶輿於奉天門，設鹵簿大樂如儀。史官捧實錄置輿中，帝御殿如大朝儀。百官詣丹墀左右立，鴻臚官引寶輿至丹陛上，史官舉實錄置於案，遂入班。鴻臚官奏進實錄，序班舉實錄案，以次由殿中門入，班首由左門入。帝興，序班以實錄案置於殿中。班首跪於案前，贊史官皆跪。序班并內侍官舉實錄案入謹身殿，置於中。帝復座。贊俯伏，班首俯伏，興。復位，贊四拜。贊進表，序班舉表案，由左門入，置於殿中。贊宣表，贊衆官皆跪。宣訖，俯伏，興，四拜。進實錄官退於東班，百官入班。鴻臚官奏慶賀，各官四拜興。贊有制，史官仍入班。贊跪，宣制云：「太祖高皇帝、高皇后功德光華，纂述詳實。朕心歡慶，與卿等同之。」宣訖，俯伏興，三舞蹈，又四拜，禮畢。

萬曆五年，世祖實錄成，續定進儀。設寶輿、香亭、表亭於史館前，帝袞冕御中極殿，百官朝服侍班。監修、總裁、纂修等官，朝服至館前。監修官捧表置表亭中，纂修官捧實錄置寶輿中，鴻臚官導迎。用鼓樂傘蓋，由會極門下堦，至橋南，由中道行。監修、總裁等官隨表亭後，由二橋行至皇極門。實錄輿由中門入，表亭由左門入，至丹墀案前。監修官捧表置於案，纂修官捧實錄置於案，俱侍立於石墀東。內殿百官行禮訖，帝出御皇極殿。監修、總裁等官入，進實錄、進表俱如永樂儀。次日，司禮監官自內殿送實錄下殿，仍置寶輿中，用傘蓋，與監修總裁官同送皇史宬尊藏。

進表箋儀

明初定制，凡王府遇聖節及冬至、正旦，先期陳設畢。王冕服就位四拜，詣香案前跪。進表訖，復位，四拜，三舞蹈，山呼，又四拜。百官朝服，隨班行禮。進中宮箋儀如之，惟不舞蹈山呼。進皇太子箋，王皮弁服，行八拜禮，百官朝服，隨班行禮。

凡進賀表箋，皇子封王者，於天子前自稱曰「第幾子某王某」，稱天子曰「父皇陛下」，皇后曰「母后殿下」。若孫，則自稱曰「第幾孫某王某」，稱天子曰「祖父皇帝陛下」，皇后曰「祖母皇后殿下」。若弟，則自稱曰「第幾弟某封某」，稱天子曰「大兄皇帝陛下」，皇后曰「尊嫂皇后殿下」。姪則自稱曰「第幾姪某封某」，稱天子曰「伯父皇帝陛下」，「叔父皇帝陛下」，皇后曰「伯母皇后殿下」，「叔母皇后殿下」。若尊屬，則自稱曰「某封臣某」，稱天子曰「皇帝陛下」，皇后曰「皇后殿下」。若從孫以下，則稱「從孫、再從孫、三從孫某封某」，皆稱皇帝皇后曰「伯祖、叔祖皇帝陛下」，「伯祖母、叔祖母皇后殿下」。至世宗時，始令各王府表箋，俱用聖號，不得用家人禮。

凡在外百官進賀表箋，前一日，結綵於公廨及街衢。文武官各齋沐，宿本署。淸晨，設龍亭於庭中，設儀仗鼓樂於露臺，設表箋案於龍亭前，香案於表箋案前，設進表箋官位於龍亭東。鼓初嚴，各官具服。次嚴，班首具服詣香案前，滌印用印訖，以表箋置於案，退立幕次。三嚴，各官入班四拜，班首詣香案前。贊跪，衆官皆跪。執事者以表箋跪授班首，班首跪授進表官，進表官跪受，置龍亭中。班首復位，各官皆四拜，三舞蹈，山呼，四拜。金鼓儀仗鼓樂百官前導，進表官在龍亭後東。至郊外，置龍亭南向，儀仗鼓樂陳列如前，文武官侍立。班首取表箋授進表官，進表官就於馬上受表，卽行，百官退。

鄉飲酒禮

記曰：「鄉飲酒之禮廢，則爭鬬之獄繁矣。」故儀禮所記，惟鄉飲之禮達於庶民。自周迄明，損益代殊，而其禮不廢。洪武五年詔禮部奏定鄉飲禮儀，命有司與學官率士大夫之老者，行於學校，民間里社亦行之。十六年詔班鄉飲酒禮圖式於天下，每歲正月十五日、十月初一日，於儒學行之。

其儀，以府州縣長吏爲主，以鄉之致仕官有德行者一人爲賓，擇年高有德者爲僎賓，其次爲介，又其次爲三賓，又其次爲衆賓，教職爲司正。贊禮、贊引、讀律，皆使能者。

前期，設賓席於堂北兩楹之間，少西，南面；主席於阼階上，西面；介席於西階上，東面；僎席於賓東，南面；三賓席於賓西，南面。皆專席不屬。衆賓六十以上者，席於西序，東面北上。賓多則設席於西階，北面東上；僚佐席於東序，西面北上。設衆賓五十以下者，位於堂下西階之西，當序，東面北上。賓多則又設位於西階之南，北面東上。司正及讀律者，位於堂下阼階之南，北面西上。設主之贊者位於阼階之東，西面北上。設主及僚佐以下次於東廊，賓介及衆賓次於庠門之外，僎次亦在門外。設酒尊於堂上東南隅，加勺冪，用葛巾；爵洗於阼階下東南；篚一於洗西，實以爵觶；盥洗在爵洗東。設卓案於堂上下席位前，陳豆於其上。六十者三豆，七十者四豆，八十者五豆，九十者六豆，堂下者二豆。主人豆如賓之數，皆實以葅醢。

至期，賓將及門，執事者進報曰：「賓至。」主人率僚屬出迎於門外，主西面，賓以下皆東面。三揖三讓，而後升堂，相向再拜，升坐。執事者報僎至，迎坐如前儀。贊禮唱司正揚觶。司正詣盥洗位，次詣爵洗位，取觶於篚，洗觶。升自西階，詣尊所酌酒，進兩楹之間，北面立。在坐者皆起，司正揖，僎賓以下皆報揖。司正乃舉觶，言曰：「恭惟朝廷，率由舊章。敦崇禮教，舉行鄉飲，非爲飲食。凡我長幼，各相勸勉。爲臣竭忠，爲子盡孝，長幼有序，兄友弟恭。內睦宗族，外和鄉里，無或廢墜，以忝所生。」言畢，贊禮唱司正飲酒。飲畢，揖報如初。司正復位，僎賓以下皆坐。贊禮唱讀律令，執事舉律令案於堂之中。讀律令者詣案前，北向立讀，皆如揚觶儀。有過之人俱赴正席立聽，讀畢復位。贊禮唱供饌，執事者舉饌案至賓前，次僎，次介，次主，三賓以下各以次舉訖。贊禮唱獻賓，主降詣盥洗及爵洗位，洗爵酌酒，至賓前，置於席。稍退，兩拜，賓答拜。又詣僎前，亦如之。主退復位。贊禮唱賓酬酒，賓起，僎從之，詣盥洗爵洗位如儀。至主前，置爵。賓、僎、主皆再拜，各就坐。執事者於介、三賓、衆賓以下，以次斟酒訖。贊禮唱飲酒，或三行，或五行。供湯三品畢。贊禮唱徹饌，在坐者皆興。僎、主、僚屬居東，賓、介、三賓、衆賓居西，皆再拜。贊禮唱送賓，以次下堂，分東西行，仍三揖出庠門而退。里中鄉飲略同。

二十二年，命凡有過犯之人列於外坐，同類者成席，不許雜於善良之中，著爲令。

三曰賓禮，以待蕃國之君長與其使者。宋政和間，詳定五禮，取周官司儀掌九儀賓客擯相，詔王南鄉以朝諸侯之義，故以朝會儀列爲賓禮。按古之諸侯，各君其國，子其民，待以客禮可也，不可與後世之臣下等。茲改從其舊，而百官庶人相見之禮附焉。

蕃王朝貢禮

蕃王入朝，其迎勞宴饗之禮，惟唐制爲詳。宋時，蕃國皆遣使入貢，所接見惟使臣而已。

明洪武二年定制。凡蕃王至龍江驛，遣侍儀、通贊二人接伴。館人陳蕃王座於廳西北，東向。應天府知府出迎，設座於廳東南，西向。以賓主接見。宴畢，知府還，蕃王送於門外。明日，接伴官送蕃王入會同館，禮部尙書卽館宴勞。尙書至，蕃王服其國服相見。宴饗迎送俱如龍江驛。酒行，用樂。明日，中書省奏聞，命官一員詣館，如前宴勞。侍儀司以蕃王及從官具服，於天界寺習儀三日，擇日朝見。

設蕃王及從官次於午門外，蕃王拜位於丹墀中道，稍西，從官在其後。設方物案於丹墀中道東西。知班二，位於蕃王拜位北，引蕃王舍人二，位於蕃王北，引蕃王從官舍人二，位於蕃王從官北，俱東西相向。〔四〕鼓三嚴，百官入侍。執事舉方物案，蕃王隨案由西門入，至殿前丹墀西，俟立。皇帝服通天冠、絳紗袍御殿。蕃王及從官各就拜位，以方物案置拜位前。贊四拜訖，引班導蕃王升殿。宣方物官以方物狀由西陛升，入殿西門，內贊引至御前。贊拜，蕃王再拜，跪，稱賀致詞。宣方物官宣狀。承制官宣制訖，蕃王俯伏，興，再拜，出殿西門，復位。贊拜，蕃王及其從官皆四拜。禮畢，皇帝興，蕃王以下出。樂作樂止皆如常。

見皇太子於東宮正殿，設拜位於殿外。皇太子皮弁服升座，蕃王再拜，皇太子立受。蕃王跪稱賀，致詞訖，復位再拜，皇太子答拜。蕃王出，其從官行四拜禮。見親王，東西相向再拜，王答拜。俱就座，王座稍北。禮畢，揖而出。見丞相、三公、大都督、御史大夫皆鈞禮。蕃王陛辭，如朝見儀，不傳制。中書省率禮部官送至龍江驛，宴如初。

二十七年四月，以舊儀煩，命更定。凡蕃國來朝，先遣禮部官勞於會同館。明日，各具其國服，如嘗賜朝服者則服朝服，於奉天殿朝見。行八拜禮畢，卽詣文華殿朝皇太子，行四拜禮。見親王，亦如之，王立受，答後二拜。從官隨蕃王後行禮。凡遇宴會，蕃王居侯伯之下。

凡蕃國遣使朝貢，至驛，遣應天府同知禮待。明日至會同館，中書省奏聞，命禮部侍郎於館中禮待如儀。宴畢，習儀三日，擇日朝見。陳設儀仗及進表，俱如儀。承制官詣使者前，稱有制。使者跪，宣制曰：「皇帝問使者來時，爾國王安否？」使者答畢，俯伏，興，再拜。承制官稱有後制，使者跪。宣制曰：「皇帝又問，爾使者遠來勤勞。」使者俯伏，興，再拜。承制官復命訖，使者復四拜。禮畢，皇帝興，樂作止如儀。見東宮四拜，進方物訖，復四拜。

謁丞相、大都督、御史大夫，再拜。獻書，復再拜。見左司郎中等，皆鈞禮。

凡錫宴，陳御座於謹身殿。設皇太子座於御座東，諸王座於皇太子下，西向，設蕃王座於殿西第一行，東向，設文武官座於第二、第三行，東西向。酒九行，上食五次，大樂、細樂間作，呈舞隊。蕃國從官坐於西廡下，酒數食品同，不作樂。東宮宴蕃王，殿上正中設皇太子座，設諸王座於旁，東西向；蕃王座於西偏，諸王之下，東向；三師、賓客、諭德位於殿上第二行，東西向；蕃王從官及東宮官位於西廡，東向北上。和聲郎陳樂，光祿寺設酒饌，俱如謹身殿儀。或宰相請旨宴勞，則設席於中書省後堂，賓西主東。設蕃王從官及左右司官坐於左司。教坊司陳樂於堂及左司南楹。蕃王至省門外，省官迎入，從官各從其後。升階就坐，酒七行，食五品，作樂，雜陳諸戲。宴畢，省官送至門外。都督府御史臺宴如之。

其宴蕃使，禮部奉旨錫宴於會同館。館人設坐次及御酒案，教坊司設樂舞，禮部官陳龍亭於午門外。光祿寺官請旨取御酒，置龍亭，儀仗鼓樂前導。至館，蕃使出迎於門外。執事者捧酒由中道入，置酒於案。奉旨官立於案東，稱有制，使者望闕跪。聽宣畢，贊再拜。奉旨官酌酒授使者，北面跪飲畢，又再拜。各就坐，酒七行，湯五品，作樂陳戲如儀。宴畢，奉旨官出，使者送至門外。皇太子錫宴，則遣宮官禮待之。省府臺亦置酒宴會，酒五行，食五品，作樂，不陳戲。

遣使之蕃國儀

凡遣使、賜璽綬及問遺慶弔，自漢始。唐使外國，謂之入蕃使，宋謂之國信使。明祖既定天下，分遣使者奉詔書往諭諸國，或降香幣以祀其國之山川。撫柔之意甚厚，而不傷國體，視前代爲得。

凡遣使，翰林院官草詔。至期，陳設如常儀。百官入侍，皇帝御奉天殿。禮部官捧詔書，尚寶司奏用寶，以黃銷金袱裹置盤中，置於案。使者就拜位四拜，樂作止如儀。承制官至丹陛稱有制，使者跪。宣制曰：「皇帝敕使爾某詔諭某國，爾宜恭承朕命。」宣訖，使者俯伏，興，四拜。禮部官奉詔降自中陛，以授使者。使者捧出午門，置龍亭內。駕興，百官出。

使者入蕃國境，先遣人報於王，王遣使遠接。前期於國門外公館設幄結綵，陳龍亭香案，備金鼓儀仗大樂。又於城內街巷結綵，設闕亭於王殿上，設香案於其前。設捧詔官位殿陛之東北，宣詔展詔官以次南，俱西向。詔使至，迎入館。王率國中官及耆老出迎於國門外，行五拜禮。儀仗鼓樂導龍亭入，使者隨之。至殿上，置龍亭於正中。使者立香案東，蕃王位殿庭中北向，衆官隨之。使者南向立，稱有制，蕃王以下皆四拜。蕃王升自西階，詣香案前跪。三上香，俯伏，興，衆官同。蕃王復位。使者詣龍亭前，取詔書授捧詔官。捧詔官捧詔開讀案，授宣詔官。宣詔官受詔，展詔官對展，蕃王以下皆跪聽。宣訖，仍以詔置龍亭。蕃王以下皆俯伏，興，四拜，三舞蹈，復四拜。凡拜皆作樂。禮畢，使者以詔書付所司頒行。蕃王與使者分賓主行禮。

其賜蕃王印綬及禮物，宣制曰：「皇帝敕使爾某，授某國王印綬，爾其恭承朕命。」至蕃國，宣制曰：「皇帝敕使某，持印賜爾國王某，并賜禮物。」餘如儀。

蕃國遣使進表儀

洪武二年定。所司於王宮及國城街巷結綵，設闕庭於殿上正中。前設表箋案，又前設香案。使者位於香案東，捧表箋二人於香案西。設龍亭於殿庭南正中，儀仗鼓樂具備。清晨，司印者陳印案於殿中，滌印訖，以表箋及印俱置於案。王冕服，衆官朝服。詣案前用印畢，用黃袱裹表，紅袱裹箋，各置於匣中，仍各以黃袱裹之。捧表箋官捧置於案。引禮引王至殿庭正中，衆官位其後。贊拜，樂作。再拜，樂止。王詣香案前跪，衆官皆跪，三上香訖。捧表官取表東向跪進王，王授表以進於使者。使者西向跪受，興，置於案。贊興，王復位。贊拜，樂作，王與衆官皆四拜。樂止，禮畢。捧表箋官捧表前行，置於龍亭中，金鼓儀仗鼓樂前導。王送至宮門外，還；衆官朝服送至國門外。使者乃行。

品官相見禮

凡官員揖拜，洪武二十年定，公、侯、駙馬相見，各行兩拜禮。一品官見公、侯、駙馬，一品官居右，行兩拜禮，公、侯、駙馬居左，答禮。二品見一品，亦如之。三品以下倣此。若三品見一品，四品見二品，行兩拜禮。一品二品答受從宜，餘品倣此。如有親戚尊卑之分，從行私禮。三十年令，凡百官以品秩高下分尊卑。品近者行禮，則東西對立，卑者西，高者東。其品越二、三等者，卑者下，尊者上。其越四等者，則卑者拜下，尊者坐受，有事則跪白。

凡文武官公聚，各依品級序坐。若資品同者，照衙門次第。若王府官與朝官坐立，各照品級，俱在朝官之次。成化十四年定，在外總兵、巡撫官位次，左右都督與左右都御史並，都督同知與副都御史並，都督僉事與僉都御史並，俱文東武西。伯以上則坐於左。十五年重定，都御史係總督及提督軍務者，不分左右副僉，俱坐於左。總兵官雖伯，亦坐於右。

凡官員相遇迴避，洪武三十年定，駙馬遇公侯，分路而行。一品、二品遇公、侯、駙馬，引馬側立，須其過。二品見一品，趨右讓道而行。三品遇公、侯、駙馬，引馬迴避，遇一品引馬側立，遇二品趨右讓道而行。四品遇一品以上官，引馬廻避，遇二品引馬側立，遇三品趨右讓道而行。五品至九品，皆視此遞差。其後不盡遵行。文職雖一命以上，不避公、侯、勳戚大臣，而其相廻避者，亦論官不論品秩矣。

凡屬官見上司，洪武二十年定，屬官序立於堂階之上，總行一揖，上司拱手，首領官答揖。其公幹節序見上司官，皆行兩拜禮，長官拱手，首領官答禮。

凡官員公座，洪武二十年定，大小衙門官員，每日公座行肅揖禮。佐貳官揖長官，長官答禮。首領官揖長官、佐貳官，長官、佐貳官拱手。

庶人相見禮

洪武五年令，凡鄉黨序齒，民間士農工商人等平居相見及歲時宴會謁拜之禮，幼者先施。坐次之列，長者居上。十二年令，內外官致仕居鄉，惟於宗族及外祖妻家序尊卑，如家人禮。若筵宴，則設別席，不許坐於無官者之下。與同致仕官會，則序爵；爵同，序齒。其與異姓無官者相見，不須答禮。庶民則以官禮謁見。凌侮者論如律。二十六年定，凡民間子孫弟姪甥壻見尊長，生徒見其師，奴婢見家長，久別行四拜禮，近別行揖禮。其餘親戚長幼悉依等第，久別行兩拜禮，近別行揖禮。平交同。

校勘記

〔一〕百官吉服送於彰義關外　彰義關，原作「彰儀門」。明史稿志三八禮志、明會典卷五三都作「宣武門外彰義關」。按彰儀門卽彰義門，正統十年改名西直門。世宗去承天，「駕出正陽門」，不經西直門。據改。

〔二〕分遣官告郊廟社稷羣神行禮如初　羣神，原作「羣臣」。明史稿志三八禮志作「羣神」。明會典卷五三：「遣官分告北郊、成祖列聖羣廟、太社稷、帝社稷、朝日、夕月、天神、地祇、太歲、旗纛、都城隍等神。」據改。

〔三〕進書儀　原無此標題，據卷目增。

〔四〕引蕃王舍人二位於蕃王北引蕃王從官舍人二位於蕃王從官北俱東西相向　原作「引蕃王舍人二，位於蕃王從官北」，脫「位於蕃王北，引蕃王從官舍人二」、「俱東西相向」，據太祖實錄卷四五洪武二年九月壬子條、明會典卷五八補。

明史卷五十七

志第三十三

禮十一 軍禮

親征　遣將　禡祭　受降　奏凱獻俘　論功行賞　大閱
大射　救日伐鼓

四曰軍禮。親征爲首，遣將次之。方出師，有禡祭之禮。及還，有受降、奏凱獻俘、論功行賞之禮。平居有閱武、大射之禮。而救日伐鼓之制，亦以類附焉。

親征

洪武元年閏七月詔定軍禮。中書省臣會儒臣言，古者天子親征，所以順天應人，除殘去暴，以安天下。自黃帝習用干戈以征不享，此其始也。周制，天子親征，則類於上帝，宜於大社，造於祖廟，禡於所征之地，及祭所過山川。師還，則奏凱獻俘於廟社。後魏有宣露布之制。唐仍舊典，宋亦間行焉。於是歷考舊章，定爲親征禮奏之。前期，擇日祭告天地宗社。皇帝服武弁，乘革輅，備六軍，具牲幣，作樂，皆行三獻禮，其儀與大祀同。又於國南神祠行禡祭禮。凡所過山川嶽鎮海瀆用太牢，其次少牢，又次特牲。若行速，止用酒脯，祭器籩豆各一。前期，齋一日。皇帝服通天冠、絳紗袍，省牲視滌。祭之日，服武弁，行一獻禮。凱旋，告祭宗社，禮與出師同。獻俘廟社，以露布詔天下，然後論功行賞。永樂、宣德、正統間，率遵用之。

正德十四年，帝親征宸濠，禮部上祭告儀注如舊。帝令祭祀俱遣官代。及疏請遣官，有旨勿遣。其頒詔，亦如舊制。明年十一月將凱旋，禮臣言：「宸濠悖逆，皇上親統六師，往正其罪，與宣德間親征漢庶人高煦故事相同。但一切禮儀無從稽考。請於師還之日，聖駕從正陽門入，遣官告謝天地廟社。駕詣奉先殿、几筵殿，謁見畢，朝見皇太后。次日早，御午門樓，百官朝見，行獻俘禮。擇日詔告天下。」十二月，帝還京，百官迎於正陽門外，帝戎服乘馬入。

遣將

洪武元年，中書省臣會官議奏，王者遣將，所以討有罪，除民害也。書稱大禹徂征，詩美南仲薄伐。史記引兵書曰：「古王者之遣將，跪而推轂。」漢高命韓信爲將，設壇具禮。北齊親授斧鉞。唐則告於廟社，又告太公廟。宋則授旌節於朝堂，次告廟社，又禡祭黃帝。今定遣將禮，皇帝武弁服，御奉天殿。大將軍入就丹墀，四拜，由西陛入殿，再拜跪。承制官宣制，以節鉞授大將軍。大將軍受之，以授執事者，俯伏，興，再拜出。降陛，復位，四拜。駕還宮，大將軍出。至午門外勒所部將士，建旗幟，鳴金鼓，正行列，擎節鉞。奏樂前導，百官以次送出。造廟宜社之禮，卽命大將軍具牲幣，行一獻禮，與遣官祭告廟社儀同。其告武成王廟儀，前二日，大將省牲。祭日，大將於幕次僉祝版，入就位，再拜。詣神位前上香、奠帛，再拜。進熟酌獻，讀祝，再拜。詣位，再拜。飲福受胙，復再拜。徹豆，望燎。其配位，亦大將行禮。兩廡陪祀，諸將分獻。

禡祭

親征前期，皇帝及大將陪祭官皆齋一日。前一日，皇帝服通天冠、〔一〕絳紗袍省牲，詣神廚，視鼎鑊滌漑。執事設軍牙六纛於廟中之北，軍牙東，六纛西，籩豆十二，簠簋各二，鉶登俎各三。設瘞坎位於神位西北，設席於坎前。上置酒椀五，雄雞五，餘陳設如常儀。祭日，建牙旗六纛於神位後。皇帝服武弁，自左南門入。至廟庭南，正中北向立。大將及陪祭官分文武重行班於後。迎神，再拜，奠幣。行初獻禮，先詣軍牙神位前，再詣六纛神位前，俱再拜。亞獻、終獻如之。惟初獻讀祝，詣飲福位，再拜飲福，受胙，又再拜。掌祭官徹豆，贊禮唱送神，復再拜。執事官各以祝幣，掌祭官取饌詣燎所，太常奏請望燎。執事殺雞，刺血於酒碗中，酹神。燎半，奏禮畢，駕還。若遣將，則於旗纛廟壇行三獻禮。大將初獻，諸將亞獻、終獻。

受降

洪武四年七月，蜀夏明昇降表至京師，太祖命中書集議受降禮。省部請如宋太祖受蜀主孟昶降故事，擬明昇朝見日，皇帝御奉天門，昇等於午門外跪進待罪表。侍儀使捧表入，宣表官宣讀訖，承制官出傳制。昇等皆俯伏於地，侍儀舍人掖昇起，其屬官皆起，跪聽宣制釋罪。昇等五拜，三呼萬歲。承制官傳制，賜衣服冠帶。侍儀舍人引昇入丹墀中四拜。侍儀使傳旨，昇跪聽宣諭，俯伏四拜，三呼萬歲，又四拜出。百官行賀禮。帝以昶專治國政，所爲奢縱，昇年幼，事由臣下。免其叩頭伏地上表請罪禮，惟命昇及其官屬朝見，百官朝賀。

奏凱獻俘

凡親征，師還，皇帝率諸將陳凱樂俘馘於廟南門外，社北門外。告祭廟社，行三獻禮，同出師儀。祭畢，以俘馘付刑部，協律郎導樂以退。皇帝服通天冠、絳紗袍，升午門樓，以露布詔天下，百官具朝服以聽，儀與開讀詔赦同。

大將奏凱儀。先期，大都督以露布聞。內使監陳御座於午門樓上前楹，設奏凱樂位於樓前，協律郎位於奏凱樂北，司樂位於協律郎南。又設獻俘位於樓前少南，獻俘將校位於其北，刑部尚書奏位於將校北，皆北向。又設刑部尚書受俘位於獻俘位西，東向。設露布案於內道正中，南向。受露布位於案東，承制位於案東北，俱西向。宣露布位於文武班南，北向。至日清晨，先陳凱樂俘馘於廟社門外，不奏歌曲。俟告祭禮畢，復陳樂於午門樓前，將校引俘侍立於兵仗之外，百官入侍立位。皇帝常服升樓，侍衞如常儀。大將於樓前就位，四拜。諸將隨之，退，就侍立位。贊奏凱樂，協律郎執麾引樂工就位，司樂跪請奏凱樂。協律郎舉麾，鼓吹振作，徧奏樂曲。樂止，贊宣露布。承制官以露布付受露布官，引禮引詣案跪受，由中道南行，以授宣露布官。宣訖，付中書省頒示天下。將校引俘至位，刑部尚書跪奏曰：「某官某以某處所俘獻，請付所司。」奏訖，退復位。其就刑者立於西廂，東向，以付刑官。其宥罪者，樓上承制官宣旨，有赦釋縛。樓下承旨，釋訖，贊禮贊所釋之俘謝恩，皆四拜三呼，將校以所釋俘退。如有所賜，就宣旨賜之。大將以下就拜位，舞蹈山呼如常儀。班前稍前跪，稱賀致詞訖，百官復四拜，禮畢還宮。

洪武三年六月，左副將軍李文忠北征大捷，遣官送所俘元孫買的里八剌及寶册至京師。百官請行獻俘禮。帝不許，事詳本紀。止令服本俗服，朝見畢，賜中國衣冠就謝。復謂省臣曰：「故國之妃朝於君者，元有此禮，不必效之。」亦令衣本俗服，入見中宮，賜中國服就謝。十一月，大將軍徐達及文忠等師還，〔三〕車駕出勞於江上。明日，達率諸將上平沙漠表。帝御奉天殿，皇太子親王侍，百官朝服陪列，達、文忠奉表賀。禮成，退自西階。皇太子親王入賀。後定，凡大捷，擇日以宣，其日不奏事，百官吉服賀，即日遣官薦告郊廟。中捷以下，止宣捷，不祭告慶賀。

永樂四年定，凡捷，兵部官以露布奏聞，大將在軍則進露布官行禮，次日行開讀禮，第三日行慶賀禮，餘如前儀。武宗征宸濠還，禮部上獻俘儀，値帝弗豫，不果行。嘉靖二十三年十月，叛賊王三屢導吉囊入犯大同，官軍計擒之。遣官謝南北郊、景神殿、太社稷。擇日獻俘，百官表賀。天啓二年，四川獻逆犯樊友邦等，山東獻逆犯徐鴻儒等，俱遣官告祭郊廟，御樓獻俘。

論功行賞

凡凱還，中書省移文大都督府，兵部具諸將功績，吏部具勳爵職名，戶、禮二部具賞格。中書集六部論定功賞，奏取上裁。前期，陳御座香案於奉天殿，設寶案詔書案於殿中，誥命案於丹陛正中之北，宣制案於誥命案之北。吏、戶、禮三部尚書位於殿上東南，大都督、兵部尚書位於殿上西南，應受賞官拜位於丹墀中，序立位於丹墀西南，受賞位於誥命案之南，受賞執事位於受賞官序立位之西。每官用捧誥命、捧禮物各一人，俱北向。餘陳設如朝儀。是日，鼓三嚴，執事官各就位。皇帝袞冕陞座，皇太子諸王袞冕，自殿東門入侍立，受賞官入就拜位，四拜。承制官跪承制，由殿中門出，吏、戶、禮尚書由殿西門出，立於誥命案東。承制官南向稱有制，受賞官皆跪，宣制曰：「朕嘉某等爲國建功，宜加爵賞。今授以某職，賜以某物，其恭承朕命。」宣畢，受賞官俯伏，興，再拜。唱行賞，受賞官第一人詣案前跪，吏部尚書捧誥命，戶部尚書捧禮物，各授受賞官。受賞官以授左右，俯伏，興，復位。餘官以次受賞訖，承制官、吏部尚書等俱至御前復命，退復位。受賞官皆再拜，三舞蹈，山呼。俯伏，興，復四拜。禮畢，皇帝還宮。各官出，至午門外以誥命禮物置於龍亭，用儀仗鼓樂各送還本第。明日進表稱謝，如常儀。

大閱

宣德四年十月，帝將閱武郊外，命都督府整兵，文武各堂上官一員，屬官一員扈從。正統間，或閱於近郊，於西苑，不著令。隆慶二年，大學士張居正言：「祖宗時有大閱禮，乞親臨校閱。」兵部引宣宗、英宗故事，請行之。命於明年八月舉行。及期，禮部定儀。

前期一日，皇帝常服告於內殿，行四拜禮，如出郊儀。司設監設御幄於將臺上，總協戎政大臣、巡視科道督率將領軍兵預肅教場。

至日，早，遣官於教場祭旗纛之神。三大營官軍具甲仗，將官四員統馬兵二千扈駕。〔二〕文臣各堂上官，科道掌印官、禮兵二科、禮部儀制司、兵部四司官、糾儀監射御史、鴻臚寺供事官，武臣都督以上、錦衣衞堂上及南鎮撫司掌印僉書官，俱大紅便服，關領扈從，牙牌懸帶，先詣教場。

是日免朝。錦衣衞備鹵簿。皇帝常服乘輦由長安左門出，官軍導從，鉦鼓振作。出安定門，至閱武門外。總協戎政官率大小將佐戎服跪迎，入將臺下，北向序立。駕進閱武門，內中軍舉號礮三，各營鉦鼓振作，扈從官序立於行宮門外。駕至門，降輦。兵部官導入行宮，鳴金止鼓，候升座。扈從官行一拜禮，傳賜酒飯。各官謝恩出，將臺下東西序立。兵部官奏請大閱。兵部、鴻臚寺官導駕登臺，舉礮三。京營將士叩頭畢，東西侍立。總協戎政官列於扈從官之北，諸將列從官之南。

兵部尚書奏請，令各營整搠人馬。〔四〕臺上吹號笛，麾黃旗，總協戎政及將佐等官各歸所部。兵部尚書請閱陣，舉礮三。馬步官軍演陣，如常法。演畢，復吹號笛，麾黃旗，將士俱回營。少頃，兵部尚書請閱射。總協戎政官以下及聽射公、侯、駙馬、伯、錦衣衞等官，俱於臺下較射。馬三矢，步六矢，中的者鳴鼓以報，御史、兵部官監視紀錄。把總以下及家丁、軍士射，以府部大臣并御史、兵部官於東西廳較閱。鎗刀火器等藝，聽總協戎政官量取一隊，於御前呈驗。兵部尚書奏大閱畢，臺下舉號旗，總協戎政官及諸將領俱詣臺下，北向序立。鴻臚寺官奏傳制，贊跪。宣制訖，贊叩頭。各官先退，出門外，贊扈從官行叩頭禮。

禮畢，駕回行宮，少憩，扈從等官趨至門內立。皇帝升輦。中軍舉礮三，各營皆鼓吹，鹵簿及馬兵導從如來儀，鉦鼓與大樂相應振作。總協戎政以下候駕至，叩頭退。馬兵至長安左門外止。鹵簿、大樂至午門外止。駕還，仍詣內殿參謁，如前儀。百官不扈從者，各吉服於承天門外橋南序立。恭送，駕還，迎如之。

次日，總協戎政官以下表謝，百官侍班行稱賀禮，如常儀。兵部以將士優劣及中箭多寡、教練等第奏聞。越二日，皇帝御皇極門，賜敕勉勵將士。總協戎政官捧至彩輿，將士迎導至教場，開讀行禮如儀。是日，卽行賞賚幷戒罰有差。次日，總協戎政官率將佐復謝恩。詔如議行。駕還，樂奏武成之曲。

萬曆九年大閱，如隆慶故事。

大射〔五〕

大射之禮，後世莫講，惟宋史列於嘉禮。至明集禮則附軍禮中，會典亦然。

其制，洪武三年定。凡郊廟祭祀，先期行大射禮，工部製射侯等器。其射鵠有七。虎鵠五采，天子用之。熊鵠五采，皇太子用之。豹鵠五采，親王用之。豹鵠四采，文武一品、二品者用之。糝鵠三采，三品至五品用之。狐鵠二采，六品至九品用之。布鵠無采，文武官子弟及士民俊秀用之。凡射時，置乏於鵠右。乏又名容，見周禮大司馬服不氏，職執旗及待獲者以蔽身。設楅及韋，〔六〕當射時置於前，以齊矢。設射中五。皮樹中，天子大射用之。閭中，天子宴射用之。虎中，皇太子親王射用之。兕中，一品至五品文武官用之。鹿中，六品至九品及文武官子弟士民俊秀通用之。其職事，設司正官二，掌驗射者品級尊卑人力强弱而定耦，其中否則書於算，兵部官職之。司射二，掌先以强弓射鵠誘射，以鼓衆氣，武職官充之。司射器官二，掌辨弓力强弱，分爲三等，驗人力强弱以授，工部官職之。舉爵者，〔七〕掌以馬湩授中者飲，光祿寺官職之。請射者，〔八〕掌定耦射。射畢，再請某耦射，侍儀司職之。侍獲者、掌矢納於司射器者，以隸僕供其役。執旗者六人，掌於容後執五色旗。如射者中的，舉紅旗應之。中采，舉采旗應之。偏西，舉白旗。偏東，舉青旗。過於鵠，舉黃旗。不及鵠，舉黑旗。軍士二人掌之。引禮二，掌引文武官進退，侍儀司舍人職之。

太祖又以先王射禮久廢，弧矢之事專習於武夫，而文士多未解。乃詔國學及郡縣生員皆令習射，頒儀式於天下。朔望則於公廨或閒地習之。其官府學校射儀，略倣大射之式而殺其禮。射位初三十步，自後累加至九十步。射四矢，以二人爲耦。

永樂時有擊毬射柳之制。十一年五月五日幸東苑，擊毬射柳，聽文武羣臣四夷朝使及在京耆老聚觀。分擊毬官爲兩朋，自皇太孫而下諸王大臣以次擊射，賜中者幣布有差。

救日伐鼓

洪武六年二月定救日食禮。其日，皇帝常服，不御正殿。中書省設香案，百官朝服行禮。鼓人伐鼓，復圓乃止。月食，大都督府設香案，百官常服行禮，不伐鼓，雨雪雲翳則免。二十六年三月更定，禮部設香案於露臺，向日，設金鼓於儀門內，設樂於露臺下，各官拜位於露臺上。至期，百官朝服入班，樂作，四拜興，樂止，跪。執事者捧鼓，班首擊鼓三聲，衆鼓齊鳴，候復圓，復行四拜禮。月食，則百官便服於都督府救護如儀。在外諸司，日食則於布政使司、府州縣，月食則於都指揮使司、衞所，如儀。

隆慶六年，大喪。方成服，遇日食。百官先哭臨，後赴禮部，靑素衣、黑角帶，向日四拜，不用鼓樂。

校勘記

〔一〕皇帝服通天冠　原脫「服」字，據明史稿志一一禮志補。

〔二〕十一月大將軍徐達及文忠等師還　十一月，原作「十月」，據本書卷二太祖紀、太祖實錄卷五八洪武三年十一月壬辰條改。

〔三〕將官四員統馬兵二千扈駕　原脫「二」字，據穆宗實錄卷三六隆慶三年八月甲辰條補。

〔四〕令各營整搠人馬　各營，原作「各戎」，據明史稿志三九禮志、穆宗實錄卷三六隆慶三年八月甲辰條改。按上文「各營鉦鼓振作」，下文「各營皆鼓吹」，皆作「各營」。

〔五〕大射　原無此標題，據卷目增。

〔六〕職執旗及待獲者以蔽身設楅及韋　待，原作「侍」，楅，原作「福」，據太祖實錄卷五二洪武三年五月丁未條，明會典卷五一改。下文「待獲」同。福，明史稿志三九禮志亦作「福」。

〔七〕舉爵者　明會典卷五一作「舉爵者二員」。

〔八〕請射者　明會典卷五一作「請射者四員」。

明史卷五十八

志第三十四

禮十二 凶禮一

山陵

次五曰凶禮。凡山陵、寢廟與喪葬、服紀及士庶喪制，皆以類編次。其諱陵、忌辰之禮，亦附載焉。

山陵

太祖卽位，追上四世帝號。皇祖考熙祖，墓在鳳陽府泗州蠙城北，薦號曰祖陵。設祠祭署，置奉祀一員，陵戶二百九十三。皇考仁祖，墓在鳳陽府太平鄉。太祖至濠，嘗議改葬，不果。因增土以培其封，令陵旁故人汪文、劉英等二十家守視。洪武二年薦號曰英陵，後改稱皇陵。設皇陵衞幷祠祭署，奉祀一員、祀丞三員，俱勳舊世襲。陵戶三千三百四十二，直宿灑掃。禮生二十四人。四年建祖陵廟。倣唐、宋同堂異室之制，前殿寢殿俱十五楹，東西旁各二，爲夾室，如晉王肅所議。中三楹通爲一室，奉德祖神位，以備祫祭。東一楹奉懿祖，西一楹奉熙祖。十九年命皇太子往泗州修繕祖陵，葬三祖帝后冠服。

三十一年，太祖崩。禮部定議，京官聞喪次日，素服、烏紗帽、黑角帶，赴內府聽遺詔。於本署齋宿，朝晡詣几筵哭。越三日成服，朝晡哭臨，至葬乃止。自成服日始，二十七日除。命婦孝服，去首飾，由西華門入哭臨。諸王、世子、王妃、郡主、內使、宮人俱斬衰三年，二十七月除。凡臨朝視事，素服、烏紗帽、黑角帶，退朝衰服。羣臣麻布員領衫、麻布冠、麻絰、麻鞋。命婦麻布大袖長衫，麻布蓋頭。明器如鹵簿。神主用栗，制度依家禮。行人頒遺詔於天下。在外百官，詔書到日，素服、烏紗帽、黑角帶，四拜。聽宣讀訖，舉哀，再四拜。三日成服，〔一〕每旦設香案哭臨，三日除。各遣官赴京致祭，祭物禮部備。孝陵設神宮監幷孝陵衞及祠祭署。建文帝詔行三年喪，事在本紀。以遺革除，喪葬之制皆不傳。

文帝崩於榆木川，遺詔一遵太祖遺制。京師聞訃，皇太子以下皆易服。宮中設几筵，朝夕哭奠。百官素服，朝夕哭臨思善門外。禮部定喪禮，宮中自皇太子以下及諸王、公主，成服日爲始，斬衰三年，二十七月除。服內停音樂、嫁娶、祭祀，止停百日。文武官聞喪之明日，詣思善門外哭，五拜三叩頭，宿本署，不飲酒食肉。四日衰服，朝夕哭臨三日，又朝臨十日。衰服二十七日。凡入朝及視事，白布裹紗帽、垂帶、素服、腰絰、麻鞋。退朝衰服，二十七日外，素服、烏紗帽、黑角帶，二十七月而除。聽選辦事等官衰服，監生吏典僧道素服，赴順天府，朝夕哭臨三日，又朝臨十日。命婦第四日由西華門入，哭臨三日，俱素服，二十七日除。凡音樂祭祀，並輟百日。婚嫁，官停百日，軍民停一月。軍民素服，婦人素服不妝飾，俱二十七日。在外以聞喪日爲始，越三日成服，就本署哭臨，餘如京官。命婦素服舉哀三日，二十七日除。軍民男女皆素服十三日，餘俱如京師。凡京官服，給麻布一疋自製。四夷使臣，工部造與。諸王公主遣官及內外文武官詣几筵祭祀者，光祿寺備物，翰林院撰文，禮部引赴思善門外行禮。京城聞喪日爲始，寺觀各鳴鐘三萬杵，禁屠宰四十九日。喪將至，文武官衰服，軍民素服赴居庸關哭迎。皇太子、親王及羣臣皆衰服哭迎於郊。至大內，奉安於仁智殿，加斂，奉納梓宮。遣中官奉大行皇帝遺衣冠。作書賜漢王、趙王。禮臣言：「喪服已踰二十七日，請如遺命，以日易月。」帝以梓宮在殯，不忍易，素冠、麻衣、麻絰視朝，退仍衰服，羣臣聽其便。

十二月，禮部進葬祭儀。

發引前三日，百官齋戒。遣官以葬期告天地宗社，皇帝衰服告几筵，皇太子以下皆衰服隨班行禮。百官衰服朝一臨，至發引止。前一日，遣官祭金水橋、午門、端門、承天門、大明門、德勝門幷所過河橋、京都應祀神祇及經過應祀神祠，儀用酒果肴饌。是夕，設辭奠，帝后太子以下皆衰服，以序致祭。司禮監、禮部、錦衣衞命執事者設大昇轝、陳葬儀於午門外幷大明門外。〔二〕

將發，設啓奠。皇帝曁皇太子以下衰服四拜。奠帛、獻酒、讀祝，四拜。舉哀，興，哀止，望瘞。執事者升，徹帷幙，拂拭梓宮，進龍輴於几筵殿下。設神亭、神帛輿、諡册寶輿於丹陛上，設祖奠如啓奠儀。皇帝詣梓宮前，西向立。皇太子、親王以次侍立。內侍於梓宮前奏，請靈駕進發，捧册寶、神帛置輿中；次銘旌出；執事官升梓宮，〔三〕內執事持翣左右蔽。降殿，內侍官請梓宮升龍輴，執事官以綵帷幕梓宮，內侍持傘扇侍衞如儀。舊御儀仗居前，册寶、神帛、神亭、銘旌以次行。皇帝由殿左門出，后妃、皇太子、親王及宮妃後隨。至午門內，設遣奠，如祖奠儀。內侍請靈駕進發，皇帝以下哭盡哀，俱還宮。

梓宮至午門外，禮官請梓宮升大昇轝。執事官奉升轝訖，禮官請靈駕進發。皇太子、親王以下哭送出端門外，行辭祖禮。執事官設褥位於太廟香案前。皇太子易常服，捧神帛，由左門入，至褥位跪，置神帛於褥，興，正立於神帛後跪。禮官跪於左，奏太宗體天弘道高明廣運聖武神功純仁至孝文皇帝謁辭。皇太子俯伏，興，贊五拜三叩頭畢，皇太子捧神帛輿，以授禮官。禮官安輿中，請靈駕進發。皇太子仍喪服，親王以下隨行。梓宮由大明中門出，皇太子以下由左門出，步送至德勝門外，乘馬至陵，在途朝夕哭奠臨。諸王以下及百官、軍民耆老、四品以上命婦，以序沿途設祭。文武官不係山陵執事者悉還。

至陵，執事官先陳龍輴於獻殿門外，俟大昇轝至。禮官請靈駕降轝，升龍輴，詣獻殿。執事官奉梓宮入，皇太子、親王由左門入，安奉訖，行安神禮。皇太子四拜，興，奠酒，讀祝。俯伏，興，〔四〕四拜，舉哀。親王以下陪拜，如常儀。遣官祀告后土幷天壽山，設遷奠禮，如上儀。〔五〕將掩玄宮，皇太子以下詣梓宮前跪。內侍請靈駕赴玄宮，執事官奉梓宮入皇堂。內侍捧册寶置於前，陳明器，行贈禮。皇太子四拜興，奠酒，進贈。執事官捧玉帛進於右，皇太子受獻，以授內執事，捧入皇堂安置。俯伏，興，四拜，舉哀，遂掩玄宮。行饗禮，如遷奠儀。遣官祀謝后土及天壽山。

設香案玄宮門外，設題主案於前，西向。設皇太子拜位於前，北向。內侍盥手奉主置案上，題主官盥手西向題畢，內侍奉主安於神座，藏帛箱中。內侍奏請太宗文皇帝神靈上神主。贊四拜，興，獻酒，讀祝。俯伏，興，四拜，舉哀。內侍啓櫝受主訖，請神主降座升輿。至獻殿，奏請神主降輿升座，行初虞禮。皇太子四拜，初獻，奠帛酒，讀祝，俯伏，興。亞獻終獻，四拜，舉哀，望瘞。內官捧神帛箱埋於殿前，焚凶器於野。葬日初虞，柔日再虞，剛日三虞，後間日一虞，至九虞止。在途，皇太子行禮。還京，皇帝行禮。

神主將還，內侍請神主降座升輿，儀仗侍衞如儀。皇太子隨，仍朝夕奠。至京，先於城外置幄次，列儀衞，鼓吹備而不作。百官衰服候城外，主入幄次，百官序列五拜三叩首。神主行，百官從。至午門外，皇帝衰服迎於午門內，舉哀，步導主升几筵殿。皇帝立殿上，內侍請神主降輿升座，行安神禮。皇帝四拜，興，奠酒，讀祝。俯伏，興，〔六〕四拜，舉哀。皇太子以下陪拜。百官於思善門外行禮如儀。明日，百官行奉慰禮。

卒哭用虞祭後剛日，禮同虞祭，自是罷朝夕奠。祔饗用卒哭之明日，太常寺設醴饌於太廟，如時饗儀，樂設而不作。設儀衞傘扇於午門外，內侍進御輦於几筵殿前，皇帝衰服四拜，舉哀。興，哀止，立於拜位之東，西向。內侍請神主降座升輦，詣太廟祔饗。至思善門外，皇帝易祭服，升輅，隨至午門外，詣御輦前跪。太常卿奏請神主降輦，皇帝俯伏，興，捧主由左門入，至丹陛上。典儀唱「太宗文皇帝謁廟」。至廟前，內侍捧主至褥位，皇帝於後行八拜禮。每廟俱同。內侍捧主北向，太常卿立壇東，西向。唱「賜坐」，皇帝搢圭，奉神主安於座，詣拜位行祭禮，如時饗儀。太常卿奏請神主還几筵，皇帝捧主由廟左門出，安奉於御輦。皇帝升輅隨，至思善門降輅，易衰服，隨至几筵殿前。內侍請神主降輦，升座。皇帝由殿左門入，行安神禮畢，釋服還宮。明日，百官素服行奉慰禮。

大祥，奉安神主於太廟，禮詳廟制。皇帝祭告几筵殿，皇太后、皇后以下各祭一壇，王府遣官共祭一壇，在京文武官祭一壇。自神主出几筵殿，內侍卽撤几筵、帷幄，焚於思善門外。禫祭，遣親王詣陵行禮。

洪熙元年，仁宗崩。皇太子還自南京，至良鄉，宮中始發喪，宣遺詔。文武官常服於午門外四拜。宣畢，舉哀，復四拜。易素服，迎皇太子於盧溝橋，橋南設幕次香案。皇太子至，常服，詣次四拜。聽宣遺詔，復四拜，哭盡哀。易素服至長安右門下馬，步哭至宮門外，釋冠服，披髮詣梓宮前，五拜三叩首，哭盡哀。宮中自皇后以下皆披髮哭。皇太子就喪次東，見母后。親王以次見皇太子畢，各居喪次，行祭告禮。喪儀俱如舊。惟改在京朝夕哭臨三日，後又朝臨止七日，在外止朝夕哭臨三日，無朝臨禮。文武官一品至四品命婦入哭臨。服除，禮臣請帝服淺淡色衣、烏紗翼善冠、黑角帶，於奉天門視事。百官皆淺淡色衣、烏紗帽、黑角帶，朝參如常儀。退朝，仍終太宗服制。帝曰：「朕心何能忍，雖加一日愈於已。」仍素服坐西角門，不鳴鐘鼓，令百日後再議。已百日，禮臣復請御奉天門。帝命候山陵事畢。

先是，詔營獻陵，帝召尚書蹇義、夏原吉諭曰：「國家以四海之富葬親，豈惜勞費。然古聖帝明王皆從儉制。孝子思保其親體魄於永久，亦不欲厚葬。況皇考遺詔，天下所共知，宜遵先志。」於是建寢殿五楹，左右廡神廚各五楹，門樓三楹。其制較長陵遠殺，皆帝所規畫也。吏部尚書蹇義等請祔廟後，素服御西角門視事。至孟冬歲暮，行時饗禮。鳴鐘鼓，黃袍御奉天門視朝。禫祭後，始釋素服。從之。

宣宗崩，喪葬如獻陵故事。惟改命婦哭臨，自三品以上。英宗崩，遺命東宮過百日成婚，不得以宮妃殉葬。憲宗卽位，百日御奉天門視朝，禮儀悉用吉典。憲宗崩，孝宗旣除服，仍素翼善冠、麻衣、腰絰視朝，不鳴鐘鼓，百官素服朝參，百日後如常。弘治元年正旦，時未及小祥，帝黃袍御殿受朝。次日，仍黑翼善冠，淺淡服、犀帶。及大祥，神主奉安太廟及奉先殿。至禫祭，免朝。擇日遣官詣陵致祭。

孝宗崩，工部言：「大行遺詔，惓惓以節用愛民爲本。乞敕內府諸司，凡葬儀冥器幷山陵殿宇，務從減省。」禮部言：「百日例應變服，但梓宮未入山陵，請仍素翼善冠、麻布袍服、腰絰，御西角門視事，不鳴鐘鼓，百官仍素服朝參。」從之。自辭靈至虞祔，榮王俱在陪列。旣而王以疾奏免。禮部請以駙馬等官捧帛朝祖，帝曰：「朝祖捧帛，朕自行。」發引，親王止送至大明門外。其在途及至陵臨奠，俱護喪官行禮。後遂爲例。

世宗崩，令旨免命婦哭臨。隆慶元年正月，未及二十七日，帝衰服御宣治門，百官素服、腰絰奉慰。發引，帝行遣奠禮。至朝祖，則遣官捧帛行禮。梓宮至順天府，皇親命婦及三品以上命婦祭，餘如舊制。

光宗卽位，禮部言：「喪服列代皆有制度，而斷自孝宗。蓋孝宗篤於親，喪禮詳且備，故武、世、穆三廟皆宗之。今遵舊制，以衰服御文華門視事，百官素服朝參，候梓宮發引除。」從之。

明自仁宗獻陵以後，規制儉約。世宗葬永陵，其制始侈。及神宗葬定陵，給事中惠世揚、御史薛貞巡視陵工，費至八百餘萬云。

校勘記

〔一〕三日成服　三日上疑脫「越」字。本志上文稱京官「越三日成服」，越三日卽第四日。明史稿志四〇禮志、明會典卷九六都作「第四日成服」。

〔二〕設大昇轝陳葬儀於午門外并大明門外　仁宗實錄卷五上永樂二十二年十二月壬子條、明會典卷九六都作「設大昇輿於午門外」，「陳葬儀於午門外并大明門外」，是大昇輿只設在午門外。

〔三〕次銘旌出執事官升梓宮　明史稿志四〇禮志、仁宗實錄卷五上永樂二十二年十二月壬子條、明會典卷九六都作「次捧銘旌出，執事官升，捧梓宮」，有兩個「捧」字。

〔四〕皇太子四拜興奠酒讀祝俯伏興　原脫「俯伏」兩字，據仁宗實錄卷五上永樂二十二年十二月壬子條、明會典卷九六補。

〔五〕如上儀　明史稿志四〇禮志、仁宗實錄卷五上永樂二十二年十二月壬子條都作「如常儀」。

〔六〕皇帝四拜興奠酒讀祝俯伏興　原脫「俯伏」二字，據仁宗實錄卷五上永樂二十二年十二月壬子條、明會典卷九六補。

明史卷五十九

志第三十五

禮十三 凶禮二

皇后陵寢　興宗帝后陵寢　睿宗帝后陵寢　皇妃等喪葬
皇太子及妃喪葬　諸王及妃公主喪葬

皇后陵寢

洪武十五年，皇后馬氏崩。禮部引宋制爲請。於是命在京文武官及聽除官，人給布一四，令自製服，皆斬衰二十七日而除，服素服百日。凡在京官，越三日素服至右順門外，具喪服入臨畢，素服行奉慰禮，三日而止。武官五品以上、文官三品以上命婦，亦於第四日素服至乾清宮入臨。用麻布蓋頭，麻布衫裙鞋，去首飾脂粉。其外官服制，與京官同。聞訃日於公廳成服，命婦服亦與在京命婦同，皆三日而除。軍民男女素服三日。禁屠宰，在京四十九日，在外三日。停音樂祭祀百日。嫁娶，官停百日，軍民一月。將發引，告太廟，遣官祭金水橋、午門等神及鍾山之神。帝親祭於几筵，百官喪服詣朝陽門外奉辭。是日，安厝皇堂。皇太子奠，玄纁玉璧，行奉辭禮。神主還宮，百官素服迎於朝陽門外，仍行奉慰禮。帝復以醴饌祭於几筵殿，自再虞至九虞，皆如之。遣官告謝鍾山之神。卒哭，以神主詣廟行祔享禮。喪滿百日，帝輟朝，祭几筵殿，致欽不拜。東宮以下奠帛爵，百官素服行奉慰禮。東宮、親王、妃、主以牲醴祭孝陵，公侯等從。命婦詣几筵殿祭奠。自後凡節序及忌日，東宮親王祭几筵及陵。小祥，輟朝三日。禁在京音樂屠宰，設醮於靈谷寺、朝天宮各三日。帝率皇太子以下詣几筵殿祭。百官素服，詣宮門。進香訖，詣後右門奉慰。外命婦詣几筵殿進香。皇太子、親王熟布練冠九襁，皇孫七襁，皆去首絰，負版辟領衰。見帝及百官則素服、烏紗帽、烏犀帶。妃、主以下，熟布蓋頭，去腰絰。宗室駙馬練冠，去首絰。內尚衣、尚冠，以所釋服於几筵殿前丙位焚之。皇太子、親王復詣陵行禮。大祥，奉安神主於奉先殿，預期齋戒告廟。百官陪祀畢，行奉慰禮。

成祖皇后徐氏崩，自次日輟朝，不鳴鐘鼓。帝素服御西角門，百官素服詣思善門外哭臨畢，行奉慰禮。三日成服，哭臨如上儀。自次日爲始，各就公署齋宿，二十七日止。文武四品以上命婦成服日爲始，詣思善門內哭臨三日。聽選辦事官，俱喪服。人材監生、吏典、僧道、坊廂耆老各素服。自成服日始，赴應天府舉哀三日，餘悉遵高后時儀。又定諸王、公主等服制，世子郡王皆齊衰不杖期。世子郡王妃、郡主皆大功。周、楚諸王及寧國諸公主及郡王之子皆小功。遣中官訃告諸王府，造祔，謁太廟。祭器、謚册、謚寶悉用檀香。將册，帝躬告天地於奉天殿丹陛上。御華蓋殿，鴻臚寺官引頒册寶官入行禮，傳制曰：「永樂五年十月十四日，册謚大行皇后，命卿行禮。」四拜畢，序班舉册寶案至奉天殿丹陛上，置綵輿中，由中道出，入右順門至几筵殿，以册寶置案，退俟於殿外。尙儀女官詣香案前，跪進曰：「皇帝遣某官册謚大行皇后，謹告。」贊宣册，女官捧册宣於几筵之右，置册於案，宣寶如之。尙儀奏禮畢，女官以册寶案置几筵之左。內官出報禮畢，頒册寶官復命。百日，禮部請御正門視朝，鳴鐘鼓，百官易淺淡色服。帝以梓宮未葬，不允。至周期，帝素服詣几筵致祭，百官西角門奉慰，輟朝三日。在京停音樂、禁屠宰七日。禮部官於天禧寺、朝天宮齋醮。其明日，帝吉服御奉天門視朝，鳴鐘鼓。百官服淺淡色衣、烏紗帽、黑角帶，退朝署事仍素服。遇朔望，朝見慶賀如常儀。几筵祭祀，熟布練冠。及發引，齋三日，遣官以葬期告郊廟社稷。帝素服祭告几筵，皇太子以下衰服行禮，遣官祭所過橋門及沿途祀典諸神。百官及命婦俱素服，以次路祭。梓宮至江濱，百官奉辭於江濱。皇太子送渡江，漢王護行，途中朝夕哭奠。官民迎祭者，皆素服。既葬，賜護送官軍及舁梓宮軍士鈔米有差。

正統中，仁宗皇后張氏崩，禮部定大行太皇太后喪禮。皇帝成服三日後，卽聽政。祀典皆勿廢，諸王以下內外各官及命婦哭臨如前儀，衰服二十七日而除，軍民男女素服十三日。諸王勿會葬，外官勿進香，臣民勿禁音樂嫁娶。及葬，遣官告太廟。帝親奉太后衣冠謁列祖帝、后及仁宗神位，又奉宣宗衣冠謁太后神位，其禮視時享。天順中，宣宗皇后孫氏崩，儀如故事，止改哭臨於淸寧門。英宗皇后錢氏崩，禮如舊，惟屠宰止禁七日，外國使臣免哭臨。正德元年，景帝后汪氏薨。禮部會羣臣言，宜如皇妃例，輟朝三日，祭九壇。太后、中宮、親王以下文武大臣命婦皆有祭。制可。

憲宗廢后吳氏，正德四年薨，以大學士李東陽等言，禮如英宗惠妃故事。憲宗皇后王氏，正德十三年崩。越三日，帝至自宣府，乃發喪。百官具素服，於淸寧宮門外聽宣遺誥。及發引，先期結平臺，與順天府交衢相值。帝晨出北安門迎，皇太后及皇后御平臺候殯。復入至淸寧宮，親奉梓宮朝祖。百官步送德勝門外，惟送喪官騎送。明日，帝奉神主還京，百官迎於德勝門。帝素服、腰絰御西角門，百官奉慰。卒哭，始釋服。孝宗母紀氏，憲宗妃也。成化中薨，輟朝如故事。自初喪及葬，帝及皇太后、中宮、妃、主、皇子皆致祭。遣皇子奉祝册行禮，塋域、葬儀俱從厚。皇親百官及命婦送葬設祭，皆如儀。

世宗祖母邵氏，嘉靖元年崩。服除，部臣毛澄等請卽吉視事。議再上，命考孝肅太皇太后喪禮。澄等言：「孝肅崩時，距葬期不遠，故暫持凶服，以待山陵事竣，與今不同。況當正旦朝元，亦不宜縞衣臨見萬國。若孝思未忘，第毋御中門，及不鳴鐘鼓足矣。」從之，仍免朔望日陞殿。既葬四日，帝御奉天門，百官行奉慰禮，始從吉。嘉靖中，孝宗皇后張氏崩，禮臣以舊制上。帝謂郊社不宜瀆，罷祭告。又謂躬行諸禮，前已諭代，亦罷謁廟禮。及太常寺以朝祖祔廟，請各廟捧主官，詔主俱不必出，蓋從殺也。

先是武宗皇后夏氏崩，禮部上儀注，有素冠、素服、絰帶舉哀及羣臣奉慰禮。帝曰：「朕於皇兄后無服，矧上奉兩宮，又迫聖母壽旦，忍用純素。朕青服視事，諸儀再擬。」於是尚書夏言等言：「莊肅皇后喪禮，在臣民無容議。惟是皇上以天子之尊，服制既絕，不必御西角門。羣臣成服後，不當素服朝參。」及上喪葬儀，帝復諭：「毅皇后事宜與累朝元后不同，〔一〕無几筵之奉，當即行祔廟，令皇后攝事於內殿。」言等議：「按禮，卒哭乃行祔告。蓋以新主當入，舊主當祧，故預以告也。此在常典則然，非今日義例。毅皇后神主誠宜即祔太廟，以妥神靈，而祔告之禮宜免。」因具上其儀。制可。

嘉靖七年，世宗皇后陳氏崩。禮部上喪祭儀，帝疑過隆。議再上，帝自裁定，概從減殺，欲九日釋服。〔二〕閣臣張璁等言：「夫婦之倫，參三綱而立。人君乃綱常之主，尤不可不慎。左傳昭公十五年六月乙丑，周景王太子壽卒。秋八月戊寅，王穆后崩。叔向曰：『王一歲而有三年之喪二焉。』蓋古禮，父爲子，夫爲妻，皆服報服三年。後世，夫爲妻，始制爲齊衰杖期，父母在則不杖。喪服，自期以下，諸侯絕，然特爲旁期言。若妻喪，本自三年報服，殺爲期年，則固未嘗絕者。今皇上爲后服期，以日易月，僅十二日。臣子爲君母服三年，以日易月，僅二十七日。較諸古禮，已至殺矣。皇上宜服期，十二日，臣子素服，終二十七日。不然，則恩紀不明，典禮有乖。」禮臣方獻夫亦雜引儀禮喪服等篇，反覆爭辨，并三朝聖諭所載仁孝皇后崩，太宗衰服後，仍服數月白衣冠故事以證之。帝言：「文皇后喪時，上無聖母，下有東宮，從重盡禮爲宜。今不敢不更其制。」已，詹事霍韜言：「今百官遭妻喪，無服衰涖事之禮。蓋妻喪內而不外，陰不可當陽也。聖諭云『素服十日，倣輟朝之義』，於內廷行之則可。若對臨百官，總理萬幾，履當陽之位，〔三〕行中宮之服則不可。百官爲皇后服衰，爲其母儀天下也。禮，父在爲母，杖不上於堂，尊父也。於朝廷何獨不然？臣請陛下玄冠素服，御西角門十日，卽玄冠玄服御奉天門，百官入左掖門則烏紗帽、青衣侍班。退出公署及私室，則仍素服白帽二十七日。若曰於禮猶有未慊，則山陵事畢而除。」帝從其言。

尋定進冊謚儀，禮部議：「先期，帝衰冕告奉先殿、崇先殿。至期，帝常服御奉天門，正副使常服，百官淺淡色衣、黑角帶，入班行禮如儀。節冊至右順門，內侍捧入正門，至几筵前置於案。內贊贊就位上香，宣冊官立宣訖，復置冊於案。內侍持節由正門出，以節授正副使，報禮畢，正副使持節復命。」次日，禮部謄黃頒示天下。

時中宮喪禮自文皇后而後，至是始再行。永樂時典禮燬於火，會典所載皆略，乃斷自帝心，著爲令。梓宮將葬，帝親定諸儀，亦從減損。以思善門逼近仁智殿，命百官哭臨止一日，亦罷辭祖禮，喪由左王門出。

二十六年，皇后方氏崩，卽日發喪，諭禮部：「皇后嘗救朕危，其考元后喪禮行之。」禮部定儀：「以第四日成服，自後黑冠素服，十日後易淺色衣，俱西角門視朝。百官十日素服絰帶，自後烏紗帽、黑角帶、素服，通前二十七日。帝常服於奉天門視朝，百官淺色衣，鳴鐘鼓、鳴鞭如常，朔望不陞殿。梓宮發引，百官始常服。帝於奉先等殿行禮，俱常服。於几筵祭，則服其服。服滿日，命中官代祭。」從之。尋諭「皇妃列太子後非禮，其改正」。及葬，部臣以舊儀請。詔梓宮由中道行，虞祭如制用九數。安玄宮居左，他日卽配祀。部臣復上儀注，改席殿曰行享殿。又以孝潔皇后自發引至神主還京將半載，遇令節百官常服，今孝烈皇后初十日發引，十五日卽還，事禮不同，以諸臣服制請。帝命隨喪往來者，仍制服。祭畢，烏紗帽素服入朝，素冠素服辦事。迎主仍制服，思善門外行安神禮，更素冠素服從事。先是，帝命孝烈居左，而遷孝潔。既而以孝潔久安，不宜妄動，罷不行。乃更命孝烈居右，而虛其左以自待。

穆宗母杜氏，三十三年薨。禮部言：「宜用成化中淑妃紀氏喪制。且裕王已成婚，宜持服主喪，送葬出城。」乃議輟朝五日，裕王遵孝慈錄斬衰三年。欽遣大臣題主，開塋掩壙，祠謝后土，幷用工部官，送葬儀仗人數皆增於舊。帝謂非禮之正，令酌考賢妃鄭氏例。於是尚書歐陽德等復上儀注，輟朝二日，不鳴鐘鼓。帝服淺淡色衣，奉天門視事，百官淺色衣、烏紗帽、黑角帶朝參。命裕王主饋奠之事，王率妃入宮，素服哭盡哀，四拜視殮。成服後，朝夕哭臨三日。後每日一奠，通前二十七日而止。仍於燕居盡斬衰三年之制。册諡焚黃日，陳祭儀，裕王詣靈前行禮。喪出玄武門，裕王步送至京城門外，路祭畢，還宮。帝謂焚黃乃制命，非王可行，仍如常儀。禮部覆奏：「皇妃焚黃儀，傳訛已久。皆拜獻酒，跪讀祝，乃參用上尊諡之儀，而未思賜諡爲制命，其祭文稱皇帝遺諭，與上尊諡不同。今奉旨以常禮從事，當改議賜諡，如賜祭禮。讀祝、宣册皆平立不拜。」報可，著爲令。

穆宗皇后李氏，裕邸元妃也，先薨，葬西山。隆慶元年，加諡孝懿皇后，親告世宗几筵。御皇極門，遣大臣持節捧册寶詣陵園上之。

神宗母皇太后李氏，萬曆四十二年崩。帝諭禮部從優具儀，帝衰服行奠祭禮。穆廟皇妃、中宮妃嬪、太子、諸王、公主以下皆成服。百官詣慈寧宮門外哭臨，命婦入宮門哭臨。餘俱如大喪禮。

興宗帝后陵寢

洪武二十五年，皇太子薨，命禮部議喪禮。侍郎張智等議曰：「喪禮，父爲長子服齊衰期年。今皇帝當以日易月，服齊衰十二日，祭畢釋之。在內文武官公署齋宿。翌日，素服入臨文華殿，給衰麻服。越三日成服，詣春和門會哭。明日，素服行奉慰禮。其當祭祀及送葬者，仍衰絰以行。在京，停大小祀事及樂，至復土日而止。停嫁娶六十日。在外，文武官易服，於公署發哀。次日，成服行禮。停大小祀事及樂十三日，停嫁娶三十日。」其內外官致祭者，帝令光祿寺供具，百官惟致哀行禮。建文帝卽位，追謚爲興宗孝康皇帝，所荐陵號不傳。

元妃常氏，先興宗薨。太祖素服，輟朝三日。中宮素服哀臨，皇太子齊衰。葬畢，易常服。皇孫斬衰，祭奠則服之。諸王公主服如制。建文初，追謚曰孝康皇后。永樂初，皆追削。福王立南京，復帝后故號。

睿宗帝后陵寢〔四〕

睿宗帝后陵寢在安陸州。世宗入立，追謚曰睿宗獻皇帝。葺陵廟，荐號曰顯陵。既而希進之徒屢言獻皇帝梓宮宜改葬天壽山。帝不聽。嘉靖十七年，帝母蔣太后崩。禮部言：「歲除日，大行皇太后服制二十七日已滿，適遇正旦，請用黑冠、淺淡服受朝。」疏未下，帝諭大學士夏言：「元旦玄極殿拜天，仍具祭服，先期一日宜變服否？」禮部請「正旦拜天、受朝，及先一日俱青服。孟春時享，前三日齋，青服，臣下同之，餘仍孝貞皇太后喪禮例」。不從。於是定議，歲除日變服玄色吉衣，元旦祭服於玄極殿行告祀禮，具翼善冠、黃袍御殿，百官公服致詞，鳴鐘鼓、鳴鞭，奏堂上樂。

是時議南北遷祔，久不決。帝親詣承天。及歸，乃定議梓宮南祔。禮部上葬儀，自常典外，帝復增定太廟辭謁、承天門辭奠、朝陽門遣奠、題主後降神饗神，及梓宮登舟、升岸等祭。梓宮發引，帝衰服行諸禮如儀。百官步送朝陽門外，奠獻，使行遣奠禮。至通州，題主官復命。神主回京，百官奉迎於門外，帝衰服率皇后以下哭迎午門內，奉安於几筵殿。梓宮所過河瀆江山神祇，俱牲醴致祭。勳臣青服行禮，梓宮升席殿。先詣睿宗舊陵，奉遷於祾恩殿，復奉梓宮至殿，合葬於新寢。

皇妃等喪葬

洪武七年九月，貴妃孫氏薨。無子，太祖命吳王橚主喪事，服慈母服，斬衰三年。東宮諸王皆服期。由是作孝慈錄。

永樂中，貴妃王氏薨。輟朝五日，御祭一壇，皇后、皇妃、皇太子各祭一壇，親王共祭一壇，公主共祭一壇。七七、百日期、再期，皆祭贈謚册，行焚黃禮。開塋域，遣官祠后土。發引前期，辭靈祭壇與初喪同，惟增六尙司及內官、內使各一壇。啓奠、祖奠、遣奠各遣祭一壇。發引日，百官送至路祭所，皇親駙馬共一壇，公侯伯文武共一壇，外命婦共一壇。所過城門祭祀，內門遣內官，外門遣太常寺官。下葬，遣奠、遣祭一壇。掩壙，遣官祀后土，迎靈轎至享堂，行安神禮，遣祭一壇。

天順七年，敬妃劉氏薨，輟朝五日，帝服淺淡黃衣於奉天門視事，百官淺淡色衣、烏紗帽、黑角帶朝參。册文置靈柩前，皇太子以下行三獻禮。靈柩前儀仗，內使女樂二十四人，花旛、雪柳女隊子二十人，女將軍十一人。自初喪至期年辭靈，各於常祭外增祭一壇。

弘治十四年，憲廟麗妃章氏發引，輟朝一日。

凡陪葬諸妃，歲時俱享於殿內。其別葬金山諸處者，各遣內官行禮。嘉靖間，始命併入諸陵，從祭祾恩殿之兩旁，以紅紙牌書曰「某皇帝第幾妃之位」，祭畢，焚之。後改用木刻名號。嘉靖十三年諭禮工二部：「世婦、御妻皆用九數。九妃同一墓，共一享殿，爲定制。」

皇太子及妃喪葬

自洪武中，懿文太子後，至成化八年悼恭太子薨，〔五〕年甫三歲。帝諭禮部，禮宜從簡，王府及文武官俱免進香帛。禮部具儀上。自發喪次日，輟朝三日。帝服翼善冠、素服，七日而除。又三日，御西角門視朝，不鳴鐘鼓，祭用素食。文武羣臣，素服、麻布、絰帶、麻鞋、布裹紗帽，詣思善門哭臨，一日而除。第四日，素服朝西角門奉慰。在外王府幷文武官，素服舉哀，二日而除。

嘉靖二十八年，莊敬太子薨。禮部上喪禮。帝曰：「天子絕期。況十五歲外方出三殤，朕服非禮，止輟朝十日。百官如制成服，十二日而除。詣停柩所行，罷詣門哭臨。葬遣戚臣行禮。」

萬曆四十七年二月，皇太子才人王氏薨，命視皇太子妃郭氏例。輟朝五日，不鳴鐘鼓。帝服淺淡色衣，百官青素服、黑角帶朝參，皇長孫主饋奠。

諸王及妃公主喪葬諸儀

洪武二十八年，秦王樉薨，詔定喪禮。禮部尙書任亨泰言：「考宋制，宜輟朝五日。今遇時享，請暫輟一日。皇帝及親王以下，至郡主及靖江王宮眷服制，皆與魯王喪禮同。皇太子服齊衰期，亦以日易月，十二日而除，素服期年。」從之。

定制：親王喪，輟朝三日。禮部奏遣官掌行喪葬禮，翰林院撰祭文、諡册文、壙志文，工部造銘旌，〔六〕遣官造墳，欽天監官卜葬，國子監監生八名報訃各王府。御祭一，皇太后、皇后、東宮各一，在京文武官各一。自初喪至除服，御祭凡十三壇，封內文武祭一。其服制，王妃、世子、衆子及郡王、郡主，下至宮人，斬衰三年。封內文武官齊衰三日，哭臨五日而除。在城軍民素服五日。郡王、衆子、郡君，爲兄及伯叔父齊衰期年，郡王妃小功。凡親王妃喪，御祭一壇，皇太后、中宮、東宮、公主各祭一壇。布政司委官開壙合葬。繼妃、次妃祭禮同。其夫人則止御祭一壇。俱造壙祔葬。郡王喪，輟朝一日。行人司遣官掌行喪葬禮，餘多與親王同，無皇太后、皇后祭。郡王妃與親王妃同，無公主祭。合葬郡王繼妃次妃喪禮，俱與正妃同。凡世子喪，御祭一，東宮祭一。遇七及百日、下葬、期年、除服，御祭各一。凡世孫喪禮，如世子，減七七及大祥祭。凡鎮國將軍，止聞喪、百日、下葬三祭，奉國將軍以下，御祭一。

初，洪武九年五月，晉王妃謝氏薨，命議喪服之制。侍講學士宋濂等議曰：「按唐制，皇帝爲皇妃等舉哀。宋制，皇帝爲皇親舉哀。今參酌唐、宋之制，皇帝及中宮服大功，諸妃皆服小功，南昌皇妃服大功，東宮、公主、親王等皆服小功，晉王服齊衰期，靖江王妃小功，王妃服緦麻。輟朝三日。既成服，皇帝素服入喪次，十五舉音。百官奉慰。皇帝出次釋服，服常服。」制曰「可」。其後，王妃喪視此。

正統十三年定親王塋地五十畝，房十五間。郡王塋地三十畝，房九間。郡王子塋地二十畝，房三間。郡主、縣主塋地十畝，房三間。天順二年，禮部奏定，親王以下，依文武大臣例。或王、或妃先故者，合造其壙。後葬者，止令所在官司安葬。繼妃則祔葬其旁，同一享堂。

成化八年二月，忻王見治薨。發引日，帝不視朝。及葬，輟朝一日。十三年，四川按察使彭韶言：「親王郡王薨逝，皆遣官致祭，使臣絡繹，人夫勞擾。自後惟親王如舊，其郡王初喪遣官一祭，餘並遣本處官。凡王國母妃之喪，俱遣內官致祭。今宗婦衆多，其地有鎮守太監者，宜遣行禮。又王國塋葬，夫婦同穴。初造之時，遣官監修。開壙合葬，乞止命本處官司。」帝從禮部覆奏，王妃祭禮如舊，餘依議行。弘治十六年七月，申王祐楷薨。禮部言：「前沂穆王薨，未出府。申王已出府而未之國，擬依沂穆參以在外親王例行之。」

王妃葬地載於會典者，明初追封壽春等十王及妃，墳在鳳陽府西北二十五里白塔，設祠祭署、陵戶。南昌等五王及妃祔葬鳳陽皇陵，有司歲時祭祀，皆與享。懷獻世子以下諸王未之國者，多葬於西山，歲時遣內官行禮。

永樂十五年正月，永安公主薨。時初舉張燈宴，遂罷之。輟朝四日，賜祭，命有司治喪葬。二月，太祖第八女福淸公主薨，輟朝三日。定制，凡公主喪聞，輟朝一日。自初喪至大祥，御祭凡十二壇。下葬，輟朝一日。儀視諸王稍殺，喪制同，惟各官不成服。其未下嫁葬西山者，歲時遣內官行禮。

校勘記

〔一〕毅皇后事宜與累朝元后不同　元后，原作「皇后」，據明史稿志四一禮志改。按本書卷一一四武宗孝靜夏皇后傳載張孚敬曰，「大行皇后，上嫂也，與累朝元后異」，語卽承世宗此語而來。

〔二〕欲九日釋服　九日，原作「五日」，據明史稿志四一禮志、世宗實錄卷九三嘉靖七年十月丁未條改。

〔三〕履當陽之位　原脫「當」字，據世宗實錄卷九三嘉靖七年十月丁未條補。左傳文公四年：「天子當陽。」

〔四〕睿宗帝后陵寢　原無此標題，據卷目增。

〔五〕至成化八年悼恭太子薨　悼恭，原作「懷獻」，據明史稿志四一禮志改。按憲宗實錄卷一〇〇成化八年正月癸亥條，「皇太子薨。太子諱祐極」。又卷一〇一成化八年二月丁丑條，「謚皇太子曰悼恭」。本書卷一一九有悼恭太子祐極傳。懷獻太子是景帝子。

〔六〕工部造銘旌　銘旌，原作「銘旗」，據明史稿志四一禮志改。

明史卷六十

志第三十六

禮十四 凶禮三

謁祭陵廟

洪武元年三月遣官致祭仁祖陵。二年加號英陵。禮部尚書崔亮請下太常行祭告禮。博士孫吾與言：「山陵之制，莫備於漢，初未有祭告之禮。蓋廟號、陵號不同。廟號易大行之號，必上册謚，告之神明，陵號則後嗣王所以識別先後而已。願罷英陵祭告。」亮言：「漢光武加先陵曰昌，宋太祖加高、曾、祖、考陵曰欽、康、定、安。蓋尊祖考則尊其陵，尊其陵則必以告，禮緣人情，告之是。」廷議皆是亮。從之。熙祖陵，每歲正旦、清明、中元、冬至及每月朔望，本署官供祭行禮。又卽其地望祭德祖、懿祖二陵。英陵後改稱皇陵，多孟冬一祭，俱署官行禮；朔望，中都留守司官行禮。

八年詔翰林院議陵寢朔望節序祭祀禮。學士樂韶鳳等言：「漢諸廟寢園有便殿，日祭於寢，月祭於廟，時祭於便殿。後漢都洛陽，以關西諸陵久遠，但四時用特牲祀。每西幸，卽親詣。歲正月祀郊廟畢，以次上洛陽諸陵。唐園陵之制，皇祖以上陵，皆朔望上食，元日、冬至、寒食、伏臘、社各一祭。皇考陵，朔望及節祭日進食，又薦新於諸陵。永徽二年，定獻陵朔望、冬夏至、伏臘、清明、社等節，皆上食。開元中，敕獻、昭、乾、定、橋、恭六陵，朔望上食，冬至、寒食各設一祭。宋每歲春秋仲月，遣太常宗正卿朝諸陵。我朝舊儀，每歲元旦、清明、七月望、十月朔、冬至日，俱用太牢，遣官致祭。白塔二處，則用少牢，中官行禮。今擬如舊儀，增夏至日用太牢，其伏臘、社、每月朔望，則用特羊，祠祭署官行禮。如節與朔望、伏臘、社同日，則用節禮。」從之。

十六年，孝陵殿成，命皇太子以牲醴致祭。清晨陳祭儀畢，皇太子、親王由東門入，就殿中拜位，皆四拜。皇太子少前，三上香，奠酒，讀祝曰：「園陵始營，祭享之儀未具。今禮殿旣成，奉安神位，謹用祭告。」遂行亞獻、終獻禮，皇太子以下皆四拜，執事行禮皆內官。二十六年令，車馬過陵，及守陵官民入陵者，百步外下馬，違者以大不敬論。

建文初，定孝陵每歲正旦、孟冬、忌辰、聖節，俱行香。清明、中元、冬至，俱祭祀。勳舊大臣行禮，文武官陪祀。若親王之藩，過京師者謁陵。官員以公事至，入城者謁陵，出城者辭陵。國有大事，遣官祭告。懿文太子陵在孝陵左，四孟、清明、中元、冬至、歲暮及忌辰，凡九祭。

永樂元年，工部以泗州祖陵黑瓦爲言。帝命易以黃，如皇陵制。宣宗卽位，遣鄭王謁祭孝陵。正統二年諭，天壽山陵寢，剪伐樹木者重罪，都察院榜禁，錦衣衞官校巡視，工部欽天監官環山立界。十年謁三陵，諭百官具淺色衣服，如洪武、永樂例。南京司禮太監陳祖圭言：「魏國公徐俌每祭孝陵，皆由紅券門直入，至殿內行禮，僭妄宜改。」俌言：「入由紅券門者，所以重祖宗之祭，尊皇上之命。出由小旁門者，所以守臣下之分。循守故事，幾及百年，豈敢擅易。」下禮部議，言：「長陵及太廟，遣官致祭，所由之門與孝陵事體相同，宜如舊。」從之。

弘治元年遣內官監護鳳陽皇陵，凡官員以公事經過者俱謁陵。十七年更裕陵神座。初，議以孝肅太皇太后祔葬裕陵，已遣官分告諸陵及天壽山后土，而欽天監以爲歲殺在北，方向不利。內官監亦謂英廟陵寢，難以輕動，遂議別建廟，奉安神主。帝心未慊，卒移英廟居中，孝莊居左，孝肅祔其右云。

正德間，定長陵以下諸陵，各設神宮監幷衞及祠祭署。〔一〕凡清明、中元、冬至，俱分遣駙馬都尉行禮，文武官陪祭。忌辰及正旦、孟冬、聖節，亦遣駙馬都尉行禮。親王之藩，詣諸陵辭謁。恭讓章皇后陵，清明、中元、冬至、忌辰內官行禮。西山景皇帝陵，祭期如上，儀賓行禮。

初，成祖易黃土山名天壽山。嘉靖十年名祖陵曰基運山，皇陵曰翊聖山，孝陵曰神烈山，顯陵曰純德山，及天壽山，並方澤從祀，所在有司祭告各陵山祇。禮官因奏：「神祇壇每年秋祭，有鍾山、天壽山之神，今宜增基運等山。」從之。

十四年諭禮部尚書夏言：「清明節既遣官上陵，內殿復祭，似涉煩複。」言因言：「我朝祀典，如特享、時享、祫祭、禘祭，足應經義，可爲世法。惟上陵及奉先殿多沿前代故事。上陵之祀，每歲清明、中元、冬至凡三。中元俗節，事本不經。往因郊祀在正首，故冬至上陵，蓋重一氣之始，伸報本之義。今冬至既行大報配天之禮，則陵事爲輕。況有事南郊，乃輟陪祀臣僚，遠出山陵，恐於尊祖配天之誠未盡。可罷冬至上陵，而移中元於霜降，惟清明如舊。蓋清明禮行於春，所謂雨露既濡，君子履之，有怵惕之心者也。霜降禮行於秋，所謂霜露既降，君子履之，有悽愴之心者也。二節既遣官上陵，則內殿之祭，誠不宜複。」遂著爲令。

十五年諭言曰：「廟重於陵，其禮嚴。故廟中一帝一后，陵則二三后配葬。今別建奉慈殿，不若奉主於陵殿爲宜。且梓宮配葬，而主乃別置，近於黜之，非親之也。」乃遷孝肅、孝穆、孝惠三后神主於陵殿。又諭言曰：「三后神主稱皇太后、太皇太后者，乃子孫所奉尊稱。今既遷陵殿，則名實不準。」言等議曰：「三后神主，禮不祔廟，義當從祧。遷奉陵殿，深合典禮。其稱皇太后、太皇太后者，乃子孫所上尊號。今已遷奉於陵，則當從夫婦之義，改題孝肅神主，不用睿字，孝穆、孝惠神主，俱不用純字，則嫡庶有別，而尊親併隆矣。」命如擬行。又諭：祭告長陵等七陵俱躬叩拜，恭讓章皇后、景皇帝陵亦展拜一次，以慰追感之情。十七年改陵殿曰祾恩殿，門曰祾恩門。又建成祖聖蹟亭於平臺山，率從官行祭禮。二十一年，工部尚書顧璘請以帝所上顯陵聖製歌詩，製爲樂章，享獻陵廟。禮部言：「天壽山諸陵，歲祀皆不用樂。」已而承天府守備太監傅霖乞增顯陵歲暮之祭。部議言：「諸陵皆無歲暮祀典。」詔並從部議。

隆慶二年，帝詣天壽山春祭。前一日，告世宗几筵及奉先、弘孝、神霄殿。駕至天壽山紅門降輿，由左門入，陞輿，駐蹕感思殿。越二日，質明行禮。帝青袍，乘板輿至長陵門外，東降輿，由殿左門入，至拜位，上香，四拜。至神御前獻帛、獻爵訖，復位。亞獻、終獻，令執爵者代，復四拜。餘如常祭之儀。隨詣永陵行禮。是日遣官六員，俱青服，分祭六陵。

萬曆八年，謁陵禮如舊。十一年，復謁陵。禮部言：「宜遵世宗彝憲，酌分二日，以次展拜。」乃定長、永、昭三陵，上香，八拜，親奠帛。初獻，六陵二寢，上香，四拜。其奠帛三獻，俱執事官代。十四年，禮部言：「諸妃葬金山諸處者，嘉靖中俱配享各陵殿，罷本墳祭。今世廟諸妃安厝西山者，宜從其例。至陵祭品物，九陵、恭讓、恭仁之陵止於酒果，而越、靖諸王及諸王妃則又有牲果祝文，反從其厚者，蓋以九陵帝后，歲暮已祫祭於廟，旬日內且復有孟春之享。故元旦陵殿止用酒果，非儉也；諸王諸妃則祫祭春祭皆不與，元旦一祭不宜從簡，故用牲帛祝文，非豐也。特恭讓、恭仁既不與祫享於廟中，又不設牲帛於陵殿，是則禮文之缺，宜增所未備。而諸王諸妃祝文，尙仍安厝時所用，宜改敍歲時遣官之意，則情順禮安。」報可。

凡山陵規制，有寶城，長陵最大，徑一百一丈八尺。次永陵，徑八十一丈。各陵深廣丈尺有差。正前爲明樓，樓中立帝廟謚石碑，下爲靈寢門。惟永陵中爲劵門。左右牆門各一樓。明樓前爲石几筵，又前爲祾恩殿、祾恩門。殿惟長陵重簷九間，左右配殿各十五間。永陵重簷七間，配殿各九間。諸陵俱殿五間，配殿五間。門外神庫或一或二，神廚宰牲亭，有聖蹟碑亭。諸陵碑俱設門外，率無字。長陵迤南有總神道，有石橋，有石像人物十八對，擎天柱四，石望柱二。長陵有神功聖德碑，仁宗御撰，在神道正南。南爲紅門，門外石牌坊一。門內有時陟殿，爲車駕更衣之所。永陵稍東有感思殿，爲駐蹕之所。殿東爲神馬廠。

忌辰

洪武八年四月，仁祖忌日，太祖親詣皇陵致祭。永樂元年，禮部尚書李至剛等奏定，高皇帝忌辰前二日，帝服淺淡色衣，御西角門視事。不鳴鐘鼓，不行賞罰，不舉音樂，禁屠宰。百官淺淡色衣、黑角帶朝參。至日，親祀於奉先殿，仍率百官詣孝陵致祭。高皇后忌辰如之。

宣德四年令，凡遇忌辰，通政司、禮科、兵馬司勿引囚奏事。五年敕百官朝參輟奏事儀。

英宗卽位，召禮臣及翰林院議忌辰禮。大學士楊士奇、楊榮，學士楊溥議：「每歲高廟帝后、文廟帝后、仁宗忌辰，服淺淡色服，不鳴鐘鼓，於奉天門視事。宣宗忌辰，小祥之日，於西角門視事。」從之。

弘治十四年令，凡遇忌辰，朝參官不得服紵絲紗羅衣。景皇帝、恭讓皇后忌辰，遇節令，服青綵花樣。宣宗忌辰，遇祭祀，服紅。十六年八月，吏部尚書馬文升言：「宣德間，仁宗忌辰，諸司悉免奏事。自太祖至仁宗生忌，俱輟朝。其後不知何時，仁宗忌辰，依前奏事。惟太祖至憲宗忌辰，〔二〕百官淺淡色服、黑角帶。朝廷亦出視朝，鳴鐘鼓，奏事。臣思自仁至憲，世有遠近，服有隆殺。請自仁宗忌辰、英宗生忌日，視朝，鳴鐘鼓。若遇憲宗及孝穆皇太后忌日，不視朝，著淺淡服，進素膳，不預他事。或遵宣宗時例，自太祖至憲宗生忌，俱輟朝一日。憲宗、孝穆忌日，如臣所擬。」帝下禮部議。部臣言：「經傳所載，忌日爲親死之日。則死日爲忌，非謂生辰也。其曰忌日不用，不以此日爲他事也。曰忌日不樂，是不可舉吉事也。此日當專意哀思父母，餘事皆不舉。但先朝事例，迄今見行，未敢更易。」帝乃酌定以淺淡服色視事。

嘉靖七年令，忌辰只祭本位。十八年令，高廟帝后忌辰祭於景神殿，列聖帝后忌辰祭於永孝殿。〔三〕二十四年令，仍祭於奉先殿。

乘輿受蕃國王訃奏儀

凡蕃國王薨，使者訃奏至，於西華門內壬地設御幄，皇帝素服乘輿詣幄。太常卿奏：「某國世子遣陪臣某官某，奏某國王臣某薨。」承制官至使者前宣制曰：「皇帝致問爾某國王某，得何疾而逝？」使者答故。其儀大略如臨王公大臣喪儀，但不舉哀。

凡塞外都督等官訃至，永樂間遣官賫香鈔諭祭。後定例，因其奏請，給與表裏祭文，令擕歸自祭。來京病故者，遣官諭祭或賜棺賜葬。後定年終類奏，遣官祭之。若在邊歿於戰陣者，不拘此例。凡外國使臣病故者，令所在官司賜棺及祭，或欲歸葬者聽。

乘輿爲王公大臣舉哀儀

洪武二年，開平王常遇春卒於軍。訃至，禮官請如宋太宗爲趙普舉哀故事。遂定制，凡王公薨，訃報太常司，示百官，於西華門內壬地設御幄，陳御座，置素褥。設訃者位於前，設百官陪哭位東西向，奉慰位於訃者位北，北向。贊禮二人，位於訃者位之北，引訃者二人，位於贊禮之南，引百官四人，位於陪位之北，皆東西向。其日，備儀仗於奉天門迎駕。皇帝素服乘輿詣幄，樂陳於幄之南，不作。太常卿奏：「某官來訃，某年月日，臣某官以某疾薨，請舉哀。」皇帝哭，百官皆哭。太常卿奏止哭，百官奉慰訖，分班立。訃者四拜退，太常卿奏禮畢。乘輿還宮，百官出。東宮爲王公舉哀儀同，但設幄於東宮西門外，陪哭者皆東宮屬。

乘輿臨王公大臣喪儀

凡王公大臣訃奏，太史監擇皇帝臨喪日期。拱衞司設大次於喪家大門外，設御座於正廳中。有司設百官次於大次之左右。侍儀司設百官陪立位於廳前左右，引禮四人位於百官之北，東西向。設喪主以下拜位於廳前，主婦以下哭位於殯北幔中。其日，鑾駕至大次，降輅，升輿，入易素服。百官皆易服，先入就廳前，分班侍立。御輿出次。喪主以下免絰去杖，衰服，出迎於大門外。望見乘輿，止哭，再拜，入於門內之西。乘輿入門，將軍四人前導，四人後從。入至正廳，降輿，升詣靈座前，百官班於後。皇帝哭，百官皆哭。太常卿奏止哭，「三上香，三祭酒」。出至正廳御座，主喪以下詣廳下拜位，再拜。承制官詣喪主前云「有制」。喪主以下皆跪。宣制訖，皆再拜，退立於廳西。太常卿奏禮畢，皇帝升輿，出就大次，易服。御輿出，喪主以下詣前再拜退。皇帝降輿升輅，喪主杖哭而入。諸儀衞贊唱，大略如常。

其公、侯卒葬輟朝禮，洪武二十三年定。凡公、侯卒於家者，聞喪輟朝三日。下葬，一日。卒於外者，聞喪，一日。柩至京，三日。下葬，仍一日。凡輟朝之日，不鳴鐘鼓，各官淺淡色衣朝參。初制，都督至都指揮卒，輟朝二日。永樂後更定，惟公、侯、駙馬、伯及一品官，輟朝一日。

中宮爲父祖喪儀

凡中宮父母薨，訃報太常寺，轉報內使監。前期，設薦於別殿東壁下，爲皇后舉哀位及內命婦以下哭位。皇后出詣別殿，內使監令奏，「考某官以某月某日薨」，母則云「妣某夫人」，祖考、妣同。皇后哭，內命婦以下皆哭盡哀。皇后問故，又哭盡哀。乃素服，內命婦皆素服，止哭，還宮。

內使監令奏聞。得旨：「皇后奔喪。」喪家設薦席於喪寢之東，從臨內命婦哭位於其下，主喪以下哭位於喪寢之西，主婦以下哭位於喪寢之北幔下。至日，內使監進堊車，備儀仗導引。皇后素服出宮，升輿，三面白布行帷。至閤外，降輿，升堊車。至喪家大門內，降車哭入，仍以行帷圍護。從臨者皆哭入。喪主以下，降詣西階下立哭。皇后升自東階，進至尸東，憑尸哭。從臨者皆哭。喪主升自西階，俱哭於尸西。〔四〕皇后至哭位，內使監令跪請止哭。應奉慰者詣皇后前，奉慰如常禮。如皇后候成服，則從臨命婦應還者先還。如本日未卽奔喪，則是晡復哭於別殿。尚服製皇后齊衰及從臨命婦孝服，俟喪家成服日進之。詣靈前再拜，上香，復位，再拜。如爲諸王外戚舉哀，仍於別殿南向，不設薦位。

遣使臨弔儀

太常司奉旨遣弔。前期，設宣制位於喪家正廳之北，南向；喪主受弔位於南，北向；婦人立哭位於殯北幕下。其日，使者至。喪主去杖，免絰衰服，止哭，出迎於中門外。復先入，就廳前拜位。內外止哭，使者入，就位稱有制。喪主以下再拜跪。宣制曰：「皇帝聞某官薨，遣臣某弔。」喪主以下復再拜。禮畢，內外皆哭。使者出，喪主至中門外，拜送，杖哭而入。宮使則稱有令。至遣使賻贈及致奠，其儀節亦相倣云。賻贈之典，一品米六十石，麻布六十匹。二品以五，三品、四品以四，五品、六品以三，公侯則以百。永樂後定制，公、侯、駙馬、伯皆取上裁。凡陣亡者全支，邊遠守禦出征及出海運糧病故半支。

其遣百官會王公大臣喪儀。前期，有司於喪家設位次。其日，百官應會弔者素服至。〔五〕喪主以下就東階哭位，主婦以下就殯北哭位。百官入，就殯前位哭，主喪主婦以下皆哭。止哭，再拜，主喪以下答拜。班首詣喪主前展慰畢，百官出，喪主拜送，杖哭而入。會葬儀同。

遣使册贈王公大臣儀

前期，禮部奏請製册，翰林院取旨製文，中書省禮部奏請某官爲使。其日，祠祭司設龍亭、香亭於午門前正中。執事於受册者家設宣制官位於正廳之東北，南向；喪主代受册命者位於廳前，北向。禮部官封册文，以盝匣盛之，黃袱裹置龍亭中。儀仗、鼓樂前導，至其家。代受册者出迎於大門外。執事舁龍亭置廳上正中，使者入，立於東北。代受册者就拜位，再拜。使者稍前，稱「有制」。代受册者跪。宣制曰：「皇帝遣臣某，册贈故某官某爲某勳某爵。」宣訖，代受册者復再拜。使者取册授之，代受册者捧置靈座前。使者出，代受册者送至大門外。如不用册者，吏部用誥命，喪家以册文錄黃，設祭儀於靈前。代受册者再拜，執事者展黃立讀於左。喪主以下皆再拜，焚黃。

賜祭葬

洪武十四年九月，衍聖公孔希學卒，遣官致祭。其後，羣臣祭葬，皆有定制。太祖諭祭羣臣文，多出御筆。嘉靖中，世宗爲禮部尚書席書、兵部尚書李承勛親製祭文。皆特典，非常制也。

隆慶元年十二月，禮部議上卹典條例。

凡官員祭葬，有無隆殺之等，悉遵會典。其特恩，如侍從必日侍講讀、軍功必躬履行陣、東宮官必出閣講授有勞者。〔六〕據嘉靖中事例，祭葬加一等，無祭者與祭一壇，無葬者給半葬，半葬者給全葬。講讀官五品本身有祭，四品及父母，三品及妻。軍功四品得祭葬，三品未滿及父母。講讀年久、啓沃功多、軍旅身殲、勳勞茂著者，恩卹加厚，臨期請旨。

會典，凡一品官，祭九壇。父母妻加祭，或二壇、一壇，或妻止一壇者，恩難預擬，遇有陳乞，酌擬上請。一品，二壇。加東宮三少，或兼大學士贈一品者，至四壇，父母妻俱一壇，致仕加三少者加一壇，加太子太保者加三壇，妻未封夫人者不祭。三品祭葬，在任、致仕俱一壇，兼學士贈尚書者二壇，未及考滿病故者一壇減半。造葬悉如舊例。四、五品官不得重封。故四品官由六七品陞者，父母有祭。由五品陞者，以例不重封，遂不得祭。

今定四品官，凡經考滿者，父母雖止授五品封，亦與祭一壇。四品以上官，本身及父母恩典，必由考滿而後得。然有二品、三品共歷四五年，父母未授三品封，終不得霑一祭者，宜並敍年資。二品、三品共歷三年以上者，雖未考三品滿，本身及父母俱與三品祭葬。三品四品，共歷三年以上者，雖未考四品滿，本身用三品未考滿例，祭一壇半，葬父母祭一壇。凡被劾閒住者，雖遇覃恩，復致仕，仍不給祭葬。

勳臣祭葬，皇親出自上裁。駙馬都尉祭十五壇。公、侯、伯在內掌府事坐營、在外總兵有殊勳加太子太保以上者，遵會典。公、侯十六壇，伯十五壇，掌府坐營總兵有勳勞者七壇，掌府坐營年勞者五壇，掌府坐營而政蹟未著者四壇，管事而被劾勘明閒住者二壇，被劾未經勘實者一壇。勘實罪重者，幷本爵應得祭葬皆削。

又正德間，公、侯、伯本祭俱三壇，嘉靖間二壇。今遵嘉靖例，以復會典之舊。武臣祭葬，遵正德、嘉靖例，都督同知僉事、錦衣衞指揮祭三壇，署都督同知僉事一壇，餘推類行之。

帝從其議。

萬曆六年更定，凡致仕養病終養聽用等官，祭葬俱與現任官同。十二年續定，被劾自陳致仕官，有日久論定原無可議者，仍給祭葬，父母妻視本身爲差等。

喪葬之制

洪武五年定。凡襲衣，三品以上三，四品、五品二，六品以下一。飯含，五品以上飯稷含珠，九品以上飯粱含小珠。銘旌，絳帛，廣一幅，四品以上長九尺，六品以上八尺，九品以上七尺。斂衣，品官朝服一襲，常服十襲，衾十番。

靈座設於柩前，用白絹結魂帛以依神。棺椁，品官棺用油杉朱漆，椁用土杉。牆翣，公、侯六，三品以上四，五品以上二。明器，公、侯九十事，一品、二品八十事，三品、四品七十事，五品六十事，六品、七品三十事，八品、九品二十事。

引者，引車之紼也；披者，以纁爲之，繫於輴車四柱，在旁執之，以備傾覆者也；鐸者，以銅爲之，所以節挽歌者。公、侯四引六披，左右各八鐸。一品、二品三引四披，左右各六鐸。三品、四品二引二披，左右各四鐸。五品以下，二引二披，左右各二鐸。羽旛竿長九尺，五品以上，一人執之以引柩，六品以下不用。功布，品官用之，長三尺。方相，四品以上四目，七品以上兩目，八品以下不用。

柳車上用竹格，以綵結之，旁施帷幔，四角重流蘇。誌石二片，品官皆用之。其一爲蓋，書某官之墓；其一爲底，書姓名、鄉里、三代、生年、卒葬月日及子孫、葬地。婦人則隨夫與子孫封贈。二石相向，鐵束埋墓中。祭物，四品以上羊豕，九品以上豕。

初，洪武二年敕葬開平王常遇春於鍾山之陰，給明器九十事，納之墓中。鉦二，鼓四，紅旗、拂子各二，紅羅蓋、鞍、籠各一，弓二，箭三，竈、釜、火爐各一，俱以木爲之。水罐、甲、頭盔、臺盞、杓、壺、瓶、酒甕、唾壺、水盆、香爐各一，燭臺二，香盒、香匙各一，香筯二，香匙筯瓶、茶鍾、茶盞各一，筯二，匙二，匙筯瓶一，椀二，楪十二，槖二，俱以錫造，金裹之。班劍、牙仗各一，金裹立瓜、骨朶戟、響節各二，交椅、脚踏、馬杌各一，誕馬六，槍、劍、斧、弩、食桌、牀、屏風、拄杖、箱、交牀、香桌各一，杌二，俱以木爲之。樂工十六，執儀仗二十四，控士六，女使十，青龍、白虎、朱雀、玄武神四，門神二，武士十，幷以木造，各高一尺。雜物，翣六，璧一，筐、笥、楎、椸、衿、鞶各一，笣二，筲二，糧漿瓶二，油瓶一，紗廚、煖帳各一。束帛青三段，纁二段，每段長一丈八尺。後定制，公、侯九十事者准此行之。餘以次減殺。

碑碣

明初，文武大臣薨逝，例請於上，命翰林官製文，立神道碑。惟太祖時中山王徐達、成祖時榮國公姚廣孝及弘治中昌國公張巒治先塋，皆出御筆。其制，自洪武三年定。五品以上用碑，龜趺螭首。六品以下用碣，方趺圓首。五年復詳定其制。功臣歿後封王，螭首高三尺二寸，碑身高九尺，廣三尺六寸，龜趺高三尺八寸。一品螭首，二品麟鳳蓋，三品天祿辟邪蓋，四品至七品方趺。首視功臣歿後封王者，遞殺二寸，至一尺八寸止。碑身遞殺五寸，至五尺五寸止。其廣遞殺二寸，至二尺二寸止。趺遞殺二寸，至二尺四寸止。

墳塋之制，亦洪武三年定。一品，塋地周圍九十步，墳高一丈八尺。二品，八十步，高一丈四尺。三品，七十步，高一丈二尺。以上石獸各六。四品，四十步。七品以下二十步，高六尺。五年重定。功臣歿後封王，塋地周圍一百步，墳高二丈，四圍墳牆高一丈，石人四，文武各二，石虎、羊、馬、石望柱各二。一品至六品塋地如舊制，七品加十步。一品墳高一丈八尺，二品至七品遞殺二尺。一品墳牆高九尺，二品至四品遞殺一尺，五品四尺。一品、二品石人二，文武各一，虎、羊、馬、望柱各二。三品四品無石人，五品無石虎，六品以下無。

當太祖時，盱眙揚王墳置守戶二百一十，宿州徐王墳置墳戶九十三，滁州滁陽王墳亦置墳戶。四年又賜功臣李善長、徐達、常茂、馮勝墳戶百五十，鄧愈、唐勝宗、陸仲亨、華雲龍、顧時、陳德、耿炳文、吳楨、孫恪、郭興墳戶百。成化十五年，南京禮部言：「常遇春、李文忠等十四人勳臣墳墓，俱在南京城外，文忠曾孫萼等，以歲久頹壞爲言，請命工修治。」帝可其奏，且令無子孫者，復墓旁一人守護之。

賜謚

親王例用一字，郡王二字，文武大臣同。與否，自上裁。若官品未高而侍從有勞，或以死勤事者，特賜謚，非常例。洪武初，有應得謚者，禮部請旨，令禮部行翰林院擬奏。弘治十五年定制，凡親王薨，行撫、按，郡王病故，行本府親王及承奉長史，覈勘以奏，乃議謚。文武大臣請謚，禮部取旨，行吏兵部考實蹟。禮部定三等，行業俱優者爲上，頗可者爲中，行實無取者爲下，送翰林院擬謚。有應謚而未得者，撫、按、科道官以聞。

按明初舊制，謚法自十七字至一字，各有等差。然終高帝世，文臣未嘗得謚，武臣非贈侯伯不可得。魯、秦二王曰荒、曰愍。至建文謚王禕，成祖謚胡廣，文臣始有謚。迨世宗則濫及方士，且加四字矣。定例，三品得謚，詞臣謚「文」。然亦有得謚不止三品，謚「文」不專詞臣者，或以勳勞，或以節義，或以望實，破格崇褒，用示激勸。其冒濫者，亦間有之。

萬曆元年，禮臣言：「大臣應得謚者，宜廣詢嚴覈。應謚而未請者，不拘遠近，撫、按、科道舉奏，酌議補給。」十二年，禮臣言：「大臣謚號，必公論允服，毫無瑕疵者，具請上裁。如行業平常，卽官品雖崇，不得槪予。」帝皆從之。三十一年，禮部侍郎郭正域請嚴謚典。議奪者四人，許論、黃光昇、呂本、范謙；應奪而改者一人，陳瓚；補者七人，伍文定、吳悌、魯穆、楊繼宗、鄒智、楊源、陳有年。閣臣沈一貫、朱賡力庇呂本，不從其議。未幾，御史張邦俊請以呂柟從祀孔廟，而論應補謚者，雍泰、魏學曾等十四人。部議久之，共彙題先後七十四人，留中不發。

天啓元年始降旨俞允，又增續請者十人，而邦俊原請九人不與。正域所請伍文定等亦至是始定。凡八十四人。其官卑得謚者，鄒智、劉臺、魏良弼、周天佐、楊允繩、沈鍊、楊源、黃鞏、楊愼、周怡、莊泉、馮應京皆以直諫，孟秋、張元忭、曹端、賀欽、陳茂烈、馬理、陶望齡皆以學行，張銓以忠義，李夢陽以文章，魯穆、楊繼宗、張朝瑞、朱冠、傅新德、張允濟皆以清節，楊愼之文憲，莊泉之文節，則又兼論文學云。

三年，禮部尙書林堯俞言：「謚典五年一舉，自萬曆四十五年至今，蒙恤而未謚者，九卿臺省會議與臣部酌議。」帝可之。然是時，遲速無定。六年，禮科給事中彭汝楠言：「耳目近則覩記眞，宜勿逾五年之限。」又謂：「三品以上爲當予謚，而建文諸臣之忠義，陶安等之參帷幄，葉琛等之殉行間，皆宜補謚。」事下禮部，以建文諸臣未易輕擬，不果行。至福王時，始從工科給事中李清言，追謚開國功臣李善長等十四人，正德諫臣蔣欽等十四人，天啓慘死諸臣左光斗等九人，而建文帝之弟允熥、允熞、允熙，子文奎，亦皆因清疏追補。

品官喪禮〔七〕

品官喪禮載在集禮、會典者，本之儀禮士喪，稽諸唐典，又參以朱子家禮之編，通行共曉。茲舉大要，其儀節不具錄。

凡初終之禮，疾病，遷於正寢。屬纊，俟絕氣乃哭。立喪主、主婦，護喪以子孫賢能者。〔八〕治棺訃告。設尸牀、帷堂，掘坎。設沐具，沐者四人，六品以下三人，乃含。〔九〕置虛座，結魂帛，立銘旌。喪之明日乃小斂，又明日大斂，蓋棺，設靈牀於柩東。又明日，五服之人各服其服，然後朝哭相弔。既成服，朝夕奠，百日而卒哭。乃擇地，三月而葬。告后土，遂穿壙。刻誌石，造明器，備大轝，作神主。既發引，至墓所，乃窆。施銘旌誌石於壙內，掩壙復土，乃祠后土於墓。題主，奉安。升車，反哭。

凡虞祭，葬之日，日中而虞，柔日再虞，剛日三虞。若去家經宿以上，則初虞於墓所行之。墓遠，途中遇柔日，亦於館所行之。若三虞，必俟至家而後行。三虞後，遇剛日卒哭。

明日祔家廟。期而小祥。喪至此凡十三月，不計閏。古卜日祭，今止用初忌，喪主乃易練服。再期而大祥。喪至此凡二十五月，亦止用第二忌日祭。陳禫服，告遷於祠堂。改題神主，遞遷而西，奉神主入於祠堂。徹靈座，奉遷主埋於墓側。大祥後，間一月而禫。喪至此計二十有七月。卜日，喪主禫服詣祠堂，祗薦禫事。

其在遠聞喪者，始聞，易服，哭而行。至家，憑殯哭，四日而成服。若未得行，則設位，四日而變服。若既葬，則先哭諸墓，歸詣靈座前哭，四日成服。齊衰以下聞喪，爲位而哭。若奔喪，則至家成服。若不奔喪，四日成服。凡有改葬者，孝子以下及妻、妾、女子子，俱緦麻服，周親以下素服。不設祖奠，無反哭，無方相魌頭，餘如常葬之儀。既葬，就吉帷靈座前一虞。孝子以下，出就別所，釋緦服素服而還。

洪武二十六年四月除期服奔喪之制。先是百官聞祖父母、伯叔、兄弟喪，俱得奔赴。至是吏部言：「祖父母、伯叔、兄弟皆係期年服。若俱令奔喪守制，或一人連遭五六期喪，或道路數千里，則居官日少，更易繁數，曠官廢事。今後除父母、祖父母承重者丁憂外，其餘期喪不許奔，但遣人致祭。」從之。

士庶人喪禮

集禮及會典所載，大略倣品官制，稍有損益。

洪武元年，御史高元侃言：〔一〇〕「京師人民，循習舊俗。凡有喪葬，設宴，會親友，作樂娛尸，竟無哀戚之情，甚非所以爲治。乞禁止以厚風化。」乃令禮官定民喪服之制。

五年詔定：「庶民襲衣一稱，用深衣一、大帶一、履一雙，裙袴衫襪隨所用。飯用粱，含錢三。銘旌用紅絹五尺。斂隨所有，衣衾及親戚襚儀隨所用。〔一一〕棺用堅木，油杉爲上，柏次之，土杉松又次之。用黑漆、金漆，不得用硃紅。明器一事。功布以白布三尺引柩。〔一二〕柳車以衾覆棺。誌石二片，如官之儀。塋地圍十八步。祭用豕，隨家有無。」

又詔：「古之喪禮，以哀戚爲本，治喪之具，稱家有無。近代以來，富者奢僭犯分，力不足者稱貸財物，誇耀殯送，及有惑於風水，停柩經年，不行安葬。宜令中書省臣集議定制，頒行遵守，違者論罪。」又諭禮部曰：「古有掩骼埋胔之令，近世狃元俗，死者或以火焚，而投其骨於水。傷恩敗俗，莫此爲甚。其禁止之。若貧無地者，所在官司擇寬閒地爲義塚，俾之葬埋。或有宦遊遠方不能歸葬者，官給力費以歸之。」

服紀

明初頒大明令，凡喪服等差，多因前代之舊。洪武七年，孝慈錄成，復圖列於大明令，刊示中外。

先是貴妃孫氏薨，敕禮官定服制。禮部尚書牛諒等奏曰：「周儀禮，父在，爲母服期年，若庶母則無服。」太祖曰：「父母之恩一也，而低昂若是，不情甚矣。」乃敕翰林院學士宋濂等曰：「養生送死，聖王大政。諱亡忌疾，衰世陋俗。三代喪禮散失於衰周，厄於暴秦。漢、唐以降，莫能議此。夫人情無窮，而禮爲適宜。人心所安，卽天理所在。爾等其考定喪禮。」於是濂等考得古人論服母喪者凡四十二人，願服三年者二十八人，服期年者十四人。太祖曰：「三年之喪，天下通喪。觀願服三年，視願服期年者倍，豈非天理人情之所安乎？」乃立爲定制。子爲父母，庶子爲其母，皆斬衰三年。嫡子、衆子爲庶母，皆齊衰杖期。仍命以五服喪制，并著爲書，使內外遵守。其制服五。曰斬衰，以至粗麻布爲之，不縫下邊。曰齊衰，以稍粗麻布爲之，縫下邊。曰大功，以粗熟布爲之。曰小功，以稍粗熟布爲之。曰緦麻，以稍細熟布爲之。

其敍服有八。曰斬衰三年者：子爲父母，庶子爲所生母，子爲繼母；子爲慈母，謂母卒父命他妾養己者，子爲養母，謂自幼過房與人者；女在室爲父母，女嫁被出而反在室爲父母；嫡孫爲祖父母承重及曾高祖父母承重者；爲人後者爲所後父母，及爲所後祖父母承重；夫爲後則妻從服，婦爲舅姑；庶子之妻爲夫之所生母；妻妾爲夫。

曰齊衰杖期者：嫡子衆子爲庶母；嫡子衆子之妻爲夫之庶母，爲嫁母、出母、父卒繼母改嫁而已從之者；夫爲妻。

曰齊衰不杖期者：父母爲嫡長子及衆子，父母爲女在室者，繼母爲長子及衆子，慈母爲長子及衆子，孫爲祖父母，孫女雖適人不降，高曾皆然；爲伯叔父母；妾爲夫之長子及衆子，爲所生子；爲兄弟，爲兄弟之子及兄弟之女在室者，爲姑及姊妹在室者；妾爲嫡妻；嫁母、出母爲其子；女在室及雖適人而無夫與子者，爲其兄弟及兄弟之子；繼母改嫁爲前夫之子從己者；爲繼父同居兩無大功之親者；婦人爲夫親兄弟之子，婦人爲夫親兄弟子女在室者；女出嫁爲父母；妾爲其父母；爲人後者爲其父母；女適人爲兄弟之爲父後者；祖爲嫡孫；父母爲長子婦。

曰齊衰五月者：爲曾祖父母。

曰齊衰三月者：爲高祖父母，爲繼父昔同居而今不同者，爲繼父雖同居而兩有大功以上親者。

曰大功九月者：爲同堂兄弟及姊妹在室者，爲姑及姊妹及兄弟之女出嫁者；父母爲衆子婦，爲女之出嫁者；祖爲衆孫；爲兄弟之子婦；婦人爲夫之祖父母，爲夫之伯叔父母，爲夫之兄弟之子婦，爲夫兄弟之女嫁人者；女出嫁爲本宗伯叔父母，及爲兄弟與兄弟之子，爲姑姊妹及兄弟之女在室者；爲人後者爲其兄弟及姑姊妹在室者；妻爲夫本生父母；爲兄弟之子爲人後者。

曰小功五月者：爲伯叔祖父母，爲同堂伯叔父母，爲再從兄弟及再從姊妹在室者，爲同堂兄弟之子，爲祖姑在室者，爲從祖姑在室者，爲同堂兄弟之女在室者，爲兄弟之妻；爲人後者爲其姑姊妹適人者；爲嫡孫婦，爲同堂姊妹之出嫁者，爲孫女適人者，爲兄弟之孫及兄弟之女孫在室者，爲外祖父母，爲母之兄弟姊妹，爲同母異父之兄弟姊妹，爲姊妹之子；婦人爲夫之姑及夫之姊妹，爲夫之兄弟及夫兄弟之妻，爲夫兄弟之孫及夫兄弟之女孫在室者，爲夫同堂兄弟之子及同堂兄弟之女在室者。

曰緦麻三月者：爲族曾祖父母，爲族伯叔祖父母，爲族父母，爲族兄弟及族姊妹在室者，爲族曾祖姑在室者，爲族祖姑及族姑在室者，爲兄弟之曾孫，女在室同，爲曾孫玄孫，爲同堂兄弟之孫，女在室同，爲再從兄弟之子，女在室同，爲祖姑、從祖姑及從祖姊妹之出嫁者，爲兄弟之孫女出嫁者，爲同堂兄弟之女出嫁者，爲乳母，爲舅之子，爲姑之子，爲姨之子，爲外孫，爲壻，爲妻之父母，爲兄弟孫之婦，爲同堂兄弟子之婦，爲同堂兄弟之妻，爲外孫婦，爲甥婦；婦人爲夫之曾祖、高祖父母，爲夫之叔伯祖父母，爲夫之同堂伯叔父母，爲夫兄弟之曾孫，爲夫之同堂兄弟，爲夫同堂兄弟之孫，孫女同，爲夫再從兄弟之子，爲夫兄弟之孫婦，爲夫同堂兄弟子之婦，爲夫同堂兄弟之妻，爲夫同堂姊妹，爲夫之外祖父母，爲夫之舅及姨，爲夫之祖姑及從祖姑在室者；女出嫁爲本宗叔伯祖父母，爲本宗同堂叔伯父母，爲本宗同堂兄弟之子女，爲本宗祖姑及從祖姑在室者，爲本宗同堂姊妹之出嫁者；爲人後者爲本生外祖父母。

嘉靖十八年正月諭輔臣：「昨居喪理疾，閱禮記檀弓等篇，其所著禮儀制度俱不歸一，又不載天子全儀。雖曰『三年之喪，通乎上下』，而今昔亦有大不同者。皇祖所定，未有全文，每遇帝后之喪，亦未免因仍爲禮。至於冠裳衰絰，所司之製不一，其與禮官考定之。自初喪至除服，冠裳輕重之製具爲儀節，俾歸至當。」於是禮部議喪服諸制奏之。帝令更加考訂，畫圖註釋，並祭葬全儀，編輯成書備覽。

校勘記

〔一〕各設神宮監幷衞及祠祭署　神宮監，原作「神官監」，據明史稿志四二禮志改。

〔二〕惟太祖至憲宗忌辰　太祖，原作「太宗」，據明史稿志四二禮志、孝宗實錄卷二〇二弘治十六年八月戊戌條改。下文「太祖至憲宗生忌」，太祖，原亦作「太宗」，並據孝宗實錄改。

〔三〕列聖帝后忌辰祭於永孝殿　永孝殿，原作「永思殿」，據明史稿志四二禮志、世宗實錄卷二一四嘉靖十八年五月己亥條改。

〔四〕倶哭於尸西　尸，原作「柩」。按此與上文「進至尸東，憑尸哭」句相應，據明史稿志四二禮志改。

〔五〕百官應會弔者素服至　至，原作「立」，據明史稿志四二禮志改。

〔六〕東宮官必出閤講授有勞者　閤，原作「閣」，據本書卷五五禮志東宮出閤講學儀改。

〔七〕品官喪禮　原無此標題，據卷目增。

〔八〕立喪主主婦護喪以子孫賢能者　立，原脫，子孫，原作「子弟」，據明史稿志四二禮志、明會典卷九九補改。

〔九〕乃含　明會典卷九九作「乃沐乃含」，意較完足。

〔一〇〕御史高元侃言　高元侃，明史稿志四二禮志、太祖實錄卷三四洪武元年十二月庚午條作「高原侃」。

〔一一〕斂隨所有衣衾及親戚襚儀隨所用　隨所有，原作「隨所用」，當涉下「隨所用」而誤。據明史稿志四二禮志、太祖實錄卷七四洪武五年六月丙申條改。

〔一二〕功布以白布三尺引柩　原脫「以」字，據明史稿志四二禮志、太祖實錄卷七四洪武五年六月丙申條、明會典卷一〇〇補。

明史卷六十一

志第三十七

樂一

古先聖王，治定功成而作樂，以合天地之性，類萬物之情，天神格而民志協。蓋樂者，心聲也，君心和，六合之內無不和矣。是以樂作於上，民化於下。秦、漢而降，斯理浸微，聲音之道與政治不相通，而民之風俗日趨於靡曼。明興，太祖銳志雅樂。是時，儒臣冷謙、陶凱、詹同、宋濂、樂韶鳳輩皆知聲律，相與究切釐定。而掌故闊略，欲還古音，其道無由。太祖亦方以下情偸薄，務嚴刑以束之，其於履中蹈和之本，未暇及也。文皇帝訪問黃鍾之律，臣工無能應者。英、景、憲、孝之世，宮縣徒爲具文。殿廷燕享，郊壇祭祀，敎坊羽流，慢瀆苟簡，劉翔、胡瑞爲之深慨。世宗制作自任，張鶚、李文察以審音受知，終以無成。蓋學士大夫之著述止能論其理，而施諸五音六律輒多未協，樂官能紀其鏗鏘鼓舞而不曉其義，是以卒世莫能明也。稽明代之制作，大抵集漢、唐、宋、元人之舊，而稍更易其名。凡聲容之次第，器數之繁縟，在當日非不燦然俱舉，第雅俗雜出，無從正之。故備列於篇，以資考者。

太祖初克金陵，卽立典樂官。其明年置雅樂，以供郊社之祭。吳元年命自今朝賀，不用女樂。先是命選道童充樂舞生，至是始集。太祖御戟門，召學士朱升、范權引樂舞生入見，閱試之。太祖親擊石磬，命升辨五音。升不能審，以宮音爲徵音。太祖哂其誤，命樂生登歌一曲而罷。是年置太常司，其屬有協律郎等官。元末有冷謙者，知音，善鼓瑟，以黃冠隱吳山。召爲協律郎，令協樂章聲譜，俾樂生習之。取石靈璧以製磬，採桐梓湖州以製琴瑟。乃考正四廟雅樂，命謙較定音律及編鐘、編磬等器，遂定樂舞之制。樂生仍用道童，舞生改用軍民俊秀子弟。又置教坊司，掌宴會大樂。設大使、副使、和聲郎，左、右韶樂，左、右司樂，皆以樂工爲之。後改和聲郎爲奉鑾。

洪武元年春親祭太社、太稷。夏祫享於太廟。〔二〕其冬祀昊天上帝於圜丘。明年祀皇地祇於方丘，又以次祀先農、日月、太歲、風雷、嶽瀆、周天星辰、歷代帝王、至聖文宣王，皆定樂舞之數，奏曲之名。

圜丘。迎神，奏中和之曲。奠玉帛，奏肅和之曲。奉牲，奏凝和之曲。初獻，奏壽和之曲，武功之舞。亞獻，奏豫和之曲，終獻，奏熙和之曲，俱文德之舞。徹豆，奏雍和之曲。送神，奏安和之曲。望燎，奏時和之曲。方丘並同，曲詞各異，易望燎曰望瘞。太社太稷，易迎神曰廣和，省奉牲，餘並與方丘同，曲詞各異。

先農。迎神、奠帛，奏永和之曲。進俎，奏雍和之曲。初獻、終獻，並奏壽和之曲。徹豆、送神，並奏永和之曲。望瘞，奏太和之曲。

朝日。迎神，奏熙和之曲。奠玉帛，奏保和之曲。初獻，奏安和之曲，武功之舞。亞獻，奏中和之曲，終獻，奏肅和之曲，俱文德之舞。徹豆，奏凝和之曲。送神，奏壽和之曲。望燎，奏豫和之曲。夕月，迎神易凝和，奠帛以下與朝日同，曲詞各異。

太歲、風雷、嶽瀆。迎神，奏中和。奠帛，奏安和。初獻，奏保和。亞獻，奏肅和。終獻，奏凝和。徹豆，奏壽和。送神，奏豫和。望燎，奏熙和。

周天星辰，初附祀夕月，洪武四年別祀。迎神，奏凝和。奠帛、初獻，奏保和，武功舞。亞獻，奏中和，終獻，奏肅和，俱文德舞。徹豆，奏豫和。送神，奏雍和。

太廟。迎神，奏太和之曲。奉册寶，奏熙和之曲。進俎，奏凝和之曲。初獻，奏壽和之曲，武功之舞。亞獻，奏豫和之曲，終獻，奏熙和之曲，俱文德之舞。徹豆，奏雍和之曲。送神，奏安和之曲。初獻則德、懿、熙、仁各奏樂舞，亞、終獻則四廟共之。

釋奠孔子，初用大成登歌舊樂。洪武六年始命詹同、樂韶鳳等更製樂章。迎神，奏咸和。奠帛，奏寧和。初獻，奏安和。亞獻、終獻，奏景和。徹饌、送神，奏咸和。

歷代帝王。迎神，奏雍和。奠帛、初獻，奏保和，武功舞。亞獻，奏中和，終獻，奏肅和，俱文德舞。徹豆，奏凝和。送神，奏壽和。望瘞，奏豫和。

又定王國祭祀樂章。迎神，奏太清之曲。初獻，奏壽清之曲。亞獻，奏豫清之曲。終獻，奏熙清之曲。徹饌，奏雍清之曲。送神，奏安清之曲。其社稷山川，易迎神爲廣清，增奉瘞曰時清。

此祭祀之樂歌節奏也。

洪武三年又定朝會宴饗之制。〔二〕

凡聖節、正旦、冬至、大朝賀，和聲郎陳樂於丹墀百官拜位之南，北向。駕出，仗動。和聲郎舉麾，奏飛龍引之曲，樂作，陞座。樂止，偃麾。百官拜，奏風雲會之曲，拜畢，樂止。丞相上殿致詞，奏慶皇都之曲，致詞畢，樂止。百官又拜，奏喜昇平之曲，拜畢，樂止。駕興，奏賀聖朝之曲，還宮，樂止。百官退，和聲郎、樂工以次出。

凡宴饗，和聲郎四人總樂舞，二人執麾，立樂工前之兩旁；二人押樂，立樂工後之兩旁。殿上陳設畢，和聲郎執麾由兩階升，立於御酒案之左右；二人引歌工、樂工由兩階升，立於丹陛上之兩旁，東西向。舞師二人執旌，引武舞士立於西階下之南；又二人執翿，引文舞士立於東階下之南；又二人執幢，引四夷舞士立於武舞之西南；俱北向。武舞曰平定天下之舞，象以武功定禍亂也；文舞曰車書會同之舞，象以文德致太平也；四夷舞曰撫安四夷之舞，象以威德服遠人也。引大樂二人，執戲竹，引大樂工陳列於丹陛之西，文武二舞樂工列於丹陛之東，四夷樂工列於四夷舞之北，俱北向。駕將出，仗動，大樂作。升座，樂止。進第一爵，和聲郎舉麾，唱奏起臨濠之曲。引樂二人引歌工、樂工詣酒案前，北面，重行立定。奏畢，偃麾，押樂引衆工退。第二，奏開太平之曲。第三，奏安建業之曲。第四，奏削羣雄之曲。第五，奏平幽都之曲。第六，奏撫四夷之曲。第七，奏定封賞之曲。第八，奏大一統之曲。第九，奏守承平之曲。其舉麾、偃麾，歌工、樂工進退，皆如前儀。進第一次膳，和聲郎舉麾，唱奏飛龍引之樂，大樂作。食畢，樂止，偃麾。第二，奏風雲會之樂。第三，奏慶皇都之樂。第四，奏平定天下之舞。第五，奏賀聖朝之樂。第六，奏撫安四夷之舞。第七，奏九重歡之樂。第八，奏車書會同之舞。第九，奏萬年春之樂。其舉麾、偃麾如前儀。九奏三舞既畢，駕興，大樂作。入宮，樂止，和聲郎執麾引衆工以次出。

宴饗之曲，後凡再更。四年所定，一曰本太初，二曰仰大明，三曰民初生，四曰品物亨，五曰御六龍，六曰泰階平，七曰君德成，八曰聖道行，九曰樂清寧。其詞，詹同、陶凱所製也。十五年所定，一曰炎精開運，二曰皇風，三曰眷皇明，四曰天道傳，五曰振皇綱，六曰金陵，七曰長楊，八曰芳醴，九曰駕六龍。

凡大朝賀，教坊司設中和韶樂於殿之東西，北向；陳大舞於丹陛之東西，亦北向。駕興，中和韶樂奏聖安之曲。陞座進寶，樂止。百官拜，大樂作。拜畢，樂止。進表，大樂作。進訖，樂止。宣表目，致賀訖，百官俯伏，大樂作。拜畢，樂止。宣制訖，百官舞蹈山呼，大樂作。拜畢，樂止。駕興，中和韶樂奏定安之曲，導駕至華蓋殿，樂止。百官以次出。

其大宴饗，教坊司設中和韶樂於殿內，設大樂於殿外，立三舞雜隊於殿下。駕興，大樂作。陞座，樂止。文武官入列於殿外，北向拜，大樂作。拜畢，樂止。進御筵，樂作。進訖，樂止。進花，樂作。進訖，樂止。進第一爵，教坊司奏炎精開運之曲，樂作。內外官拜畢，樂止。散花，樂作。散訖，樂止。第二爵，教坊司奏皇風之曲。樂止，進湯。鼓吹饗節前導至殿外，鼓吹止，殿上樂作。羣臣湯饌成，樂止。武舞入，教坊司請奏平定天下之舞。第三爵，教坊司請奏眷皇明之曲，進酒如前儀。樂止，教坊司請奏撫安四夷之舞。第四爵，奏天道傳之曲，進酒進湯如前儀。樂止，奏車書會同之舞。第五爵，奏振皇綱之曲，進酒如前儀。樂止，奏百戲承應。第六爵，奏金陵之曲，進酒進湯如前儀。樂止，奏八蠻獻寶承應。第七爵，奏長楊之曲，進酒如前儀。樂止，奏採蓮隊子承應。第八爵，奏芳醴之曲，進酒進湯如前儀。樂止，奏魚躍於淵承應。第九爵，奏駕六龍之曲，進酒如前儀。樂止，收爵。進湯，進大膳，樂作。供羣臣飯食訖，樂止，百花隊舞承應。宴成徹案。羣臣出席，北向拜，樂作。拜畢，樂止。駕興，大樂作，鳴鞭，百官以次出。

此朝賀宴饗之樂歌節奏也。

其樂器之制，郊丘廟社，洪武元年定。樂工六十二人，編鐘、編磬各十六，琴十，瑟四，搏拊四，柷敔各一，壎四，篪四，簫八，笙八，笛四，應鼓一；歌工十二；協律郎一人執麾以引之。七年復增籥四，鳳笙四，壎用六，搏拊用二，共七十二人。舞則武舞生六十二人，引舞二人，各執干戚；文舞生六十二人，引舞二人，各執羽籥；舞師二人執節以引之。共一百三十人。惟文廟樂生六十人，編鐘、編磬各十六，琴十，瑟四，搏拊四，柷敔各一，壎四，篪四，簫八，笙八，笛四，大鼓一；歌工十。六年鑄太和鐘。其制，倣宋景鐘。以九九爲數，高八尺一寸。拱以九龍，柱以龍簴，建樓於圜丘齋宮之東北，懸之。郊祀，駕動則鐘聲作。升壇，鐘止，衆音作。禮畢，升輦，鐘聲作。俟導駕樂作，乃止。十七年改鑄，減其尺十之四焉。

朝賀。洪武三年定丹陛大樂：簫四，笙四，箜篌四，方響四，頭管四，龍笛四，琵琶四，箏六，杖鼓二十四，大鼓二，板二。二十六年又定殿中韶樂：簫十二，笙十二，排簫四，〔三〕橫笛十二，壎四，篪四，琴十，瑟四，編鐘二，編磬二，應鼓二，柷一，敔一，搏拊二。丹陛大樂：戲竹二，簫十二，笙十二，笛十二，頭管十二，箏八，琵琶八，二十弦八，方響二，鼓二，拍板八，杖鼓十二。命婦朝賀中宮，設女樂：戲竹二，簫十四，笙十四，笛十四，頭管十四，箏十，琵琶八，二十弦八，方響六，鼓五，拍板八，杖鼓十二。正旦、冬至、千秋凡三節。其後太皇太后、皇太后並用之。朔望朝參：戲竹二，簫四，笙四，笛四，頭管四，箏二，琵琶二，二十弦二，方響一，鼓一，拍板二，杖鼓六。

大宴。洪武元年定殿內侑食樂：簫六，笙六，歌工四。丹陛大樂：戲竹二，簫四，笙四，琵琶六，箏六，箜篌四，方響四，頭管四，龍笛四，杖鼓二十四，大鼓二，板二。文武二舞樂器：笙二，橫管二，箏二，杖鼓二，大鼓一，板一。四夷舞樂：腰鼓二，琵琶二，胡琴二，箜篌二，頭管二，羌笛二，箏二，水盞一，板一。二十六年又定殿內侑食樂：柷一，敔一，搏拊一，琴四，瑟二，簫四，笙四，笛四，壎二，篪二，排簫一，鐘一，磬一，應鼓一。丹陛大樂：戲竹二，簫四，笙四，笛二，頭管二，琵琶二，箏二，二十弦二，方響二，杖鼓八，鼓一，板一。迎膳樂：戲竹二，笙二，笛四，頭管二，箏二，杖鼓十，鼓一，板一。進膳樂：笙二，笛二，杖鼓八，鼓一，板一。太平清樂：笙四，笛四，頭管二，箏四，方響一，杖鼓八，小鼓一，板一。

樂工舞士服色之制。郊廟，洪武元年定；朝賀，洪武三年定。文武兩舞：武舞士三十二人，左干右戚，四行，行八人，舞作發揚蹈厲坐作擊刺之狀，舞師二人執旌以引之；文舞士三十二人，左籥右翟，四行，行八人，舞作進退舒徐揖讓升降之狀，舞師二人執翿以引之。四夷之舞：舞士十六人，四行，行四人，舞作拜跪朝謁喜躍俯伏之狀，舞師二人執幢以引之。

此祭祀朝賀之樂舞器服也。

當太祖時，前後稍有增損。樂章之鄙陋者，命儒臣易其詞。二郊之作，太祖所親製。後改合祀，其詞復更。太社稷奉仁祖配，亦更製七奏。嘗諭禮臣曰：「古樂之詩，章和而正。後世之詩，章淫以誇。故一切諛詞豔曲皆棄不取。」嘗命儒臣撰回鑾樂歌，所奏神降祥、神貺、酣酒、色荒、禽荒諸曲，凡三十九章，命曰御鑾歌，皆寓諷諫之意。然當時作者，惟務明達易曉，非能如漢、晉間詩歌，鏗鏘雅健，可錄而誦也。殿中韶樂，其詞出於敎坊俳優，多乖雅道。十二月樂歌，按月律以奏，及進膳、迎膳等曲，皆用樂府、小令、雜劇爲娛戲。流俗諠譊，淫哇不逞。太祖所欲屏者，顧反設之殿陛間不爲怪也。

永樂十八年，北京郊廟成。其合祀合享禮樂，一如舊制。更定宴饗樂舞：初奏上萬壽之曲，平定天下之舞；二奏仰天恩之曲，撫四夷之舞；三奏感地德之曲，車書會同之舞；四奏民樂生之曲，表正萬邦之舞；五奏感皇恩之曲，天命有德之舞；六奏慶豐年之曲；七奏集禎應之曲；八奏永皇圖之曲；九奏樂太平之曲。奏曲膚淺，舞曲益下俚。景泰元年，助教劉翔上書指其失。請敕儒臣推演道德教化之意，君臣相與之樂，作爲詩章，協以律呂，如古靈臺、辟雍、淸廟、湛露之音，以振勵風教，備一代盛典。時以襲用既久，卒莫能改。其後教坊司樂工所奏中和韶樂，且多不諧者。成化中，禮官嘗請三倍其額，博教而約取之。

弘治之初，孝宗親耕耤田，教坊司以雜劇承應，間出狎語。都御史馬文升厲色斥去。給事中胡瑞嘗言：「御殿受朝，典禮至大，而殿中中和韶樂乃屬之教坊司，嶽鎭海瀆，三年一祭，乃委之神樂觀樂舞生，褻神明，傷大體。望敕廷臣議，嶽瀆等祭，當以縉紳從事。中和韶樂，擇民間子弟肄習，設官掌之。年久，則量授職事。」帝以奏樂遣祭，皆國朝舊典，不能從也。馬文升爲尚書，因災異陳言，其一，訪名儒以正雅樂，事下禮官。禮官言：「高皇帝命儒臣考定八音，修造樂器，參定樂章。其登歌之詞，多自裁定。但歷今百三十餘年，不復校正，音律舛訛，釐正宜急。且太常官恐未足當製器協律之任。乞詔下諸司，博求中外臣工及山林有精曉音律者，禮送京師。會禮官熟議至當，然後造器正音，庶幾可以復祖制，致太和。」帝可其奏。末年詔南京及各王府，選精通樂藝者詣京師，復以禮官言而罷。

正德三年，武宗諭內鐘鼓司康能等曰：「慶成大宴，華夷臣工所觀瞻，宜舉大樂。邇者音樂廢缺，無以重朝廷。」禮部乃請選三院樂工年壯者，嚴督肄之，仍移各省司取藝精者赴京供應。顧所隸益猥雜，筋斗百戲之類日盛於禁廷。既而河間等府奉詔送樂戶，居之新宅。樂工既得幸，時時言居外者不宜獨逸，乃復移各省司所送技精者於教坊。於是乘傳續食者又數百人，俳優之勢大張。臧賢以伶人進，與諸佞倖角寵竊權矣。

嘉靖元年，御史汪珊請屏絕玩好，令教坊司毋得以新聲巧技進。世宗嘉納之。是時更定諸典禮，因亦有志於樂。建觀德殿以祀獻帝，召協律郎肄樂供祀事。後建世廟成，改殿曰崇先。乃親製樂章，命大學士費宏等更定曲名，以別於太廟。其迎神曰永和之曲，初獻曰清和之曲，亞獻曰康和之曲，終獻曰沖和之曲，徹饌曰泰和之曲，送神曰寧和之曲。宏等復議，獻皇生長太平，不尚武功，其三獻皆當用文德舞。從之。已而太常復請，乃命禮官會張璁議。璁言：「樂舞以佾數爲降殺，不聞以武文爲偏全。使八佾之制，用其文而去其武，則兩階之容，得其左而闕其右。是皇上舉天子禮樂，而自降殺之矣。」乃從璁議，仍用二舞。

九年二月始祈穀於南郊。帝親製樂章，命太常協於音譜。是年，始祀先蠶，下禮官議樂舞。禮官言：「先蠶之祀，周、漢所同。其樂舞儀節，經史不載。唐開元先蠶儀注，大樂令設宮縣於北郊壇壝內，諸女工咸列於后，則祀先蠶用女樂可知。唐六典，宮縣之舞八佾，軒縣之舞六佾，則祀先蠶用八佾又可知。然止言舞生冠服，而不及舞女冠服。陳暘樂書享先蠶圖下，止有宮架登歌圖，而不及舞。夫有樂有舞，雖祀禮之常，然周、漢制度既不可考，宋祀先蠶，代以有司，又不可據。惟開元略爲近古，而陳氏樂書考據亦明。前享先農，既以佾數不足，降八爲六，則今祀先蠶，止用樂歌，不用樂舞，亦合古制。且以見少殺先農之禮。」帝以舞非女子事，罷不用。使議樂女冠服以聞。禮官言：「北郊陰方，其色尚黑。同色相感，事神之道。漢蠶東郊，魏蠶西郊，色皆尚青，非其色矣。樂女冠服宜黑。」乃用樂六奏，去舞。其樂女皆黑冠服，因定享先蠶樂章。

又以祀典方釐定南北郊，復朝日夕月之祭，命詞臣取洪武時舊樂歌，一切更改。禮官因請廣求博訪，有如宋胡瑗、李照者，具以名聞。授之太常，考定雅樂。給事中夏言乃以致仕甘肅行太僕寺丞張鶚應詔。命趣召之。既至，言曰：

大樂之正，乃先定元聲。元聲起自冥罔既覺之時，亥子相乘之際。積絲成毫，積毫成釐，積釐成分。一時三十分，一日十二時。故聲生於日，律起於辰。氣在聲先，聲從氣後。若拘於器以求氣，則氣不能致器，而反受制於器，何以定黃鍾、起曆元？須依蔡元定，多截竹以擬黃鍾之律，長短每差一分。冬至日按律而候，依法而取。如衆管中先飛灰者，即得元氣。驗其時刻，如在子初二刻，即子初一刻移於初二刻矣；如在正二刻，即子正一刻移於正二刻矣。願命知曆官一人，同臣參候，庶幾元聲可得，而古樂可復。

又言：

古人製爲十六編鐘，非徒事觀美，蓋爲旋宮而設。其下八鐘，黃鍾、大呂、太簇、夾鍾、姑洗、仲呂、蕤賓、林鍾是已；其上八鐘，夷則、南呂、無射、應鍾、黃鍾、大呂、太簇、夾鍾是已。近世止用黃鍾一均，而不徧具十六鐘，古人立樂之方已失。況太常止以五、凡、工、尺、上、一、四、六、勾、合字眼譜之，去古益遠。且如黃鍾爲合似矣，其以大呂爲下四，太簇爲高四，夾鍾爲下一，姑洗爲高一，夷則爲下工，南呂爲高工之類，皆以兩律兼一字，何以旋宮取律，止黃鍾一均而已。

且黃鍾、大呂、太簇、夾鍾爲上四清聲。蓋黃鍾爲君，至尊無比。黃鍾爲宮，則十一律皆從而受制，臣民事物莫敢凌犯焉。至於夾鍾爲宮，則下生無射爲徵，無射上生仲呂爲商，仲呂下生黃鍾爲羽。然黃鍾正律聲長，非仲呂爲商三分去一之次。所以用黃鍾爲羽，必用子聲，即上黃六之淸聲，正爲不敢用黃鍾全聲，而用其半耳。姑洗以下之均，大率若此。此四清聲之所由立也。編鐘十六，其理亦然。

宋胡瑗知此義，故四清聲皆小其圍徑以就之。然黃鍾、太簇二聲雖合，大呂、夾鍾二聲又非，遂使十二律、五聲皆不得正。至於李照、范鎮止用十二律，不用四清聲，其合於三分損益者則和矣。夷則以降，其臣民事物，安能尊卑有辨，而不相凌犯耶？

臣又考周禮，圜鍾、函鍾、黃鍾，天地人三宮之說，有薦神之樂，有降神之樂。所爲薦神之樂者，乃奏黃鍾，歌大呂，子丑合也，舞雲門以祀天神。乃奏太簇，歌應鍾，寅亥合也，舞咸池以祀地祇。乃奏姑洗，歌南呂，辰酉合也，舞大韶以祭四望。乃奏蕤賓，歌林鍾，午未合也，舞大夏以祭山川。乃奏夷則，歌小呂，巳申合也，舞大武以享先祖，舞大濩以享先妣。〔四〕所謂降神之樂者，冬至祀天圜丘，則以圜鍾爲宮，黃鍾爲角，太簇爲徵，姑洗爲羽，是三者陽律相繼。相繼者，天之道也。夏至祭地方丘，則以函鍾爲宮，夾鍾爲角，〔五〕姑洗爲徵，南呂爲羽，是三者陰呂相生。相生者，地之功也。祭宗廟，以黃鍾爲宮，大呂爲角，太簇爲徵，夾鍾爲羽，〔六〕是三者律呂相合。相合者，人之情也。

且圜鍾，夾鍾也。生於房心之氣，爲天地之明堂，〔七〕祀天從此起宮，在琴中角絃第十徽，卯位也。函鍾，林鍾也。生於坤位之氣，在井東輿鬼之外，〔八〕主地祇，祭地從此起宮，在琴中徵絃第五徽，未位也。黃鍾，生於虛危之氣，爲宗廟，祭人鬼從此起宮，在琴中宮絃第三徽，子位也。至若六變而天神降，八變而地祇格，九變而人鬼享，非有難易之分。蓋陽數起子而終於少陰之申，陰數起午而終於少陽之寅。圜鍾在卯，自卯至申六數，故六變而天神降。函鍾在未，自未至寅八數，故八變而地祇格。黃鍾在子，自子至申九數，故九變而人鬼享。此皆以本元之聲，召本位之神，故感通之理速也。或者謂自漢以來，天地鬼神聞新聲習矣，何必改作。不知自人觀天地，則由漢迄今千七百年；自天地觀，亦頃刻間耳。自今正之，猶可及也。

併進所著樂書二部。其一曰大成樂舞圖譜，自琴瑟以下諸樂，逐字作譜。其一曰古雅心談，列十二圖以象十二律。圖各有說。又以琴爲正聲，樂之宗系。凡郊廟大樂，分註琴絃定徽，各有歸旨。且自謂心所獨契，斲輪之妙有非口所能言者。

疏下禮部。禮官言：「音律久廢，太常諸官循習工尺字譜，不復知有黃鍾等調。臣等近奉詔演習新定郊祀樂章，間問古人遺制，茫無以對。今鶚謂四清聲所以爲旋宮，其註絃定徽，蓋已深識近樂之弊。至欲取知曆者，互相參考，尤爲探本窮源之論。似非目前司樂者所及。」乃授鶚太常寺丞，令詣太和殿較定樂舞。

鶚遂上言：「周禮有郊祀之樂，有宗祀之樂。尊親分殊，聲律自別。臣伏聽世廟樂章，律起林鍾，均殊太廟。臣竊異之。蓋世廟與太廟同禮，而林鍾與黃鍾異樂。函鍾主祀地祇，位寓坤方，星分井鬼，樂奏八變，以報資生之功。故用林鍾起調，林鍾畢調也。黃鍾主祀宗廟，位分子野，星隸虛危，樂奏九成，以報本源之德。故用黃鍾起調，黃鍾畢調也。理義各有歸旨，聲數默相感通。況天地者父母之象，大君者宗子之稱。今以祀母之樂，奏以祀子，恐世廟在天之靈，必不能安且享矣。不知譜是樂者，何所見也。臣觀舊譜樂章，字用黃鍾，聲同太廟。但審聽七聲，中少一律，今更補正。使依奏格，則祖孫一氣相爲流通，函黃二宮不失均調。尊親之分兩得，神人之心胥悅矣。」詔下禮官。

李時等覆奏，以爲：「鶚所言，與臣等所聞於律呂諸書者，深有所合。蓋黃鍾一調，以黃鍾爲宮，太簇爲商，姑洗爲角，蕤賓爲變徵，林鍾爲徵，南呂爲羽，應鍾爲變宮。舊樂章用合，用四，用一，用尺，用工。去蕤賓之勾，〔九〕而越次用再生黃鍾之六，此舊樂章之失也。若林鍾一調，則以林鍾爲宮，南呂爲商，應鍾爲角，大呂之半聲爲變徵，太簇之半聲爲徵，姑洗之半聲爲羽，蕤賓之半聲爲變宮。邇者沈居敬更協樂章，用尺，用合，用四，用一，用工，用六。夫合，黃鍾也；四，太簇之正聲也；一，姑洗之正聲也；六，黃鍾之子聲也。以林鍾爲宮，而所用爲角徵羽者，皆非其一均之聲，則謬甚矣。況林鍾一調，不宜用於宗廟，而太廟與世廟，不宜異調，鶚見尤眞。自今宜用舊協音律，惟加以蕤賓勾聲，去再生黃鍾之六，改用應鍾之凡，〔一〇〕以成黃鍾一均，庶於感格之義，深有所補。」乃命鶚更定廟享樂音，而逮治沈居敬等。鶚尋譜定帝社稷樂歌以進。詔嘉其勤，晉爲少卿，掌教雅樂。

夏言又引古者龍見而雩，命樂正習盛樂，舞皇舞。請依古禮，定大雩之制。當三獻禮成之後，九奏樂止之時，檃括雲漢詩辭，製爲雲門一曲，使文武舞士幷舞而合歌之。帝可其議。

時七廟既建，樂制未備，禮官因請更定宗廟雅樂，言：「德、懿、熙、仁四祖久祧，舊章弗協。太祖創業，太宗定鼎，列聖守成。當有頌聲，以對越在天，垂之萬禩。若特享，若祫享，若大祫，詩歌頌美，宜命儒臣撰述，取自上裁。其樂器、樂舞，各依太廟成式，備爲規制。」制可。已而尊獻帝爲睿宗，祔享太廟。於是九廟春特、三時祫、季冬大祫樂章，皆更定焉。十八年巡狩興都，帝親製樂章，享上帝於飛龍殿，奉皇考配。其後，七廟火，復同堂之制，四時歲祫，樂章器物仍如舊制。初增七廟樂官及樂舞生，自四郊九廟暨太歲神祇諸壇，樂舞人數至二千一百名。後稍裁革，存其半。

張鶚遷太常卿，復申前說，建白三事：一請設特鐘、特磬以爲樂節；一請復宮縣以備古制；一請候元氣以定鍾律。事下禮官，言：「特鐘、特磬宜造樂懸，在廟廷中，周旋未便，不得更製。惟黃鍾爲聲氣之元，候氣之法，實求中氣以定中聲，最爲作樂本原。其說，若重室墐戶，截管實灰，覆緹，按曆氣至灰飛，證以累黍，具有成法可依。其法，築室於圜丘外垣隙地，選知曆候者往相其役，待稍有次第，然後委官考驗。」從之。乃詔取山西長子縣羊頭山黍，大小中三等各五斗，以備候氣定律。

明自太祖、世宗，樂章屢易，然鍾律爲制作之要，未能有所講明。呂懷、劉濂、韓邦奇、黃佐、王邦直之徒著書甚備，職不與典樂，託之空言而已。張鶚雖因知樂得官，候氣終屬渺茫，不能準以定律。弘治中，莆人李教授文利，著律呂元聲，獨宗呂覽黃鍾三寸九分之說。世宗初年，御史范永鑾上其書，其說與古背，不可用。嘉靖十七年六月，遼州同知李文察進所著樂書四種，禮官謂於樂理樂書多前人所未發者。乃授文察爲太常典簿，以獎勸之。而其所云「按人聲以考定五音」者，不能行也。神宗時，鄭世子載堉著律呂精義、律學新說、樂舞全譜共若干卷，具表進獻。崇禎六年，禮部尚書黃汝良進昭代樂律志。宣付史館，以備稽考，未及施行。

校勘記

〔一〕夏祫享於太廟　原脫「夏」字，據太祖實錄卷二七洪武元年四月丁未條補。按本志上文作「春親祭太社太稷」，下文作「其冬祀昊天上帝」，都標明季節。

〔二〕洪武三年又定朝會宴饗之制　原脫「洪武三年」，據太祖實錄卷五六洪武三年九月乙卯條補。

〔三〕排簫四　排簫，原作「排笙」，據明史稿志四三樂志改。明會典卷七三大宴樂有排簫，無排笙。

〔四〕乃奏夷則歌小呂巳申合也舞大武以享先祖舞大濩以享先妣　原文疑有脫倒。稽璜續文獻通考卷一〇七作「乃奏夷則，歌小呂，巳申合也，舞大濩以享先妣。乃奏無射，歌夾鍾，卯戌合也，舞大武以享先祖」，疑是。

〔五〕夾鍾爲角　周禮春官大司樂作「大蔟（太簇）爲角」。

〔六〕夾鍾爲羽　周禮春官大司樂作「應鍾爲羽」。

〔七〕爲天地之明堂　地，周禮春官大司樂鄭玄注作「帝」。

〔八〕在井東輿鬼之外　井東，周禮春官大司樂鄭玄注作「東井」。

〔九〕去蕤賓之勾　勾，原作「均」，據世宗實錄卷一一七嘉靖九年九月乙卯條、國榷卷五四頁二四三〇改。按本志下文有「加以蕤賓勾聲」。

〔一〇〕改用應鍾之凡　凡，原作「九」，據世宗實錄卷一一七嘉靖九年九月乙卯條、國榷卷五四頁二四二九改。

明史卷六十二

志第三十八

樂二

樂章一

洪武元年圜丘樂章。

迎神，中和之曲：昊天蒼兮穹窿，廣覆燾兮龐洪。建圜丘兮國之陽，合衆神兮來臨之同。念螻蟻兮微衷，莫自期兮感通。思神來兮金玉其容，馭龍鸞兮乘雲駕風。顧南郊兮昭格，望至尊兮崇崇。

奠玉帛，肅和之曲：聖靈皇皇，敬瞻威光。玉帛以登，承筐是將。穆穆崇嚴，神妙難量。謹茲禮祭，功徵是皇。

進俎，凝和之曲：祀儀祗陳，物不於大。敢用純犢，告於覆載。惟茲菲薦，恐未周完。

神其容之，以享以觀。

初獻，壽和之曲：眇眇微躬，何敢請於九重，以煩帝聰。帝心矜憐，有感而通。既俯臨於几筵，神繽紛而景從。臣雖愚蒙，鼓舞歡容，乃子孫之親祖宗。酌清酒兮在鍾，仰至德兮玄功。

亞獻，豫和之曲：荷天之寵，眷駐紫壇。中情彌喜，臣庶均懽。趨蹌奉承，我心則寬。再獻御前，式燕且安。

終獻，熙和之曲：小子於茲，惟父天之恩，惟恃天之慈，內外殷勤。何以將之？奠有芳齊，設有明粢。喜極而抃，奉神燕娭。禮雖止於三獻，情悠長兮遠而。

徹饌，雍和之曲：烹飪既陳，薦獻斯就。神之在位，既歆既右。羣臣駿奔，徹茲俎豆。物倘未充，尚幸神宥。

送神，安和之曲：神之去兮難延，想遐袂兮翩翩。萬靈從兮後先，衞神駕兮回旋。稽首兮瞻天，雲之衢兮眇然。

望燎，時和之曲：焚燎於壇，燦爛晶熒。幣帛牲黍，冀徹帝京。奉神於陽，昭祀有成。肅然望之，玉宇光明。

洪武八年御製圜丘樂章。

迎神：仰惟兮昊穹，臣率百職兮迓迎。幸來臨兮壇中，上下護衛兮景從。旌幢繚繞兮四維，重悅聖心兮民獲年豐。

奠玉帛：民依時兮用工，感帝德兮大化成功。臣將兮以奠，望納兮微衷。

進俎：庖人兮列鼎，殽羞兮以成。方俎兮再獻，願享兮以歆。

初獻：聖靈兮皇皇，穆嚴兮金牀。臣令樂舞兮景張，酒行初獻兮捧觴。

亞獻：載斟兮再將，百辟陪祀兮具張。感聖情兮無已，拜手稽首兮願享。

終獻：三獻兮樂舞揚，殽羞具納兮氣藹而芳。光朗朗兮上方，況日吉兮時良。

徹饌：粗陳菲薦兮神喜將，感聖心兮何以忘。民福留兮佳氣昂，臣拜手兮謝恩光。

送神：旌幢燁燁兮雲衢長，龍車鳳輦兮駕飛揚。遙瞻冉冉兮去上方，可見烝民兮永康。

望燎：進羅列兮詣燎方，炬焰發兮煌煌。神變化兮物全於上，感至恩兮無量。

洪武二年方丘樂章。

迎神，中和之曲：坤德博厚，物資以生。承天時行，光大且寧。穆穆皇祇，功化順成。來御方丘，嚴恭奉迎。

奠玉帛，肅和之曲：地有四維，大琮以方；土有正色，制幣以黃。敬存於中，是薦是將。奠之几筵，臨鑒洋洋。

進俎，凝和之曲：奉將純牡，其牡童犢。烹飪既嚴，登俎惟肅。升壇昭薦，神光下燭。眷佑邦家，報効惟篤。

初獻，壽和之曲：午爲盛陽，陰德初萌。天地相遇，品物光榮。吉日令辰，明祀攸行。進以醇醴，展其潔淸。

亞獻，豫和之曲：至廣無邊，道全持載。山嶽所憑，海瀆咸賴。民資水土，旣安且泰。酌酒揭虔，功德惟大。

終獻，熙和之曲：庸眇之資，有此疆宇。匪臣攸能，仰承佑助。恩崇父母，臣懽鼓舞。八音宣揚，疊侑明醑。

徹饌，雍和之曲：牲牷在俎，籩豆有實。臨之肸蠁，匪惟飲食。登歌乃徹，薦獻爰畢。執事奉承，一其嚴慄。

送神，安和之曲：神化無方，妙用難量。其功顯融，其祀攸長。飈輪云旋，龍控鸞翔。拜送稽首，瞻禮餘光。

望瘞，時和之曲：牲醴制幣，餕饌惟馨。瘞之於坎，以達坤靈。奉神於陰，典禮是程。

企而望之，厚壤寬平。

洪武八年御製方丘樂章。

迎神：仰皇祇兮駕來，川嶽從迎兮威靈備開，香烟繚繞兮神臨御街。漸升壇兮穆穆，靄瑞氣兮應結樓臺。以微衷兮率職，幸望聖悅兮心諧。但允臣兮固請，願嘉烝民兮永懷。

奠玉帛：臣奉兮以筐，玉帛是進兮歲奠以常。百辟陪祀兮珮聲琅琅。惟南薰兮解慍，映燎炎兮煌煌。

進俎：庖人兮淨湯，大烹牲兮氣靄而芳。以微衷兮獻上，曰享兮曰康。

初獻：初獻行兮捧觴，聖靈穆穆兮洋洋。爲烝民兮永康，鑒豐年兮耿光。

亞獻：雜殽羞兮已張，法前王兮典章。臣固展兮情悃，用斟醴兮載觴。

終獻：爵三獻兮禮將終，臣心眷戀兮無窮。恐殽羞兮未具，將何報兮神功。

徹饌：俎豆徹兮神熙，鸞輿駕兮旋歸。百神翼翼兮雲衣，〔一〕敬奉行兮弗敢違。

送神：祥風興兮悠悠，雲衢開兮民福留。歲樂烝民兮大有，想洋洋兮舉觴載酒。

望瘞：殽羞玉帛兮瘞坎中，遙瞻隱隱兮龍旗從。祀事成兮盡微衷，感厚德兮民福雍雍。

洪武十二年合祀天地樂章。

迎神，中和之曲：荷蒙天地兮君主華夷，欽承踴躍兮備筵而祭。誠惶無已兮寸衷微，仰瞻俯首兮惟願來期。想龍翔鳳舞兮慶雲飛，必昭昭穆穆兮降壇壝。

奠玉帛，肅和之曲：天垂風露兮雨澤霑，黃壤氤氳兮氣化全。民勤畎畝兮束帛鮮，臣當設宴兮奉來前。

進俎以後，咸同八年圜丘詞。

嘉靖九年復定分祀圜丘樂章。

迎神，中和之曲：仰惟玄造兮於皇昊穹，時當肇陽兮大禮欽崇。臣惟蒲柳兮螻蟻之衷，伏承眷命兮職統羣工。深懷愚昧兮恐負洪德，爰遵彝典兮勉竭微衷。遙瞻天闕兮寶輦臨壇，臣當稽首兮祗迓恩隆。百辟陪列兮舞拜於前，萬神翊衞兮以西以東。〔二〕臣俯伏迎兮敬瞻帝御，願垂歆鑒兮拜德曷窮。

奠玉帛，肅和之曲：龍輿既降兮奉禮先，爰有束帛兮暨瑤瑄。臣謹上獻兮進帝前，〔三〕仰祈聽納兮荷蒼乾。

進俎，凝和之曲：殽羞珍饌兮薦上玄，庖人列鼎兮致精虔。臣盍祗獻兮馨醴牷，願垂歆享兮民福淵。

初獻，壽和之曲：禮嚴初獻兮奉觴，臣將上進兮聖皇。聖皇垂享兮穆穆，臣拜手兮何以忘。

亞獻，豫和之曲：禮觴再舉兮薦玉漿，帝顏歆悅兮民福昂。民生有賴兮感上蒼，臣惟鞠拜兮荷恩長。

終獻，熙和之曲：三獻兮禮告成，一念微衷兮露悃情。景張樂舞兮聲鍠鉉，仰瞻聖容兮俯錫恩泓。

徹饌，雍和之曲：祀禮竣兮精意禋，三獻備兮誠已申。敬徹弗遲兮肅恭寅，恐多弗備兮惟賴洪仁。〔四〕

送神，清和之曲：禋事訖終兮百辟維張，帝垂歆鑒兮沐澤汪洋。龍車冉冉兮寶駕旋雲，靈風鼓舞兮瑞露淸瀼。洪恩浩蕩兮無以爲酬，粗陳菲薦兮已感歆嘗。香氣騰芳兮上徹帝座，仰瞻聖造兮賜福羣方。〔五〕臣同率土兮載懽載感，祗迴寶輦兮鳳嘯龍翔。誠惶誠恐兮仰戀彌切，願福生民兮永錫亨昌。

望燎，時和之曲：龍駕寶輦兮昇帝鄉，御羞菲帛兮奉燎方。環珮鏗鏘兮羅壇壝，炬焰特舉兮氣輝煌。生民蒙福兮聖澤霑，臣荷眷佑兮拜謝恩光。

嘉靖九年復定方丘樂章。

迎神，中和之曲：俯瞻兮鳳輦來，靈風兮拂九垓。川嶽從兮後先，百辟列兮襄陪。臣拜首兮迓迎，願臨享兮幸哉。

奠玉帛，廣和之曲：祀禮有嚴兮奉虔，玉帛在笥兮來前。皇靈垂享兮以納，烝民率土兮樂豐年。

進俎，咸和之曲：殽羞馨兮氣芳，庖人奉役兮和湯。奉進兮皇祇歆慰，臣稽首兮敬將。

初獻，壽和之曲：酒行初獻兮樂舞張，齊醴明潔兮馨香。願垂享兮以歆，生民安兮永康。

亞獻，安和之曲：載獻兮奉觴，神顏和懿兮以嘗。功隆厚載兮配天，民感德兮無量。

終獻，時和之曲：三進兮玉露清，百職奔繞兮佩環鳴。鼉鐘鶩鼓兮韻鏗鍧，〔六〕願留福兮羣生。

徹饌，貞和之曲：禮告終兮徹敢違，深惟一念兮誠意微。神垂博容兮聽納，恐未備兮惟慈依。

送神，寧和之曲：禮成兮誠已伸，駕還兮法從陳。靈祇列兮以隨，百辟拜兮恭寅。望坤宮兮奉辭，願普福兮烝民。

望燎，曲同寧和。

洪武三年朝日樂章。二十一年罷。

迎神，熙和之曲：吉日良辰，祀典式陳。純陽之精，惟是大明。濯濯厥靈，昭鑒我心。以候以迎，來格來歆。

奠幣，保和之曲：靈旗蒞止，有赫其威。一念潛通，幽明弗違。有幣在篚，物薄而微。神兮安留，尙其享之。

初獻，安和之曲：神兮我留，有薦必受。享祀之初，奠茲醴酒。晨光初升，祥徵應候。何以侑觴，樂陳雅奏。

亞獻，中和之曲：我祀維何？奉茲犧牲，爰酌醴齊，貳觴載升。洋洋如在，式燕以寧。庶表微衷，交於神明。

終獻，肅和之曲：執事有嚴，品物斯祭，黍稷非馨，式將其意。薦茲酒醴，成我常祀。神其顧歆，永言樂只。

徹饌，凝和之曲：春祈秋報，率爲我民。我民之生，賴於爾神。維神佑之，康寧是臻。祭祀云畢，神其樂忻。

送神，壽和之曲：三獻禮終，九成樂作。神人以和，既燕且樂。雲車風馭，靈光昭灼。瞻望以思，邈彼寥廓。

望燎，豫和之曲：俎豆既徹，禮樂已終。神之云旋，倏將焉從。以望以燎，庶幾感通。時和歲豐，維神之功。

嘉靖九年復定朝日樂章。

迎神，熙和之曲：仰瞻兮大明，位尊兮王宮。時當仲春兮氣融，爰遵祀禮兮報功。微誠兮祈神昭鑒，願來享兮迓神聰。

奠玉帛，凝和之曲：神靈壇兮肅其恭，有帛在篚兮赤琮。奉神兮祈享以納，予躬奠兮忻以顒。

初獻，壽和之曲：玉帛方奠兮神歆，酒行初獻兮舞呈。齊芳馨兮犧色騂，神容悅兮鑒予情。

亞獻，時和之曲：二齊升兮氣芬芳，神顏怡和兮喜將。予令樂舞兮具張，願垂普照兮民康。

終獻，保和之曲：慇懃三獻兮告成，羣職在列兮周盈。神錫休兮福民生，萬世永賴兮神功明。

徹饌，安和之曲：一誠盡兮予心懌，五福降兮民獲禧。仰九光兮誠已申，終三獻兮徹敢遲。

送神，昭和之曲：祀禮既周兮樂舞揚，神享以納兮還靑鄉。予當拜首兮奉送，願恩光兮普萬方。永耀熹明兮攸賴，烝民咸仰兮恩光。

望燎之曲：覩六龍兮御駕，神變化兮鳳翥鸞翔。束帛殺羞兮詣燎方，佑我皇明兮基緒隆長。

洪武三年夕月樂章。周天星辰附。二十一年罷。

迎神，凝和之曲：吉日良辰，祀典式陳。太陰夜明，以及星辰。濯濯厥靈，昭鑒我心。以候以迎，來格來歆。四年，星辰別祀，改「以及星辰」句爲「惟德孔神」。

奠帛以下，咸同朝日。

嘉靖九年復定夕月樂章。

迎神，凝和之曲：陰曰配合兮承陽宗，式循古典兮齋以恭。覩太陰來格兮星辰羅從，予拜首兮迓神容。

初獻，壽和之曲：神其來止，有嚴其誠。玉帛在篚，清酤方盈。奉而奠之，願鑒微情。夫祀兮云何？祈佑兮羣氓。

亞獻，豫和之曲：二觴載斟，樂舞雍雍。神歆且樂，百職惟供。願順軌兮五行，〔七〕祈民福兮惟神必從。

終獻，康和之曲：一誠以申，三舉金觥。鐘鼓鍧鍧，環珮琤琤。鑒予之情，願永保我民生。

徹饌，安和之曲：禮樂肅具，精意用申。位坎居歆，納茲藻蘋。徹之弗遲，儀典肅陳。神其鑒之，佑我生民。

送神，保和之曲：禮備告終兮神喜旋，穹碧澄輝兮素華鮮。星辰從兮返神鄉，露氣清兮霓裳蹁躚。

望瘞之曲：殺羞兮束帛，薦之於瘞兮罔敢愆。予拜首兮奉送，願永貺兮民樂豐年。

嘉靖十年定祈穀樂章。

迎神，中和之曲：臣惟穹昊兮民物之初，爲民請命兮祀禮昭諸。備筵率職兮祈洪庥，臣衷微眇兮悃懇誠攄。遙瞻駕降兮霱色輝，歡迎鼓舞兮迓龍輿。〔八〕臣愧菲才兮后斯民，願福斯民兮聖恩渠。

奠玉帛，肅和之曲：烝民勤職兮農事顓，翼工亦慎兮固桑阡。玉帛祗奉兮暨豆籩，仰祈大化兮錫以豐年。

進俎，咸和之曲：鼎亨兮氣馨，香羞兮旨醽。帝垂享兮以歆，烝民蒙福兮以寧。

初獻，壽和之曲：禮嚴兮初獻行，百職趨蹌兮珮琤鳴。臣謹進兮玉觥，帝心歆鑒兮歲豐亨。

亞獻，景和之曲：二觴舉兮致虔，清醴載斟兮奉前。仰音容兮忻穆，臣感聖恩兮實拳拳。

終獻，永和之曲：三獻兮一誠微，禋禮告成兮帝鑒是依。烝民沐德兮歲豐穰，臣拜首兮竭誠祈。

徹饌，凝和之曲：三獻周兮肅乃儀，俎豆敬徹兮弗敢遲。願留福兮丕而，曰雨曰暘兮若時。

送神，清和之曲：祀禮告備兮帝鑒彰，臣情上達兮感昊蒼。雲程肅駕兮返帝鄉，臣荷恩眷兮何以忘。祥風瑞靄兮彌壇壝，烝民率土兮悉獲豐康。

望燎，太和之曲：遙睹兮天衢長，邈彼寥廓兮去上方。束帛薦火兮升聞，悃愊通兮沛澤長。樂終九奏兮神人以和，臣同率土兮咸荷恩光。

嘉靖十七年定大饗樂章。

迎神，中和之曲：於皇穆淸兮弘覆惟仁，旣成萬寶兮惠此烝民。祇受厥明兮欲報無因，爰稽古昔兮式展明禋。肅肅廣庭兮遙遙紫旻，笙鏞始奏兮祥風導雲。臣拜稽首兮中心孔懃，爰瞻寶輦兮森羅萬神。庶幾昭格兮眷命其申，徘徊顧歆兮鑒我恭寅。

奠玉帛，肅和之曲：捧珪幣兮瑤堂，穆將愉兮聖皇。秉予心兮純一，荷帝德兮溥將。

進俎，凝和之曲：歲功阜兮庶類成，黍稷飶兮濡鼎馨。敬薦之兮匪輕，大禮不煩兮惟一誠。

初獻，壽和之曲：金風動兮玉宇澄，初獻觴兮交聖靈。瞻玄造兮懷鴻禎，曷以酬之心怦怦。

亞獻，豫和之曲：帝眷我兮居歆，紛繁會兮五音。再捧觴兮莫殫臣心，惟帝欣懌兮生民是任。

終獻，熙和之曲：綏萬邦兮屢豐年，眇眇予躬兮實荷昊天。酒三獻兮心益虔，帝命參與兮勿遽旋。

徹饌，雍和之曲：祀禮既洽兮神人肅雍，享帝享親兮勉竭臣衷。惟洪恩兮罔極，儼連蜷兮聖容。

送神，清和之曲：九韶既成兮金玉鏗鏘，百辟森立兮戚羽斯藏。皇天在上兮昭考在旁，嚴父配天兮祗修厥常。殷薦既終兮神去無方，玄雲上升兮鸞鵠參翔。靈光回照兮郁乎芬芳，載慕載瞻兮願錫亨昌。子孫庶民兮惟帝是將，於昭明德兮永懷不忘。

望燎，時和之曲：龍輿杳杳兮歸上方，金風應律兮燎斯揚，達精誠兮合靈光。帝廷納兮玉帛將，顧下土兮眷不忘，願錫吾民兮長阜康。

嘉靖十八年興都大饗樂章。

迎神，中和之曲：仰高高之在上兮皇穹，冒九圍之徧覆兮罔止西東。王者出王游衍兮必奉天顧，愚臣之此行兮亶荷帡幪。

初獻，壽和之曲：於昭帝厤兮臣感恩淵淵，巡省舊藩之地兮實止承天。下情思報兮此心拳拳，瓊后蒼幣兮捧扣壇前。

亞獻，敷和之曲：樂奏兮三成，觴舉兮再呈。帝鑒幾微兮曰爾誠，〔九〕小臣頓首兮敢不嚴於此精。

終獻，承和之曲：臣來茲土，本之思親。思親伊何？昌厥嗣人。嗣人克昌，匪戴帝之臨汝夫何因。〔一〇〕

徹饌，永和之曲：肅其具兮祀禮行，備彼儀兮樂舞張。退省進止兮臣疎且狂，沐含仁兮何以量。

送神，感和之曲：王之狩兮典有禋望，於維柴祀兮首重上蒼。臣情罔殫兮夙夜惶惶，祗伸愚悃兮允賴恩光。遙瞻兮六龍騰翔，帝垂祉兮萬世永昌。

嘉靖十一年定雩祀樂章。十七年罷。

迎神，中和之曲：於穆上帝，爰處瑤宮。咨爾黎庶，〔一一〕覆憫曷窮。旗幢戾止，委蛇雲龍。霖澤斯溥，萬寶有終。

奠帛，肅和之曲：神之格思，奠茲文纁。盛樂斯舉，香氣氤氳。精禋孔熯，徹於紫冥。懇祈膏澤，渥我嘉生。

進俎，咸和之曲：百川委潤，名山出雲。愆暘孔熾，膏澤斯屯。祈年於天，載牲於俎。神之格思，報以甘雨。

初獻，壽和之曲：有嚴崇祀，日吉辰良。酌彼罍洗，椒馨飶香。元功溥濟，時雨時暘。

惟神是聽，綏以多穰。

亞獻，景和之曲：皇皇禋祀，孔惠孔明。瞻仰來歆，拜首欽承。有醴維醹，有酒維湑，雲韶侑獻，肅雍和鳴。聖靈有赫，鑒享精誠。

終獻，永和之曲：靈承無斁，駿奔有容。嘉玉以陳，酌鬯以供。禮三再稱，誠一以從。備物致志，申薦彌恭。神昭景貺，佑我耕農。

徹饌，凝和之曲：有赫旱暵，民勞瘁斯。於牲於醴，載舞載詩。禮成三獻，敬徹不遲。神之聽之，雨我公私。

送神，清和之曲：爰迪寅清，昭事昊穹。仰祈甘雨，惠我三農。既歆既格，言歸太空。式霑下土，萬方其同。

望燎，太和之曲：赤龍旋馭，禮洽樂成。燔燎既舉，昭格精禋。維帝降康，雨施雲行。登我黍稌，溥受厥明。

祭畢，樂舞童羣歌雲門之曲：景龍精兮時見，測鶉緯兮宵懸。肆廣樂兮鏗鍧，列皇舞兮蹁躚。祈方社兮不莫，薦圭璧兮孔虔。需密雲兮六漠，霈甘澍兮九玄。慰我農兮既渥，錫明昭兮有年。

洪武元年太社稷異壇同壝樂章。

迎神，廣和之曲：五土之靈，百穀之英。國依土而寧，民以食而生。基圖肇建，祀禮修明。神其來臨，肅恭而迎。

奠幣，肅和之曲：有國有人，社稷爲重。昭事云初，玉帛虔奉。維物匪奇，敬實將之。以斯爲禮，冀達明祇。

進俎，凝和之曲：崇壇北向，明禋方闡。有潔犧牲，禮因物顯。大房載設，中情以展。景運既承，神貺斯衍。

初獻，壽和之曲：太社云，高爲山林，深爲川澤。崇丘廣衍，亦有原隰。惟神所司，百靈效職。清醴初陳，顒然昭格。句龍配云，平治水土，萬世神功。民安物遂，造化攸同。嘉惠無窮，報祀宜豐。配食尊嚴，國家所崇。太稷云，黍稷稻粱，來牟降祥，爲民之天。豐年穰穰，其功甚大，其恩正長。乃登芳齊，以享以將。后稷配云，皇皇后稷，克配於天。誕降嘉種，樹藝大田。生民粒食，功垂萬年。建壇於京，歆茲吉蠲。

亞獻，豫和之曲：太社云，廣厚無偏，其體弘兮。德侔坤順，萬物生兮。錫民地利，神化行兮。恭祀告虔，國之禎兮。句龍配云，周覽四方，偉烈昭彰。九州既平，五行有常。壇位以妥，牲醴之將。是崇是嚴，煥然典章。太稷云，億兆林林，所資者穀。雨暘應時，家給人足。倉庾坻京，神介多福。祇薦其儀，昭事維肅。后稷配云，躬勤稼穡，有相之道。不稂不莠，實堅實好。農事開國，王基永保。有年自今，常奉蘋藻。

終獻，豫和之曲，詞同亞獻。

徹豆，雍和之曲：禮展其勤，樂奏其節。庶品苾芬，神明是達。有嚴執事，俎豆乃徹。穆穆雍雍，均其欣悅。

送神，安和之曲：維壇潔淸，維主堅貞。神之所歸，依茲以寧。土宇靖安，年穀順成。祀事昭明，永致昇平。

望瘞，時和之曲：晨光將發，旣侑旣歆。瘞茲牲幣，達於幽陰。神人和悅，實獲我心。永久禋祀，其始於今。

洪武十一年合祭太社稷樂章。

迎神，廣和之曲：予惟土穀兮造化工，爲民立命兮當報崇。民歌且舞兮朝雍雍，備筵率職兮候迓迎。想聖來兮祥風生，欽當稽首兮告年豐。

初獻，壽和之曲：氤氳氣合兮物遂蒙，民之立命兮荷陰功。予將玉帛兮獻微衷，初斟醴薦兮民福洪。

亞獻，豫和之曲：予令樂舞兮再捧觴，願神昭格兮軍民康。思必穆穆兮靈洋洋，感恩厚兮拜祥光。

終獻，熙和之曲：干羽飛旋兮酒三行，香烟繚繞兮雲旌幢。予今稽首兮忻且惶，神顏悅兮霞彩彰。

徹饌，雍和之曲：粗陳微禮兮神喜將，琅然絲竹兮樂舞揚。願祥普降兮遐邇方，烝民率土兮盡安康。

送神，安和之曲：氤氳氤氳兮祥光張，龍車鳳輦兮駕飛揚。遙瞻稽首兮去何方，民福留兮時雨暘。

望瘞，時和之曲：捧殽羞兮詣瘞方，鳴鑾率舞兮聲鏗鏘。思神納兮民福昂，予今稽首兮謝恩光。

嘉靖十年初立帝社稷樂章。

迎神，時和之曲：東風兮地脈以融，首務兮稼穡之工。秋祭云：「金風兮萬寶以充，忻成兮稼穡之工。」祀神於此兮苑中，願來格兮慰予衷。

初獻，壽和之曲：神兮臨止，禮薦淸醇，菲幣在笥，初獻式遵。神其鑒茲，享斯藻蘋。我祀伊何？祈報是因。神兮錫祉，則阜吾民。

亞獻，雍和之曲：二觴載舉，申此殷勤。神悅兮以納，祥靄兮氤氳。

終獻，寧和之曲：禮終兮酒三行，喜茂實兮黍稷粱。農事待兮豐康，予稽首兮以望。

徹饌，保和之曲：祀事告終，三獻既周。徹之罔遲，惠注田疇。迓以休貺，庇茲有秋。

送神，廣和之曲：耕耨伊首，秋祭云：「耕耨告就。」力事豆籩。粢盛賴之，於此大田。予將以祀，神其少延。願留嘉祉，副我潔虔。肅駕兮雲旋，普予兮有年。

望瘞，曲同。

洪武二年分祀天神地祇樂章。

迎天神，奏中和之曲：吉日良辰，祀典式陳。太歲尊神，雷雨風雲。濯濯厥靈，昭鑒我心。以候以迎，來格來歆。

奠帛以後，咸同朝日。

迎地祇，奏中和之曲：吉日良辰，祀典式陳。惟地之祇，百靈繽紛。嶽鎮海瀆，山川城隍，內而中國，外及四方。濯濯厥靈，昭鑒我心。以候以迎，來格來歆。

奠帛以後，咸同朝日。

洪武六年合祀天神地祇樂章。

迎神，保和之曲：吉日良辰，祀典式陳。太歲尊神，雷雨風雲，嶽鎮海瀆，山川城隍。內而中國，外及四方。濯濯厥靈，昭鑒我心。以候以迎，來格來歆。

奠帛以後，咸同朝日。

嘉靖九年復分祀天神地祇樂章。

迎天神，保和之曲：吉日良辰，祀典式陳。景雲甘雨，風雷之神。赫赫其靈，功著生民。參贊玄化，宣布蒼仁。爰茲報祀，鑒斯藻蘋。

奠帛以後，俱如舊。

迎地祇，保和之曲：吉日良辰，祀典式陳。靈嶽方鎮，海瀆之神，京畿四方，山澤羣眞。毓靈分隅，福我生民。薦斯享報，鑒我恭寅。

奠帛以後，亦如舊。

洪武四年祀周天星辰樂章。

迎神，凝和之曲：星辰垂象，布列玄穹，擇茲吉日，祀禮是崇。濯濯厥靈，昭鑒我心。謹候以迎，庶幾來歆。

奠帛，保和之曲，詞同朝日。

初獻，保和之曲：神兮既留，品物斯薦。奉祀之初，醴酒斯奠。仰惟靈耀，以享以歆。何以侑觴？樂奏八音。

亞獻，中和之曲：神既初享，亞獻再升，以酌醴齊，仰薦於神。洋洋在上，式燕以寧。庶表微衷，交於神明。

終獻，肅和之曲：神既再享，終獻斯備。不腆菲儀，式將其意。薦茲酒醴，成我常祀。神其顧歆，永言樂只。

徹豆，豫和之曲：祀事將畢，神既歆只。徹茲俎豆，以成其禮。惟神樂欣，無間始終。樂音再作，庶達微悰。

送神，雍和之曲，詞同朝日。

望燎，雍和之曲：神既享祀，靈馭今旋。燎烟既升，神帛斯焚。巍巍霄漢，倏焉以適。拳拳余衷，瞻望弗及。

嘉靖八年祀太歲月將樂章。

迎神：吉日良辰，祀典式陳，輔國佑民，太歲尊神，四時月將，功曹司辰。濯濯厥靈，昭鑒我心，以候以迎，來格來歆。

奠帛以後，俱同神祇。

洪武元年宗廟樂章。

迎神，太和之曲：慶源發祥，世德惟崇。致我眇躬，開基建功。京都之中，親廟在東。惟我子孫，永懷祖風。氣體則同，呼吸相通。來格來崇，皇靈顯融。

奉册寶，熙和之曲：〔一二〕時享不用。維水有源，維木有根。先世積善，福垂後昆。册寶鏤玉，德顯名尊。祗奉禮文，仰答洪恩。

進俎，凝和之曲：〔一三〕時享不用。明明祖考，妥神清廟。薦以牲牷，匪云盡孝。願通神明，願成治效。此帝王之道，亦祖考之教。

初獻，壽和之曲：德祖廟，初獻云，思皇高祖，穆然深玄。其遠歷年，其神在天。尊臨太室，餘慶綿綿。歆於几筵，有永其傳。懿祖廟，初獻云，思皇曾祖，清勤純古。田里韜光，天篤其祜。佑我曾孫，弘開土宇。追遠竭虔，勉遵前矩。熙祖廟，初獻云，維我皇祖，淑後貽謀。盛德靈長，與泗同流。發於孫枝，明禋載修。嘉潤如海，恩何以酬。仁祖廟，初獻云，惟我皇考，既淳且仁。弗耀其身，克開嗣人。子有天下，尊歸於親。景運維新，則有其因。亞獻，豫和之曲：對越至親，儼然如生。其氣昭明，感格在庭。如見其形，如聞其聲。愛而敬之，發乎中情。終獻，熙和之曲：承先人之德，化家爲國。毋曰予小子，基命成績。欲報其德，昊天罔極。慇懃三獻，我心悅懌。徹豆，雍和之曲：樂奏具肅，神其燕嬉。告成於祖，亦右皇妣。敬徹不遲，以終祀禮。祥光煥揚，錫以嘉祉。送神，安和之曲：顯兮幽兮，神運無迹。鸞馭逍遙，安其所適。其靈在天，其主在室。子子孫孫，孝思無斁。

二十一年更定其初獻合奏，餘並同。思皇先祖，耀靈於天。源衍慶流，由高逮玄。玄孫受命，追遠其先。明禋世崇，億萬斯年。永樂以後，改迎神章「致我眇躬」句爲「助我祖宗」。又改終獻章首四句爲「惟前人之功，肇膺天曆。延及於小子，爰受方國」。餘並同。〔一四〕

嘉靖十五年孟春九廟特享樂章。

太祖廟。迎神，太和之曲：於皇於皇兮仰我聖祖，乃武乃文，攘夷正華，爲天下大君。比隆於古，越彼放勛。肇造王業，佑啓予子孫。功德超邁，大室攸尊。首稱春祀，誠敬用申。維神格思，萬世如存。

初獻，壽和之曲：薦帛於篚，潔牲於俎，嘉我黍稷，酌我清酤。愚孫毖祀，奠獻初舉。翼翼精誠，對越我皇祖。居然顧歆，永錫純祜。

亞獻，豫和之曲：籥舞既薦，八音洋洋，工歌喤喤。醇醴載羞，齋明其將之。永佑於子孫，歲事其承之。俾嗣續克承，百世其保之。

終獻，寧和之曲：三爵既崇，禮秩有終。盈溢孚顒，顯相肅雍。惟皇祖格哉，以繹以融，申錫無窮。暨於臣民，萬福攸同。

徹饌，豫和之曲：禮畢樂成，神悅人宜。籩豆靜嘉，敬徹不遲。穆穆有容，秩秩其儀。益祇以嚴，矧敢斁於斯。

還宮，安和之曲：於皇我祖，陟降在天。清廟翼翼，禋祀首虔。明神既留，寢祏靜淵。〔一五〕介福綏祿，錫胤綿綿。〔一六〕以惠我家邦，於萬斯年。

成祖廟。迎神，太和之曲：於惟文皇，重光是宣。克戡內難，轉坤旋乾。外讋百蠻，威行八埏。貽典則於子孫，不忘不愆。聖德神功，格於皇天。作廟奕奕，百世不遷。祀事孔明，億萬斯年。

初獻、亞獻、終獻、徹饌、還宮，俱與太祖廟同。

仁宗廟。迎神，太和之曲：明明我祖，盛德天成。至治訏謨，遹駿有聲。專奠致享，惟古經是程。春祀有嚴，以迓聖靈。惟陟降在庭，以賚我思成。

初獻，壽和之曲：幣牲在陳，金石在懸。清酒方獻，百執事有虔。明神洋洋，降歆自天。俾我孝孫，德音孔宣。

亞獻，豫和之曲：中誠方殷，明神如存。醴齊孔醇，再舉罍尊。福祿穰穰，攸介攸臻。追遠報酬，罔極之恩。

終獻，寧和之曲：樂比聲歌，佾舞婆娑。稱彼玉爵，酒旨且多。獻享維終，神聽以和。孝孫在位，受福不那。

徹饌，雍和之曲：牷牲在俎，稷黍在簠。孝享多儀，格我皇祖。稱歌進徹，髦士膴膴。孝孫受福，以敷錫於下土。

還宮，安和之曲：犆享孔明，物備禮成。於昭在天，以莫不聽。神明卽安，維華寢是憑，肇祀迄今，百世祇承。

宣廟、英廟、憲廟俱與仁廟同。

孝廟。迎神，太和之曲：列祖垂統，景運重熙。於惟孝皇，敬德允持。用光於大烈，化被烝黎。〔一七〕專廟以享，經禮攸宜。俎豆式陳，庶幾來思。

初獻，壽和之曲：粢盛孔蠲，腯肥牲牷。考鼓鼘鼘，萬舞躚躚。清醑初酌，對越在天。明神居歆，式昭厥虔。

亞獻，豫和之曲：祀事孔勤，精意未分。樂感鳳儀，禮虔駿奔。醞齊挹清，載奠瑤尊。神其格思，福祿來臻。

終獻，寧和之曲：樂舞既成，獻享維終。明明對越，彌篤其恭。篤恭維何？明德是崇。神之聽之，萬福來同。

徹饌，雍和之曲：牲牢醴陳，我享我將。黍稷蘋藻，潔白馨香。徹以告成，降禧穰穰。神錫無疆，祐我萬方。

還宮，安和之曲：禮享既洽，神御聿興。廟寢煌煌，以憑以寧。維神匪遐，上下在庭。於寢孔安，永底我烝民之生。

武廟。迎神，太和之曲：〔一八〕列祖垂統，景運重熙。於惟武皇，昭德敕威。用剪除奸兇，大業弗隳。專廟以享，經禮攸宜。俎豆式陳，庶幾來思。

初獻、亞獻、終獻及徹饌、還宮俱與孝廟同。

睿廟。迎神，太和之曲：於穆神皇，秉德凝道。仁厚積累，配於穹昊。流慶顯休，萃於眇躬。施於無窮，以似以續，以光紹我皇宗。惟茲氣始，俎豆是供。循厥典禮，式敬式崇。神其至止，以鑒愚衷。

初獻，壽和之曲：制帛牲牢，庶羞芬膫。玉戚朱干，協於韶簫。淸酤在筵，中情纏綿。神之格思，儀形僾然。

亞獻，豫和之曲：瑤爵再陳，侑以工歌。籥舞蹌蹌，八音諧和。孝思肫肫，感格聖靈。致愨則存，如聞其聲。

終獻，寧和之曲：儀式弗踰，奠爵維三。樂舞雍容，以雅以南。仰仁源德澤，嶽崇海淵。願啓我子孫，緝熙光明，維兩儀是參。

徹饌，雍和之曲：嘉饌甘只，亦既歆只。登歌迅徹，敬終惟始。維神孔昭，賚永成於孝矣。

還宮，安和之曲：幽顯莫測，神之無方。祀事既成，神返諸帝鄉。申發休祥，俾胤嗣蕃昌。〔一九〕宜君兮宜王，歷世無疆。

九廟時祫樂章。

孟夏。迎神，太和之曲：序屆夏首兮風氣薰，禮嚴時祫兮戛擊鐘鼖。迎羣主來合享交欣，於皇列聖正南面，以申崇報皇勳。

初獻，壽和之曲：瞻曙色方昕，仰列聖在上，奠金觥而捧幣紋。小孫執盈兮敢不懼慇。

亞獻，豫和之曲：思皇祖，仰聖神。來列主，會太宸。時祫修，循古倫。惟聖鑒歆，愚孫忱恂。

終獻，寧和之曲：齊醴清兮麥熟新，籩豆潔兮孝念申。仰祖功兮宗德，願降祐兮後人。

徹饌，雍和之曲：樂終兮禮成，告玉振兮訖金聲。徹之弗違，以肅精誠。

還宮，安和之曲：三獻就兮祖宗鑒享，一誠露兮念維長。思弗盡兮思弗忘，深荷德澤之啓佑，小孫惟賴以餘光。神返宮永安，保家國益昌。

孟秋。迎神：時兮孟秋火西流，感時祡祀兮爽氣回。喜金風兮飄來，仰祖宗兮永慕哉。秋祫是舉兮希鑒歆，小孫恭迓兮捧素裁。

初獻：皇祖降筵，列聖靈聯。執事恐蹎，樂舞蹁躚。小孫捧盈兮敢弗虔。

亞獻：再酌兮玉漿，潔淨兮馨香。祖宗垂享兮錫胤昌，萬歲兮此禮行。

終獻：進酒三觥，歌舞雍蕻，鐘鼓轟錚。皇祖列聖，永享愚誠。

徹饌：秋嘗是舉，稌黍豐農。三獻既周，聖靈顯容。小孫時思恩德兮惟懾。

還宮：仰皇祖兮聖神功，祀典陳兮報莫窮。嘗祫告竣，鑾馭旋宮。皇靈在天主在室，萬禩陟降何有終。

孟冬。迎神：時兮孟冬凜以淒，感時歲祀兮氣潛回。遡朔風兮北來，仰祖宗兮永慕哉。冬祫是舉兮希鑒歆，小孫恭迓兮捧素裁。

初、亞、終獻，俱同孟秋。

徹饌：冬烝是舉，俎豆維豐。三獻旣周，聖靈顯容。小孫時思恩德兮惟忪。

還宮。同孟秋，惟改「嘗祫」爲「烝祫」。

大祫樂章。

迎神：仰慶源兮大發祥，惟世德兮深長。時惟歲殘，大祫洪張。祖宗聖神，明明皇皇。遙瞻兮頓首，世德兮何以忘。

初獻：神之格兮慰我思，慰我思兮捧玉卮，捧來前兮慄慄，仰歆納兮是幸已而。

亞獻：再舉瑤漿，樂舞羣張。小孫在位，陪助賢良。百工羅從，大禮肅將。惟我祖宗，顯錫恩光。

終獻：思祖功兮深長，景宗德兮馨香。報歲事之旣成兮典則先王，惟功德之莫報兮何以量。

徹饌：三酌既終，一誠感通。仰聖靈兮居歆，萬禩是舉兮庶乎酬報之衷。

還宮：顯兮幽兮，神運無迹。神運無迹兮化無方，靈返天兮主返室。願神功聖德兮啓佑無終，玄孫拜送兮以謝以祈。

嘉靖十年大禘樂章。〔二〇〕

迎神，元和之曲：於維皇祖，肇創丕基。鍾祥有自，曰本先之。奄有萬方，作之君師。追報宜隆，以申孝思。瞻望稽首，介我休禧。

初獻，壽和之曲：木有本兮水有源，人本祖兮物本天。思報德兮禮莫先，仰希鑒兮敢弗虔。

亞獻，仁和之曲：中觴載升，於此瑤觥。小孫奉前，願歆其誠。樂舞在列，庶職在庭。祖鑒孔昭，錫祜攸亨。

終獻，德和之曲：於維兮先祖，延慶兮深高。追報兮曷能，三進兮香醪。

徹饌，太和之曲：芬兮豆籩，潔兮黍粢。祖垂歆享，徹乎敢遲。〔二一〕禮云告備，以訖陳辭。永裕後人，億世丕而。

送神，永和之曲：禘祀兮具張，佳氣兮鬱昂。皇靈錫納兮喜將，一誠通兮萬載昌。祈鑒祐兮天下康，仰源仁浩德兮曷以量。小孫頓首兮以望，遙瞻冉冉兮聖靈皇皇。

洪武七年御製祀歷代帝王樂章。〔三〕

迎神，雍和之曲：仰瞻兮聖容，想鑾輿兮景從。降雲衢兮後先，來俯鑒兮微衷。荷聖臨兮蒼生有崇，眷諸帝兮是臨，予頓首兮幸蒙。

奠帛，保和之曲：秉微誠兮動聖躬，來列坐兮殿庭。予今願兮効勤，奉禮帛兮列酒尊。鑒予情兮忻享，方旋駕兮雲程。

初獻，保和之曲：酒行兮爵盈，喜氣兮雍雍。重荷蒙兮載瞻載崇，羣臣忻兮躍從，願覩穆穆兮聖容。

亞獻，中和之曲：酒斟兮禮明，諸帝熙和兮悅情。百職奔走兮滿庭，陳籩豆兮數重，亞獻兮願成。

終獻，肅和之曲：獻酒兮至終，早整雲鸞兮將旋宮。予心眷戀兮神聖，欲攀留兮無從。躡雲衢兮緩行，得遙瞻兮達九重。

徹饌，凝和之曲：納殺羞兮領陳，烝民樂兮幸生。將何以兮崇報，惟歲時兮載瞻載迎。

送神，壽和之曲：旛幢繚繞兮導來蹤，鑾輿冉冉兮歸天宮。五雲擁兮祥風從，民歌聖佑兮樂年豐。

望燎，豫和之曲：神機不測兮造化功，珍羞禮帛兮薦火中。望瘞庭兮稽首，願神鑒兮寸衷。

洪武六年定祀先師孔子樂章。

迎神，咸和之曲：大哉宣聖，道德尊崇。維持王化，斯民是宗。典祀有常，精純益隆。神其來格，於昭聖容。

奠帛，寧和之曲：自生民來，誰底其盛？惟王神明，度越前聖。粢帛具成，禮容斯稱。黍稷非馨，惟神之聽。「惟王」，後改曰「惟師」。

初獻，安和之曲：大哉聖王，實天生德。作樂以崇，時祀無斁。清酤惟馨，嘉牲孔碩。薦羞神明，庶幾昭格。

亞、終獻，景和之曲：百王宗師，生民物軌。瞻之洋洋，神其寧止。酌彼金罍，惟清且旨。登獻惟三，於戲成禮。

徹饌，咸和之曲：犧象在前，豆籩在列，以享以薦，既芬既潔。禮成樂備，人和神悅。祭則受福，率遵無越。

送神，咸和之曲　有嚴學宮，四方來宗。恪恭祀事，威儀雍雍。歆格惟馨，神馭旋復。明禋斯畢，咸膺百福。

洪武二年享先農樂章。

迎神，永和之曲：東風啓蟄，地脈奮然。蒼龍掛角，燁燁天田。民命惟食，創物有先。圜鐘既奏，有降斯筵。

奠帛，永和之曲：帝出乎震，天發農祥。神降於筵，藹藹洋洋。禮神有帛，其色惟蒼。豈伊具物，誠敬之將。

進俎，雍和之曲：制帛既陳，禮嚴奉牲。載之於俎，祀事孔明。簠簋攸列，黍稷惟馨。民力普存，先穡之靈。

初獻，壽和之曲：九穀未分，庶草攸同。表爲嘉種，實在先農。黍稌斯豐，酒醴是供，獻奠之初，以祈感通。配位云，厥初生民，粒食其天。開物惟智，邃古奚傳。思文后稷，農官之先。侑神作主，初獻惟蠲。

亞獻，壽和之曲：倬彼甫田，其隰其原。耒耜云載，驂馭之間。報本思享，亞獻惟虔。

神其歆之，自古有年。配位云，后稷配天，興於有邰。誕降嘉種，有栽有培。俶載南畝，祗事三推。佑神再獻，歆我尊罍。

終獻，壽和之曲：帝耤之典，享祀是資，潔豐嘉粟，咸仰於斯。時維親耕，享我農師。禮成於三，以訖陳詞。配位云，嘉德之薦，民和歲豐。帝命率育，報本之功。陳常時夏，其德其功。齊明有格，惟獻之終。

徹饌，永和之曲：於赫先農，歆此潔修。於篚於爵，於饌於羞。禮成告徹，神惠敢留。餕及終畝，豐年是求。

送神，永和之曲：神無不在，於昭於天。曰迎曰送，於享之筵。冕衣在列，金石在懸。往無不之，其佩翩翩。

望瘞，太和之曲：祝帛牲醴，先農既歆，不留不褻，瘞之厚深。有幽其瘞，有赫其臨。曰禮之常，匪今斯今。

嘉靖九年定享先蠶樂章。

迎神，貞和之曲：於穆惟神，肇啓蠶桑。衣我萬民，保我家邦。茲舉曠儀，春日載陽。恭迎霞馭，靈氣洋洋。

奠帛，壽和之曲：神其臨只，有苾有芬。乃獻玉齍，乃奠文繐。仰祈昭鑒，淑氣氤氳。顧茲蠶婦，祁祁如雲。

初獻，曲同奠帛。

亞獻，順和之曲：載舉清觴，蠶祀孔明。以格以享，鼓瑟吹笙。陰教用彰，坤儀允貞。神之聽之，鑒此禋誠。

終獻，寧和之曲：神之格思，桑土是宜。三繅七就，惟此繭絲。獻禮有終，神不我遺。錫我純服，藻繪皇儀。

徹饌，安和之曲：俎豆具徹，式禮莫愆。既匡既敕，我祀孔虔。我思古人，葛覃惟賢。明靈歆只，永顧桑阡。

送神，恒和之曲：神之升矣，日霽霞蒸。相此女紅，杼軸其興。茲返玄宮，鸞鳳翔騰。瞻望弗及，永錫嘉徵。

望燎，曲同送神。

校勘記

〔一〕百神翼翼兮雲衣　衣，稽璜續文獻通考卷一一五作「依」，疑是。

〔二〕萬神翊衛兮以西以東　以西，原作「而西」，據王圻續文獻通考卷一五八改。

〔三〕臣謹上獻兮進帝前　原脫「兮」字，據明史稿志四四樂志、明會典卷八二、王圻續文獻通考卷一五八補。

〔四〕恐多弗備兮惟賴洪仁　仁，原作「神」，據明史稿志四四樂志、明會典卷八二、王圻續文獻通考卷一五八改。

〔五〕仰瞻聖造兮賜福羣方　原脫「福」字，據明史稿志四四樂志、明會典卷八二、王圻續文獻通考卷一五八補。

〔六〕梟鏞鷺鼓兮韻錚鍧　鷺鼓，原作「露鼓」，據明史稿志四四樂志、明會典卷八三改。

〔七〕願順軌兮五行　軌，原作「歸」，據明史稿志四四樂志、明會典卷八三、王圻續文獻通考卷一五八改。

〔八〕歡迎鼓舞兮迓龍輿　原脫「舞」字，據明史稿志四四樂志、明會典卷八四補。

〔九〕帝鑒幾微兮曰爾誠　幾，原作「凡」，據王圻續文獻通考卷一五八改。

〔一〇〕匪戴帝之臨汝夫何因　戴，原作「載」，據明史稿志四四樂志、王圻續文獻通考卷一五八改。

〔一一〕咨爾黎庶　咨，原作「資」，據明會典卷八四改。

〔一二〕奉册寶熙和之曲　原脫「熙和之曲」，據嵇璜續文獻通考卷一一五補。

〔一三〕進俎凝和之曲　原脫「凝和之曲」，據稽璜續文獻通考卷一一五補。

〔一四〕餘並同　原脫「餘」字，據稽璜續文獻通考卷一一五補。

〔一五〕寢祏靜淵　祏，原作「祐」，據明史稿志四四樂志、明會典卷八六改。

〔一六〕錫胤綿綿　胤，原作「蔭」，據明史稿志四四樂志、明會典卷八六改。

〔一七〕化被烝黎　被，原作「彼」，據明會典卷八六、稽璜續文獻通考卷一一五改。

〔一八〕迎神太和之曲　原脫「太和之曲」，據明會典卷八六、稽璜續文獻通考卷一一五補。

〔一九〕俾胤嗣蕃昌　原脫「俾」字，胤，原作「蔭」，據明史稿志四四樂志、明會典卷八六補改。

〔二〇〕嘉靖十年大禘樂章　原脫「嘉靖十年」，據明會典卷八七、稽璜續文獻通考卷一一五補。按上文大祫樂章、九廟時祫樂章，都承嘉靖十五年孟春九廟特享樂章來。倘脫去「嘉靖十年」，易誤爲十五年製定。

〔二一〕徹乎敢遲　遲，原作「違」，據明史稿志四四樂志、明會典卷八七改。

〔二二〕御製祀歷代帝王樂章　原脫「章」字，據明史稿卷四四樂志補。

明史卷六十三

志第三十九

樂三

樂章二

洪武三年定朝賀樂章。

陞殿，奏飛龍引之曲。百官行禮，奏風雲會之曲。丞相致詞，奏慶皇都之曲。復位，百官行禮，奏喜昇平之曲。還宮，奏賀聖朝之曲。俱見後宴饗九奏中。

二十六年更定。

陞殿，韶樂，奏聖安之曲：乾坤日月明，八方四海慶太平。龍樓鳳閣中，扇開簾捲帝王興。聖感天地靈，保萬壽，洪福增。祥光王氣生，陞寶位，永康寧。

還宮，韶樂，奏定安之曲：九五飛聖龍，千邦萬國敬依從。鳴鞭三下同，公卿環珮響玎楝，掌扇護御容。中和樂，音呂濃，翡翠錦繡，擁還華蓋赴龍宮。

公卿入門，奏治安之曲：忠良爲股肱，昊天之德承主恩，森羅拱北辰。御爐烟遶奉天門，江山社稷興。安天下，軍與民，龍虎會風雲。後不用。

洪武二十六年定中宮正旦、冬至、千秋節朝賀樂章。

中宮天香鳳韶之曲：寶殿光輝晴天映，懸玉鉤珍珠簾櫳，瑤觴舉時簫韶動。慶大筵，來儀鳳，昭陽玉帛齊朝貢。讚孝慈賢助仁風，歌謠正在昇平中，謹獻上齊天頌。

宣德以後增定慈宮朝賀樂章。

天香鳳韶之曲：龍樓鳳閣彤雲曉，開繡簾天香芬馥，瑤堦春暖千花簇。壽聖母，齊頌祝，御筵奏獻長生曲。坤道寧品類咸育，和氣四時調玉燭，享萬萬年太平福。

洪武三年定宴饗樂章。

一奏起臨濠之曲，名飛龍引：千載中華生聖主，王氣成龍虎。提劍起淮西，將勇師雄，百戰收强虜。驅馳鞍馬經寒暑，將士同甘苦。次第靜風塵，除暴安民，功業如湯、武。

二奏開太平之曲，名風雲會：玉壘瞰江城，風雲繞帝營。駕樓船龍虎縱横，飛礮發機驅六甲，降虜將，勝胡兵。談笑掣長鯨，三軍勇氣增。一戎衣，宇宙清寧。從此華夷歸一統，開帝業，慶昇平。

三奏安建業之曲，名慶皇都：虎踞龍蟠佳麗地，眞主開基，千載風雲會。十萬雄兵屯鐵騎，臺臣守將皆奔潰。一洗煩苛施德惠，里巷謳歌，田野騰和氣。王業弘開千萬世，黎民咸仰雍熙治。

四奏削羣雄之曲，名喜昇平：持黃鉞，削平荆楚清吳、越。清吳、越，暮秦朝晉，幾多豪傑。

幽、燕、齊、魯風塵潔，伊、涼、蜀、隴人心悅。人心悅，車書一統，萬方同轍。

五奏平幽都之曲，名賀聖朝：天運推遷虜運移，王師北討定燕畿。百年禮樂重興日，四海風雲慶會時。除暴虐，撫瘡痍，漠南爭覩舊威儀。君王聖德容降虜，三恪衣冠拜玉墀。

六奏撫四夷之曲，名龍池宴：海波不動風塵靜，中國有眞人。文身交阯，氊裘金齒，重譯來賓。奇珍異產，梯山航海，奉表稱臣。白狼玄豹，九苞丹鳳，五色麒麟。

七奏定封賞之曲，名九重歡：乾坤清廓，論功定賞，策勳封爵。玉帶金符，貂蟬簪珥，形圖麟閣。奉天洪武功臣，佐興運，文經武略。子子孫孫，尊榮富貴，久長安樂。

八奏大一統之曲，名鳳凰吟：大明天子駕飛龍，開疆宇，定王封。江、漢遠朝宗，慶四海，車書會同。　東夷西旅，北戎南越，都入地圖中。遐邇暢皇風，億萬載時和歲豐。

九奏守承平之曲，名萬年春：風調雨順遍乾坤，齊慶承平時節。玉燭調和甘露降，遠近桑麻相接。偃武修文，報功崇德，率土皆臣妾。山河磐固，萬方黎庶歡悅。長想創業艱難，君臣曾共掃四方豪傑。露宿宵征鞍馬上，歷盡風霜冰雪。朝野如今清寧無事，任用須賢哲。躬勤節儉，萬年同守王業。

以上九奏，前三奏和緩，中四奏壯烈，後二奏舒長。其曲皆按月律。

十二月按律樂歌。

正月太簇，本宮黃鍾商，俗名大石，曲名萬年春：奉天承運秉黃麾，志在安民除慝。會覩中天騰王氣，五色虹霓千尺。龍繞兜鍪，神迎艘艦，嘉應非人力。鳳凰山上，慶雲長繞峯石。　天助神武成功，人心効順，所至皆無敵。手握乾符開寶祚，略定山河南北。飲馬江、淮，列營河、漢，四海風波息。師雄將猛，萬方齊仰威德。

二月夾鍾，本宮夾鍾宮，俗名中呂，曲名玉街行：山林豺虎，中原狐兔，四海英雄無數。大明眞主起臨濠，震於赫戎衣一怒。　星羅玉壘，雲屯鐵騎，一掃乾坤烟霧。黎民重覩太平年，慶萬里山河磐固。

三月姑洗，本宮太簇商，俗名大石，曲名賀聖朝：雲氣朝生芒、碭間，虹光夜起鳳凰山，江、淮一日眞主出，華夏千年正統還。瞻日角，覩天顏，雲龍風虎競追攀。君臣勤苦成王業，王業汪洋被百蠻。

四月仲呂，本宮無射徵，俗名黃鍾正徵，曲名喜昇平：風雲密，濠梁千載眞龍出。眞龍出，鯨鯢豺虎，掃除無迹。江河從此波濤息，乾坤同慶承平日。承平日，華夷萬里，地圖歸一。

五月蕤賓，本宮姑洗商，俗名中管雙調，曲名樂清朝：中原鹿走英雄起，回首四郊多壘。英主倡兵淮水，將士皆雄偉。百靈護助人心喜，一呼萬人風靡。談笑掃除螻蟻，王業從茲始。

六月林鍾，本宮夾鍾角，俗名中呂角，曲名慶皇都：王氣呈祥飛紫鳳，虎嘯龍興，千里旌旗動。四海歡呼師旅衆，天戈一指風雲從。將士爭先民樂用，駕御英雄，聖德皆天縱。率土華夷歸職貢，詞臣拜獻河清頌。

七月夷則，本宮南呂商，俗名中管商角，曲名永太平：鳳凰佳氣好，王師起義，乾坤初曉。淮水西邊，五色慶雲繚繞。三尺龍泉似水，更百萬貔貅熊豹。軍令悄，魚麗鵝鸛，風雲蛇鳥。赳赳電掣鷹揚，〔一〕在伐罪安民，去殘除暴。天與人歸，豪傑削平多少。萬里烟塵淨洗，正紅日一輪高照。膺大寶，王業萬年相保。

八月南呂，本宮南呂宮，俗名中管仙呂，曲名鳳凰吟：紫微翠蓋擁蓬萊，聖天子，帝圖開。曆數應江、淮，看五色雲生上台。櫛風沐雨，攻堅擊銳，將士總英才。躍馬定塵埃，創萬古山河壯哉。

九月無射，本宮無射宮，俗名黃鍾，曲名飛龍引，詞同前起臨濠之曲。

十月應鍾，本宮姑洗徵，俗名中呂正徵，曲名龍池宴：大明英主承天運，倡義擁天戈。星辰旋繞，風雲圍護，龍虎麾訶。旌旗所指，羌夷納欵，江海停波。從今平定萬年疆宇，百二山河。

十一月黃鍾，本宮夷則角，俗名仙呂角，曲名金門樂：慶皇明聖主開寶祚，起臨濠。正汝、潁塵飛，江、淮浪捲，赤子呼號。天戈奮然倡義，擁神兵百萬總英豪。貔虎朝屯壁壘，虹霓夜繞弓刀。鳳凰山勢聳層霄，佳氣五雲高。愛士伍同心，君臣協力，不憚勤勞。風雲一時相會，看魚龍飛舞出波濤。靜掃八方氛祲，咸聽九奏簫韶。

十二月大呂，本宮大呂宮，俗名高宮，曲名風雲會：天眷顧淮西，眞人起布衣，正乾剛九五龍飛。駕馭英雄收俊傑，承永命，布皇威。一劍立鴻基，三軍擁義旗，望雲霓四海人歸。整頓乾坤除暴虐，歌聖德，慶雍熙。

武舞曲，名清海宇：拔劍起淮土，策馬定寰區。王氣開天統，寶曆應乾符。〔三〕武略文謨，龍虎風雲創業初。將軍星繞弁，勇士月彎弧。選騎平南楚，結陣下東吳，跨蜀驅胡，萬里山河壯帝居。

文舞曲，名泰階平：乾坤淸寧，治功告成，武定禍亂，文致太平。郊則致其禮，廟則盡其誠。卿雲在天甘露零，風雨時若百穀登。禮樂雍和，政刑肅淸。儲嗣旣立，封建乃行。讒佞屛四海，賢俊立朝廷。玉帛鐘鼓陳兩楹，君臣賡歌揚頌聲。

四夷舞曲，其一，小將軍：大明君，定宇寰，聖恩寬，掌江山，東虜西戎，北狄南蠻。手高擎，寶貝盤。其二，殿前歡：五雲宮闕連霄漢，金光明照眼。玉溝金水聲潺潺，頫顖觀，趨蹌看，儀鑾嚴肅百千般，威人心膽寒。其三，慶新年：虎豹關，文武班，五綵間慶雲朝霞燦。黃金殿，喜氣增，丹墀內，仰聖顏。翠繞紅圍錦繡班，高樓十二欄。笙簫趁紫壇，仙音韻，瑤簴按，拜舞齊，歌謠讚，吾皇萬壽安。其四，過門子：定宇寰，定宇寰，掌江山，撫百蠻。謳歌拜舞仰祝讚，萬萬年，帝業安。

洪武十五年重定宴饗九奏樂章。

一奏炎精開運之曲：炎精開運，篤生聖皇。大明御極，遠紹虞、唐。河淸海宴，物阜民康。威加夷僚，德被戎羌。八珍有薦，九鼎馨香。鼓鐘鏜鏜，宮徵洋洋。怡神養壽，理陰順陽。保茲遐福，地久天長。

二奏皇風之曲：皇風被八表，熙熙聲教宣。時和景象明，紫宸開繡筵。龍袞曜朝日，金爐裊祥烟。濟濟公與侯，被服麗且鮮。列坐侍丹扆，磬折在周旋。羔豚升華俎，玉饌充方圓。初筵奏南風，繼歌賡載篇。瑤觴欣再舉，拜俯禮無愆。同樂及斯辰，於皇千萬年。

奏平定天下之舞，曲名清海宇。同前。

三奏眷皇明之曲：赫赫上帝，眷我皇明。大命旣集，本固支榮。厥本伊何？育德春宮。厥支伊何？藩邦以寧。慶延百世，澤被羣生。及時爲樂，天祿是膺。千秋萬歲，永觀厥成。

奏撫安四夷之舞，曲名小將軍、殿前歡、慶新年、過門子。俱同前。

四奏天道傳之曲：馬負圖兮天道傳，龜載書兮人文宣，羲畫卦兮禹疇敍，皇極建兮合自然。綿綿曆數歸明主，祥麟在郊威鳳舞。九夷入貢康衢謠，聖子神孫繼祖武，垂拱無爲邁前古。

奏車書會同之舞，曲名泰階平。同前。

五奏振皇綱之曲：周南詠麟趾，卷阿歌鳳凰。藹藹稱多士，爲楨振皇綱。赫赫我大明，德尊踰漢、唐。百揆修庶績，公輔理陰陽。峩冠正襟佩，都俞在高堂，坐令八紘內，熙熙民樂康。氣和風雨時，田疇見豐穰。獻禮過三爵，歡娛良未央。

六奏金陵之曲：鍾山蟠蒼龍，石城踞金虎，千年王氣都，於今歸聖主。六代繁華經幾秋，江流東去無時休。誰言天塹分南北，英雄豈但嗤曹、劉。我皇昔住濠梁屋，神遊天錫眞人服，提兵乘勢渡江來，詞臣早獻金陵曲。歌金陵，進珍饌，諧八音，繼三歎，請觀漢祖用兵時，爲嘗馮異滹沱飯。

七奏長楊之曲：長楊曳綠，黃鳥和鳴。菡萏呈鮮，紫燕輕盈。千花浥露，日麗風淸。及時爲樂，芳尊在庭。管音嘒嘒，絲韻泠泠，玉振金聲，各奏爾能。皤皤國老，載勸載懲，明德惟馨，垂之聖經。唐風示戒，永保嘉名，無已太康，哲人是聽。

八奏芳醴之曲：夏王厭芳醴，商湯遠色聲，聖人示深戒，千春垂令名。惟皇登九五，玉食保尊榮，日昃不遑餐，布德延羣生。天庖具豐膳，鼎鼐事調烹，豈但資肥甘，亦足養遐齡。達人悟玆理，恆令五氣平，隨時知有節，昭哉天道行。

九奏駕六龍之曲：日麗中天漏下遲，公卿侍宴多令儀。簫韶九奏觴九獻，爐烟細逐祥風吹。羣臣舞蹈天顏喜，歲熟民康常若此。六龍迴駕鳳樓深，寶扇齊開扶玉几。景星呈瑞慶雲多，兩曜增暉四序和。聖人道大如天地，歲歲年年奈樂何。

進膳曲，水龍吟：寶殿祥雲紫氣濛，聖明君，龍德宮。氤氳霧靄，檜柏間青松。龍樓鳳閣，雕梁畫棟，此是蓬萊洞。

太平清樂曲，太清歌：萬國來朝進貢，仰賀聖明主，一統華夷。普天下八方四海，南北東西。託聖德，勝堯王，保護家國太平，天下都歸一，將兵器銷爲農器。旌旗不動酒旗招，仰荷天地。上清歌：一願四時風調雨順民心喜。攝外國，將寶貝；攝外國，將寶貝；見君王，來朝寶殿裏，珊瑚、瑪瑙、玻璃，進在丹墀。開天門：託長生，日月光天德，萬萬歲永固皇基。公卿文武來朝會，開玳筵，捧金盃。

迎膳，奏水龍吟曲，與進膳同。陞座、還宮、百官行禮，奏萬歲樂、朝天子二曲，與朝賀同。

大祀慶成大宴，用萬國來朝隊舞、纓鞭得勝隊舞。

萬壽聖節大宴，用九夷進寶隊舞、壽星隊舞。

冬至大宴，用讚聖喜隊舞、百花聖朝隊舞。

正旦大宴，用百戲蓮花盆隊舞、勝鼓采蓮隊舞。

永樂十八年定宴饗樂舞。

一奏上萬壽之曲：龍飛定萬方，受天命，振紀綱。彝倫攸敍四海康，普天率土盡來王。臣民舞蹈，嵩呼載揚，稱觴奉吾皇，聖壽天長。

平定天下舞曲，其一，四邊靜：威伏千邦，四夷來賓納表章。顯禎祥，承乾象，皇基永昌，萬載山河壯。其二，刮地風：聖主過堯、舜、禹、湯，立五常三綱。八蠻進貢朝今上，頓首誠惶。朝中宰相，燮理陰陽。五穀收成，萬民歡暢。賀吾皇，齊讚揚，萬國來降。

二奏仰天恩之曲：皇天眷聖明，五辰順，四海寧，風調雨順百穀登，臣民鼓舞樂太平。賢良在位，邦家永禎。吾皇仰洪恩，夙夜存誠。

黃童白叟鼓腹謳歌承應曲，曰豆葉黃：雨順風調，五穀收成，倉廩豐盈，大利民生。託賴著皇恩四海清，鼓腹謳歌，白叟黃童，共樂咸寧。

四夷舞曲，其一，小將軍：順天心，聖德誠，化番邦，盡朝京。四夷歸伏，舞於龍廷。貢皇明，寶貝擎。其二，殿前歡：四夷率土歸王命，都來仰大明。萬邦千國皆歸正，現帝庭，〔三〕朝仁聖。天階班列衆公卿，齊聲歌太平。其三，慶豐年：和氣增，鸞鳳鳴，紫霧生，祥雲朝霞映。爇金爐，香味馨，列丹墀，御駕盈。絃管簫韶五音應，龍笛間鳳笙。其四，渤海令：金盃中，酒滿盛。御案前，列羣英。君德成，皇圖慶，嵩呼萬歲聲。其五，過門子：聖主興，聖主興，顯威靈，蠻夷靜。至仁至德至聖明，萬萬年，帝業成。

三奏感地德之曲：皇心感地靈，順天時，德厚生。含弘光大品物亨，鍾奇毓秀產俊英。河清海宴，麟來鳳鳴，陰陽永和平，相我文明。〔四〕

車書會同舞曲，其一，新水令：錦衣花帽設丹墀，具公服百司同會。麟至舞，鳳來儀，文武班齊，朝賀聖明帝。其二，水仙子：八方四面錦華夷，〔三〕天下蒼生仰聖德。風調雨順昇平世，遍乾坤，皆讚禮，託君恩民樂雍熙。萬萬年皇基堅固，萬萬載江山定體，萬萬歲洪福天齊。

四奏民樂生之曲：世間的萬民，荷天地，感聖恩。乾坤定位四海春，君臣父子正大倫。皇風浩蕩，人心載醇，熙熙樂天眞，永戴明君。

表正萬邦舞曲，其一，慶太平：奸邪濁亂朝綱，構禍難，煽動戈斨。赫怒吾皇，親征灞上，指天戈，敵皆降。其二，武士歡：白溝戰場，旌旗雲合迷日光。令嚴氣張，三軍踴躍齊奮揚，掃除殘甲如風蕩，凱歌傳四方。仁聖不殺降，望河南，失欃槍。其三，滾繡毬：肆旅拒，恃力強，一心構殃，築滄洲百尺城隍。騁蠆毒，恣虎狠，孰能禦當。順天心有德隆昌，倒戈斂甲齊歸降，撫將生還達故鄉，自此仁聞愈彰。其四，陣陣贏：不數孫、吳兵法良，神謀睿算合陰陽，八陣堂堂行天上，虎略龍韜孰敢當。俘囚十萬皆疎放，感荷仁恩戴上蒼。其五，得勝回：兩傍四方，展鳥翼風雲雁行。出奇兵，敵難量，士强馬强。遍百里，眠旌臥鎗，勝兵回，樂洋洋。其六，小梁州：敵兵戰敗神魂喪，擁貔貅，直渡長江。開市門，肆不移，宣聖恩，如天曠。綸音頒降，普天下，仰吾皇。

五奏感皇恩之曲：當今四海寧，頌聲作，禮樂興。君臣慶會躋太平，衣冠濟濟宴彤庭。文臣武將，共荷恩榮，忠心盡微誠，仰答皇明。

天命有德舞曲，其一，慶宣和：雨順風調萬物熙，一統華夷。四野嘉禾感和氣，一幹百穗，一幹百穗。其二，窄甎兒：梯航萬國來丹陛，太平年，永固洪基。正東西南北來朝會，治寰宇，布春暉，四夷咸賓聲教美。自古明王在愼德，不須威武服戎狄。祥瑞集，鳳來儀。佳期萬萬歲，聖明君，主華夷。

六奏慶豐年之曲：萬方仰聖君，大一統，撫萬民。豐年時序雨露均，穰穰五穀貨財殷。酣歌擊壤，風淸俗淳，四夷悉來賓，正統皇仁。

七奏集禎應之曲：皇天眷大明，五星聚，兆太平；騶虞出現甘露零，野蠶成繭嘉禾生，醴泉湧地河水淸。乾坤萬萬年，四海永寧。

八奏永皇圖之曲：天心眷聖皇，正天位，撫萬邦。仁風宣布禮樂張，戎夷稽首朝明堂。皇圖鞏固，賢臣贊襄。太平日月光，地久天長。

九奏樂太平之曲：皇恩被八紘，三光明，四海淸。人康物阜歲屢登，含哺鼓腹皆歡聲。民歌帝力，唐堯至仁。乾坤永淸，共樂太平。

導膳、迎膳、進膳及陞座、還宮、百官行禮諸曲，俱與洪武間同。

大祀慶成，用纓鞭得勝蠻夷隊舞；萬壽聖節，九夷進寶隊舞；冬至節，讚聖喜隊舞；正旦節，百戲蓮盆隊舞。

嘉靖間續定慶成宴樂章。

陞座，樂曲萬歲樂：五百昌期嘉慶會，啓聖皇，龍飛天位。九州四海重華日，大明朝，萬萬世。

百官行禮，樂曲朝天子：滿前瑞烟，香繞蓬萊殿。風回韶律鼓淵淵，列陛上，旌旗絢，日至朱躔。陽生赤甸氣和融，徹上元。曆年萬千，長慶天宮宴。

上護衣、上花，樂曲水龍吟：寶殿金爐瑞靄浮，陳玉案，列珍羞。天花炫彩，照曜翠雲裘。鸞歌鳳舞，虞庭樂奏，萬歲君王壽。

一奏上萬歲之曲：聖主垂衣裳，興禮樂，邁虞、唐。簫韶九成儀鳳凰，日月中天照八荒。民安物阜，時和歲康。上奉萬年觴，胤祚無疆。

奏平定天下舞曲，其一，四邊靜：天啓嘉祥，聖主中興振紀綱。頌洋洋，功蕩蕩，國運隆昌，萬歲皇圖壯。其二，鳳鸞吟：維皇上天佑聖明，景命宣，五雲輝，三台潤，七緯光懸。協氣生，嘉祥見。正萬民，用羣賢。垂衮御經筵，宵衣勤政殿。禮圜丘大祀精虔，明水潔，蒼璧圓。秉周文，承殷薦，眷皇家億萬斯年。

二奏仰天恩之曲：皇穹啓聖神，欽乾運，祗郊禋。一陽初動靄先春，萬福來同仰至仁。祥開日月，瑞見星辰。禮樂協神人，宇宙咸新。

迎膳曲，水龍吟：春滿雕盤獻玉桃，葭管動，日輪高，熹微霽色，遙映袞龍袍。千官舞蹈，鈞韶迭奏，曲度昇平調。

進膳曲，水龍吟：紫禁瓊筵暖應冬，驂八螭，乘六龍，玉卮瓊斝，黼座獻重瞳。堯天廣運，舜雲飛動，喜聽賡歌頌。

進湯曲，其一，太清歌：長至日，開黃道，喜乾坤佳氣，陽長陰消。奏鈞韶，音調鳳軫，律協鸞簫。仰龍顏，天日表，如舜如堯。金爐烟暖御香飄，玉墀晴霽祥光繞，宮梅苑柳迎春好，燕樂蓬萊島。其二，上清歌：雲捧宸居，五星光映三台麗。仰日月，層霄霽；仰日月，層霄霽。中興重見唐、虞際，太和元氣自陽回，兆姓歡愉。其三，開天門：九重霄，日轉皇州曉。宴天家，共歌魚藻。龍鱗雉尾高，祝聖壽，慶清朝。

奏黃童白叟鼓腹謳歌承應曲，御鑾歌：雅奏樂昇平，瞻絳闕，集瑤京。黃童白叟喜氣盈，謳歌鼓舞四海寧。金枝結秀，玉樹含英。聽康衢擊壤聲，帝力難名。

三奏感昊德之曲：帝德運光明，一陽動，萬物生。升中大報蒼璧陳，禮崇樂暢歆太清。

星懸紫極，日麗璇庭，乾坤瑞氣盈，海宇安寧。

奏撫安四夷舞曲，其一，賀聖朝：華夷一統，萬國來同。獻方物，修庭貢，遠慕皇風，自南自北，自西自東。望天宮，佳氣鬱重重，四靈畢至，麟鳳龜龍。其二，殿前歡：瑞雲晴靄浮宮殿，一脈陽和轉。禮成交泰開周宴，鳳笙調，龍幄展，天心感格人歡忭，四海謳歌徧。其三，慶豐年：賴皇天，錫豐年，勤禹稼，力舜田，喜慰三農願。嘉禾秀，瑞麥鮮，賦九州，貢八埏，神倉御廩咸充滿，養民以養賢。其四，新水令：聖德精禋格昊穹，大一統。四夷來貢，玉帛捧。文軌同，世際昌隆，共聽輿人頌。其五，太平令：誕明禋，天鑒元后，光四表，惠澤周流。來四裔，趨前擁後，獻萬寶，充庭滿囿。稽首頓首，天高地厚，祝聖人，多男福壽。

四奏民樂生之曲：大報禮初成，象乾德，運皇諴。神州赤縣永清寧，靈雨和風樂太平。陰陽交暢，品物咸亨，元化自流行，允殖羣生。

迎膳曲，水龍吟：五色祥雲捧玉皇，開閶闔，坐明光。鈞天樂奏，冬日御筵張。文恬武熙，太平氣象，人在唐、虞上。

進膳曲，水龍吟：玉律陽回景運新，燕鎬京，藹皇仁。光昭雲漢，一氣沸韶韺，錦瑟和聲，瑤琴清韻，瞻仰天顏近。

進湯曲，太清歌：萬方民，樂時雍，鼓舞荷天工，雷行風動。喜今逢，南蠻北貊，東夷西戎，來朝貢。大明宮，星羅斗拱。九重天上六飛龍，五色雲間雙彩鳳，普天率土效華封，允協河清頌。

奏車書會同舞曲，其一，新水令：五雲深護九重城，感洪恩。一人有慶，陽初長，禮方行。帝德文明，表率邦家正。其二，水仙子：萬方安堵樂康寧，九域同仁荷聖明。千年撫運承天命，露垂甘，河獻清，見雙岐秀麥連莖，喜靈雪隨冬應，覩祥雲拂曙生，神與化並運同行。

五奏感皇恩之曲：雙闕五星光，霓旌樹，紫蓋張。璇臺玉曆轉新陽，鈞天廣樂諧宮商。恩深露湛，喜溢霞觴，日月煥龍章，地久天長。

奏表正萬邦舞曲，其一，慶太平：維天眷我聖明，禮圜丘，至德精誠。乾元永清，洪膺景命，休徵應，泰階平。其二，千秋歲：聖主乘龍御萬邦，慶雲翔化日重光。羣臣拜舞稱壽觴，載歌天保章。其三，滾繡毬：五雲車，度九重，利見飛龍。耀袞章，火藻華蟲。擊虎敔，考鳧鐘，鼉鼓逢逢。八珍列，九鼎豐隆。堯眉揚彩舜重瞳，萬國咸熙四海雍，齊歌頌聖德神功。其四，殿前歡：萬年禮樂中興日，大化覩重熙。河清海宴臻祥瑞，五行順，七政齊，超三邁五貞元會，既醉頌鳧鷖。其五，天下樂：萬靈朝拱接清都，享南郊，欽天法祖。願聖人，承乾納祜，中和位育，龜獻範，馬陳圖。其六，醉太平：禮樂萬年規，謳歌四海熙，衣冠蹈舞九龍墀，麗正仰南離。紫雲高捧唐、虞帝，垂衣天下文明治。鎬烏岐鳳呈嘉瑞，眞個是人在成周世。

六奏慶豐年之曲：聖人懋承乾，綏萬邦，屢豐年。神倉御廩登天田，明粢鬱鬯祀孔虔。輿情咸豫，協氣用宣，萬古帝圖傳，璧合珠聯。

七奏集禎應之曲：天保泰階平，寶露降，渾河淸，嘉禾秀麥集休禎，遐陬絕域喜氣盈。一人有慶，百度惟貞，萬國頌咸寧，麗正重明。

八奏永皇圖之曲：鎬燕集天京，頌魚藻，歌鹿鳴。邊陲安堵萬國寧，重譯來庭四海淸。咸池日暑，昧谷雲征，帝座仰前星，豫大豐亨。

九奏樂太平之曲：皇極永登祥，乾符啓，泰運昌。玉管回春動一陽，金鑾錫燕歌九章，虞庭獸舞，岐山鳳翔，日麗袞龍裳，主聖臣良。

迎膳曲，水龍吟：香霧氤氳紫閣重，仰天德，瞻帝容。星輝海潤，甘雨間和風。樂比鳶魚，〔六〕瑞呈麟鳳，永獻卷阿頌。

進膳曲，其一，水龍吟：萬戶千門啓建章，台階峻，帝座張。三垣九道，北斗玉衡光。元氣調和，雅韻鏗鏘，昭代慶明良。其二，太淸歌：萬方國，盡來庭，稽首歌帝仁，仰荷生成。振乾綱，陰陽順序，民物樂生。逢明聖，萬年春，永膺休命。華夷蠻僚咸歸正，蒼生至老不知兵，鼓腹含哺囿太平，九有享淸寧。

奏天命有德舞曲，其一，萬歲樂：太平天子興隆日，履初長，陽回元吉。醴泉芝草休徵集，曾聞道五星聚室。其二，賀聖朝：一人元良，百度維新。握赤符，凝玄應，享太清。大禮方行，祀事孔明感天心，億載恆承慶。明王慎德，四裔咸賓。

奏纓鞭得勝蠻夷隊舞承應曲，其一，醉太平：星華紫殿高，雲氣彤樓遶。九夷重譯梯航到，皇圖光八表。玉宇無塵明月皎，銀河自轉扶桑曉，平平蕩蕩歸王道。百獸舞，鳳鳴簫韶。其二，看花會：普天下，都賴吾皇至聖。看玉關頻欵，天山已定，四夷效順歸王命。天保歌，羣黎百姓。其三，天下樂：九重樂奏萬花開，望龍樓，雲蒸霧靄。仰天工，雍熙帝載，臣民歡戴。溥仁恩，遍九垓。其四，清江引：黃鍾既奏陽和長，德盛天心貺。人文日月明，國勢山河壯，衢室民謠頻擊壤。

奏致語曲，〔七〕其一，清江引：鈞天畢奏日方中，既醉歡聲動。〔八〕雲章傍袞龍，飆勢翔威鳳，萬方安樂興嘉頌。其二，千秋歲：上下交歡燕禮成，一陽奮，萬彙咸亨。風雲會合開明運，紫極轉璇衡。

宴畢，百官行禮曲，朝天子：文班武班，歡動承明殿，禮成樂備頌聲喧。眞咫尺，仰天顏，日照龍筵。風回雉扇翠蕤旋，奉仙鑾，雲間斗間，五色金章燦。

還宮曲，萬歲樂：天回北極雲成瑞，望層霄，重華日麗。九垓八極樂雍熙，祝聖壽，萬萬歲。

永樂間小宴樂章。

一奏本太初之曲，朝天子：混兮沌兮，水土成元氣，不分南北與東西，未辨天和地。萬象包涵，其中秘密，難窮造化機，是陰陽本體。乃爲之太極，兩儀因而立。

二奏仰大明之曲，歸朝歡：太極分，混然方始見儀形，清浮濁偃乾坤定。日月齊興，照青霄，萬象明。陽須動，陰須靜，陰與陽，皆相應，流行二氣，萬物俱生。

三奏民初生之曲，其一，沽美酒：乾坤清，宇宙寧，六合淨，四維正，萬象原來一氣生。定三才五行，民與物，共成羣。其二，太平令：爲一類不分人品，竟生食豈曉庖烹，避寒暑巢居穴遁，披樹葉相尋趁，如何是愛親。世情治生，雖混然各安其性。

四奏品物亨之曲，醉太平：黎民生世間，萬物長塵寰，陰陽交運轉循環，久遠時庶繁。相傳氣候應無間，品物交錯憑誰鑒。望聖人出世整江山，主萬民得安。

五奏御六龍之曲，其一，清江引：人心久仰生聖君，天使人生聖。聖人受天機，體天居中正，御六龍，聖明登九重。其二，碧玉簫：君坐神京，海嶽共從新。民仰君恩，聖治有人倫。人品分，萬物增，聖承乾，百福臻。垂法明，尊天命，興後朝，皆從正。

六奏泰階平之曲，十二月：聖乃有言天，天是無言聖。聖人臨正，萬物亨通，恩威盛，社稷安，仁德感，〔九〕江山定。選用英賢興王政，分善惡賞罰均平。三公九卿，左右股肱，庶事康寧。

七奏君德成之曲，其一，十二月：皇基以興，聖帝修身，奉天體道，聖德愈明。敬天地，勤勞萬民，立法度，上下咸寧。其二，堯民歌：風俗禮樂厚彝倫，爰興學校進儒經，賢臣良將保朝廷，四野人民頌歡聲。用的是賢英，賢英定太平，寰海皆歸正。

八奏聖道行之曲，其一，金殿萬年歡：三綱既定，九疇復興。聖道如天，嘉禾齊秀，寒暑和平。聖威無邊皇基穩，勝磐石，慶雲生，景星長現，三光輝耀，百穀收成，萬姓安寧。其二，得勝令：聖德感皇乾，甘露降山川。萬邦來朝貢，奇珍擺布全，玉階下鳴鞭。仰聖主，升金殿，丹墀列英賢，讚吾皇，豐稔年。

九奏樂清寧之曲，其一，普天樂：萬邦寧，皇圖正。父君母后，天下咸欽。君治外，永聖明；后治內，長安靜。後聖承乾皆從正，德相傳，聖子神孫。天威浩蕩，江山永固，洪福無窮。其二，沽美酒：和氣生，滿玉京；祥烟起，映皇宮。明聖開基整萬民，風雲會帝庭，奏簫韶，九韶成。其三，太平令：紫霧隱金鸞彩鳳，祥光罩良將賢臣。玉案列珍羞美醞，寶鼎爇龍涎香噴。至尊永寧，儲嗣守成，賀萬萬歲一人有慶。

右二奏至八奏，俱奏百戲承應；第九奏，魚躍于淵承應。奉天門宴百官，止用本太初、仰大明、民初生三奏曲，其進酒、進膳樂同。惟百官叩頭禮，用朝天子曲。宴畢，導駕還宮，用御鑾歌。

嘉靖間仁壽宮落成宴饗樂章。

一奏本太初之曲，朝天子：帝誠帝明，寶位基昌命。仙苑開筵歌鹿鳴，亭殿天章映。「我有嘉賓，鼓瑟吹笙」，示周行，昭德音。日升月恆，萬載皇圖正。

二奏仰大明之曲，殿前歡：天保定聖人，多壽多男慶。修和禮樂協中興，麗正重明，如山阜，如岡陵，如川方至莫不增。協氣生，禎祥應，百神受命，萬國來庭。

三奏民初生之曲，其一，沽美酒：黃河清，寶露凝，瑞麥呈，靈鵲鳴，諸福來同仰聖明。喜萬寶告成，占景緯，泰階平。其二，太平令：念農桑，衣食之本；仰君德，獨厚民生。事耕鑿，羣黎百姓。歌鹿鳴，神人胥慶。明主宴嘉賓，承筐鼓瑟吹笙，繼自今福增天定。

四奏品物亨之曲，醉太平：瑤宮怡聖顏，閬苑隔人寰。吹笙鼓瑟賓，旨酒天開宴，鹿鳴歌舞黃金殿，賴吾皇錫福萬民安，醉歌天保歡。

五奏御六龍之曲，其一，清江引：聖主有道樂昇平，宴會延休慶。務本軫民生，弘化凝天命。欣落成，萬載開鴻運。其二，碧玉簫：帝重農桑，法駕起明光。麟遊鳳翔，宴陳天保章。開玳筵，薦瑤觴，既醉頌洋洋。聖德巍，皇恩蕩，世際唐、虞上。

進膳曲，其一，水龍吟：寶瑟瑤笙鼓吹喧，聖天子，御華筵。南山萬壽，瑞日正中天。百穀豐年，八方珍膳，人樂昇平宴。其二，太清歌：祥麥嘉瓜臻瑞，仰荷堯、舜主，愛育羣黎，感天意五風十雨。秋報春祈徧爾德，勸農桑，日用衣食。〔一〇〕嘉賓和樂開筵地，紅雲捧雕盤珍味。山呼萬歲福無疆，日升川至。其三，上清歌：仰賴吾皇，參天兩地凝和氣。四三王，六五帝，四三王，六五帝，〔一一〕國家興，賢才爲上瑞。養萬民，九域熙，百祿咸宜。其四，開天門：寶殿輝，龍虎風雲會。瞻丹陛，覲紫微，周詩歌既醉，螽斯、麟趾開祥瑞，仰飛龍，在天位。

豳風亭宴講官樂章。

一奏本太初之曲，朝天子：九重詔傳，殿閣開秋宴。授衣時節肅霜天，禾稼登場徧。鼓瑟吹笙，昇平重見，工歌七月篇。春酒當筵獻，願吾皇萬年，歲歲臨西苑。

二奏仰大明之曲，殿前歡：鳳苑御筵開，黃花映玉階。鹿鳴、天保歌三代，古調新裁，奉君王萬壽盃。日月明，乾坤大，看年年秋報賽。太平有象，元首明哉。

三奏民初生之曲，其一，沽美酒：熙春陽，化日長。執懿筐，采柔桑。拾繭繰絲有萬箱。染紅黃孔陽，爲公子製衣裳。 其二，太平令：勸樹藝，歲年豐穰，九十月禾黍登場。 爲春酒甕浮新釀，村田樂齊歌齊唱。饗公堂，殺羊舉觴，繼進著兕觥，祝聖壽，萬靈扶相。

四奏品物亨之曲，醉太平：納嘉禾滿場，釀御酒盈缸，公桑蠶績製玄黃，服龍衣袞裳。螽斯蟋蟀諧清唱，水光山色明仙仗，豳風亭殿進霞觴，祝聖壽無疆。

五奏御六龍之曲，其一，清江引：九月風光何處有？鳳苑在龍池右。農夫稼已登，公子衣方授，萬歲君王頻進酒。 其二，碧玉簫：凡我生民，農桑最苦辛，終歲經營。氣候變冬春，田畯欣，婦子勤。 詠豳詩，仰化鈞，場圃新，風雨順。 宴御墀，龍顏近。

進膳曲，其一，水龍吟：養老休農敞御筵，瀉春酒，介耆年，刲羊剪韭，社鼓正闐闐。香粳米顆，升堂拜獻，此樂眞堪羨。 其二，太清歌：九月天，開西苑，宸居無逸殿，講幄張筵。集儒流，雲蒸星炫，璧緯珠躔。 睹御製，煥天章，昭回雲漢。 堯天舜日民安宴，御廩神倉百穀登，金輝玉燦休徵見，大有豐年。 其三，上清歌：鳳苑宸居，公桑帝耤今方舉。躬耕蠶，勸士女，躬耕蠶，勸士女。〔一三〕獻羊羔，升堂奏樂舞，葵菽棗壺上珍廚，萬壽山呼。 其四，開天門：豳風亭，共仰吾皇聖。 百穀登，萬國咸寧。 民康物阜禎祥應，仰乾運，俯坤靈。

隆慶三年大閱禮成回鑾樂章。

武成之曲：吾皇閱武成，簡戎旅，壯帝京。龍旗照耀虎豹營，六師雲擁甲冑明。威靈廣播，蠻夷震驚，稽首頌昇平，四海澄清。

嘉靖間皇后親蠶宴內外命婦樂章。

陞座，奏天香鳳韶之曲：春雲繚繞芳郊曙，喜乾坤萬象咸舒，蘭皐蕙圃迎仙馭。采桑條，攀茂樹，蠶宮繭館親臨御。璧月珠星照太虛，開筵還駐翠旂旟，萬載垂貞譽。

進膳曲，沽美酒：蠶禮成，鳳輦停，薦霞觴，列雲屏。宮妃世婦仰坤寧。祥雲映紫冥，同祝頌，耀前星。〔一三〕

回宮，御鑾歌：惟天啓聖皇，君耕耤，后躬桑，身先田織率萬邦。天淸地寧民皐康，百穀用成，四夷來王。治化登虞、唐，世發禎祥。

永樂間定東宮宴饗樂章。〔一四〕

一奏喜千春之曲，賀聖朝：開國承天，聖感極多，總一統，封疆濶。百姓快活，萬物榮光，共沐恩波。仙音韻，合讚昇平詠歌。齊朝拜，千千歲東宮，滿國春和。

二奏永南山之曲，水仙子：洪基永固海波清，盛世明時禮樂興，華夷一統江山靜。民通和，樂太平。讚東宮仁孝賢明，秉鈞衡端正，順乾坤泰亨，坐中華萬世昌寧。

三奏桂枝香之曲，蟾宮曲：曉光融，宴饗春宮，日朗風和，嘉氣葱葱。鎮領台樞，規宏綱憲，禮節至公。事聖上柔聲婉容，問安寧勤孝虔恭。果斷寬洪，剛健文明，聖德合同。

四奏初春曉之曲，小梁州：端拱嚴宸事紫微，秉運璇璣，四時百物總相宜。仰賴明君德，大業勝磐石。皇儲仁孝明忠義，美遐方順化朝儀。孝能歡慈愛心，敬篤上尊卑意，禮上和下睦民，鼓舞樂雍熙。

五奏乾坤泰之曲，滿庭芳：春和玳筵，安邦興國，欽聖尊賢，文英武烈於民便。禮樂成全，享大業中庸不偏，順天常節儉爲先，達文獻嚴儀訓典，孝敬億千年。

六奏昌運頌之曲，喜秋風：文武安，軍民樂。宴文華，會班僚，五雲齊動鈞天樂。賀春宮，讚皇朝。

右二奏至六奏，俱奏百戲承應。

七奏泰道開之曲，〔一五〕沽美酒：布春風，滿畫樓，對嘉景，鳳凰洲。高捧金波碧玉甌，設威儀左右，分品從，列公侯。其二，太平令：效聖上誠心勤厚，主宗器嚴備春秋，諧律呂仙音齊奏，欽王政皇天保佑。拜舞頓首，讚祝進酒，千千歲康寧福壽。

簪纓趨進，皆來朝見，春滿文華殿。陞座、還宮、百官行禮，奏千秋歲曲：堯年舜日勝禹、周，慶雲生繚繞鳳樓。風調雨順五穀收，萬民暢歌謳。朔望朝參同。

迎膳樂曲，水龍吟：方響笙簫鼓樂喧，〔一六〕排寶器，開玳筵。鸞儀旌節，錦繡景相連。

校勘記

〔一〕赳赳電掣鷹揚 赳赳，原作「糾糾」，據明史稿志四五樂志、王圻續文獻通考卷一五七改。

〔二〕寶曆應乾符 應，原作「慶」，據明史稿志四五樂志、明會典卷七三改。

〔三〕現帝庭 現，嵇璜續文獻通考卷一一六作「覲」。

〔四〕陰陽永和平相我文明 文明，王圻續文獻通考卷一五七作「大明」。

〔五〕八方四面錦華夷 錦，明史稿志四五樂志作「統」。下文天命有德舞曲有「一統華夷」句。

〔六〕樂比鳶魚 鳶，原作「鴛」，據明史稿志四五樂志、明會典卷七三改。

〔七〕奏致語曲 致語，原作「致詞」，據明會典卷七三改。

〔八〕鈞天畢奏日方中既醉歡聲動 醉，原作「奏」，據明會典卷七三改。張衡西京賦：「饗以鈞天廣樂，帝有醉焉。」

〔九〕恩威盛社稷安仁德慼　慼，原作「盛」，與上文「盛」字重出。據明會典卷七三、王圻續文獻通考卷一五七改。

〔一〇〕勸農桑日用衣食　衣，原作「飲」，據明史稿志四五樂志、明會典卷七三改。

〔一一〕四三王六五帝四三王六五帝　按上清歌第三、四句與第五、六句重疊，本志上文嘉靖間續定慶成宴樂章中的上清歌正如此。這裏原文未重疊，缺第五、六句，據明會典卷七三補。

〔一二〕躬耕蠶勸士女躬耕蠶勸士女　這裏上清歌第三、四句「躬耕蠶，勸士女」，要重疊，原文未重疊，據明會典卷七三補。

〔一三〕同祝頌耀前星　原脫「祝」字，據明史稿志四五樂志、明會典卷七三補。

〔一四〕永樂間定東宮宴饗樂章　原脫「宴」字，據明史稿志四五樂志補。

〔一五〕七奏泰道開之曲　下文有「其二」，此疑缺「其一」二字。

〔一六〕方響笙簫鼓樂喧　方響，原作「方饗」，據明史稿志四五樂志、明會典卷七三改。